Alpin-Lehrplan Band 5

Pit Schubert
Pepi Stückl

Sicherheit am Berg

blv

Zukunft schützen
DAV
Deutscher Alpenverein e.V.

Verband Deutscher Berg- u. Skiführer e.V.

AVS
Alpenverein Südtirol

Alpin-Lehrplan Band 5

Pit Schubert
Pepi Stückl

Sicherheit am Berg

Ausrüstung
Sicherung

Bibliografische Information
Der Deutschen Bibliothek
Die Deutsche Bibliothek verzeichnet diese Publikation in der Deutschen Nationalbibliografie; detaillierte bibliografische Daten sind im Internet über http://dnb.ddb.de abrufbar.

Bildnachweis:

Fotos
Dynafit: S. 35u
Garmin: S. 23
Gerhard Heidorn: S. 2/3
Ortovox: S. 39
Bernd Ritschel: S. 7li, 114/115
Karl Schrag: S. 22
Pit Schubert: S. 6, 7re, 10/11, 43, 45, 46, 49(3), 50, 51, 52, 53(3), 54(5), 59(2), 61(2), 63(3), 64(4), 65(2), 69(2), 70(2), 71(4), 72, 73(2), 78(2), 79, 80, 81(8), 82, 83, 84(3), 89, 90, 93(3), 94(3), 96(3), 98, 99(2), 101(3), 102(3), 103(2), 104(2), 105(2), 106(4), 107(4), 108, 110, 112(5), 113(2), 122, 126(2), 130(2), 134(3), 136, 137(3), 138(4), 139(2), 140/141, 143(3), 144, 146, 149(2), 150, 151, 153, 155, 156
Pepi Stückl: S. 12, 15, 16, 17(2), 20, 21, 24, 26, 27, 28, 29, 33(2), 34, 35o, 36(2), 37, 38, 40(2), 41

Grafiken
Josef Lassmann: S. 13, 19, 25, 29, 32, 42, 46, 48u, 53, 55, 56, 64, 65u, 67o+re.u, 68, 69, 72, 75, 76re, 77, 78, 79, 83, 84, 85li, 86re, 90, 91, 92, 97, 98, 104, 109, 110, 111m, 112, 116, 117, 118o, 119, 125, 126, 127, 128, 129, 130li, 131o, 133, 135, 136, 137, 142, 145, 148re, 149, 150, 151
Jörg Mair: S. 44, 48o, 57, 58, 60, 62o+m, 66, 67li.u, 73, 74, 76li, 80, 85re, 88, 95li, 100, 108, 111o+u, 118u, 120, 121, 122re, 123, 130re, 131u, 132, 134, 147o, 153, 154 (nach Vorlagen von Josef Lassmann bzw. Georg Sojer)
Georg Sojer: S. 62u, 65m, 70, 82, 86li, 87, 89, 95re, 107, 122li, 124, 143, 147u, 148li

Umschlagfoto: Pit Schubert
Umschlaggestaltung: Werbeagentur Sander & Krause

Lektorat: Inken Kloppenburg Verlags-Service, München

Layout und Umbruch: Satz+Layout Fruth GmbH, München
Herstellung: Hannelore Diehl

Vierte, neu bearbeitete Auflage (Neuausgabe)

BLV Verlagsgesellschaft mbH
München Wien Zürich
80797 München

Gedruckt auf chlorfrei gebleichtem Papier

Printed in Germany · ISBN 3-405-16632-2

Herausgeber:

Deutscher Alpenverein (DAV) und Verband Deutscher Berg- und Skiführer (VDBS) in Zusammenarbeit mit dem Alpenverein Südtirol (AVS)

Offizieller Lehrplan der folgenden alpinausbildenden Verbände:

- Deutscher Alpenverein
- Alpenverein Südtirol
- Verband Deutscher Berg- und Skiführer
- Bundeswehr
- Polizeibergführerverband
- Touristenverein Die Naturfreunde

Autoren der einzelnen Kapitel:

Pit Schubert
»Alpintechnische Ausrüstung«, »Sicherung«, »Sicherheit«
- Jahrgang 1935
- Diplomingenieur (Maschinenbau), eineinhalb Jahrzehnte in der Luft- und Raumfahrt tätig
- seit Gründung des DAV-Sicherheitskreises (1968) bis zu seiner Pensionierung (2000) dessen Leiter
- umfangreiche Grundlagenforschung auf dem Gebiet der alpinen Sicherheit, Materialprüfungen, zahlreiche Veröffentlichungen
- Mitglied in den Normenausschüssen (DIN-CEN, UIAA)
- seit 1973 Mitglied der UIAA-Sicherheitskommission, seit 1996 deren Präsident
- Begeher vieler namhafter Routen in den Alpen, u. a. einer der fünf ersten Deutschen, die Anfang der 1960er-Jahre alle drei großen Nordwände (Eiger, Matterhorn und Grandes Jorasses) durchstiegen haben.
- Teilnehmer an vier Expeditionen, an zweien als deren Leiter; über 50-mal im Himalaja
- über ein Dutzend Erstbegehungen in den Alpen, mehr als zwei Dutzend in außereuropäischen Gebirgen (darunter auch Erstbesteigungen)

Pepi Stückl
»Bekleidung, sonstige Ausrüstung und Ausrüstung für Skitouren«
- Jahrgang 1944
- Staatlich geprüfter Berg- und Skiführer
- Mitglied des Lehrteams Bergsteigen im deutschen Alpenraum
- seit 1974 Berufsbergführer mit Führungen im gesamten Alpenraum und in den Gebirgen der Welt
- Autor eines Lehrbuchs und zahlreicher Zeitschriftenbeiträge zum Thema Bergsteigen

GELEITWORT

Das Bergsteigen mit seinen unterschiedlichen Spielformen zählt zu den attraktivsten Natursportarten. Jedes Jahr zieht es tausende von erlebnis- und erholungshungrigen Wanderern, Berg- und Skisportlern in die Alpen und in die Berge der Welt, um ihren individuellen Leidenschaften und Zielsetzungen in einer noch weit gehend intakten Natur nachzugehen. Für viele von ihnen ist Bergsteigen ein idealer Lifetime-Sport, der den notwendigen Ausgleich in einer zivilisationskranken Konsumgesellschaft leisten kann.
Der Deutsche Alpenverein als der weltgrößte Bergsteigerverband stellt sich seiner besonderen Verantwortung und hat nicht nur die Bergwelt der Alpen mit erschlossen, sondern sich auch seit seinen Gründertagen um die Ausbildung und Sicherheit der Bergsteiger bemüht. Dazu gehört die Ausbildung der staatlich geprüften Bergführer in kooperativer Zusammenarbeit mit dem Verband Deutscher Berg- und Skiführer, die Ausbildung der ehrenamtlichen Führungskräfte als wichtige Multiplikatoren in den Sektionen des Deutschen Alpenvereins, die international anerkannte und führende Arbeit des DAV-Sicherheitskreises und die Herausgabe von Unterrichtsmaterialien und Lehrschriften, um hier nur die bedeutendsten Aktivitäten zu nennen.
Ein fester Bestandteil in der Ausbildungsarbeit aller alpinausbildenden Verbände im deutschsprachigen Raum ist die Lehrplanreihe des Deutschen Alpenvereins, die in ihrer ursprünglichen Konzeption Anfang der 1980er-Jahre veröffentlicht wurde. Angesprochen wurden hauptsächlich alle Ausbilder, die in den verschiedensten Funktionen und mit den unterschiedlichsten Zielsetzungen Alpinunterricht in Praxis und Theorie vermittelten, wenngleich die einzelnen Praxis- und Theoriebände des Alpin-Lehrplans mit der Zeit zum Standardwerk für alle Wanderer und Bergsteiger wurden.
Heute hat sich gemäß der aktuellen Entwicklung im Alpinismus die Zielrichtung des Alpin-Lehrplans verändert: Genauso wie die Anzahl der Bergsportler zunimmt, hat sich auch deren Wunsch nach Selbstständigkeit entwickelt. Weil das Bergsteigen kein geeignetes Feld für den Autodidakten nach der Trial-and-Error-Methode darstellt und die beste Empfehlung nach wie vor nur lauten kann, eine qualifizierte Ausbildung in Praxis und Theorie unter kompetenter Anleitung zu absolvieren, gibt der Deutsche Alpenverein in Zusammenarbeit mit dem Verband Deutscher Berg- und Skiführer mit dem neuen Alpin Lehrplan eine sorgfältig nach den aktuellen Erkenntnissen erstellte Buchreihe heraus, die alle Praxis- und Theoriebereiche des Alpinismus abdeckt.
Adressat ist nicht nur der Alpinausbilder, sondern vor allem der »Normalbergsteiger«, der ein gut verständliches, auf das Wesentliche beschränktes Lehrbuch sucht, das alle praxisrelevanten Themen des Alpinismus behandelt. Neben den elementaren Kapiteln der Bewegungstechnik und -taktik, der Sicherungstechnik und der sicherheitsbezogenen Theorie hat in die Praxisbände des neuen Alpin-Lehrplans als Hauptkapitel auch der spezifische und praxisorientierte Naturschutz Eingang gefunden.
Nicht zuletzt deshalb glauben der Deutsche Alpenverein und das kompetente Autorengremium, dass der neue Alpin-Lehrplan alle Anforderungen an ein modernes Standardwerk für den Bergsteiger erfüllt.

Josef Klenner
Erster Vorsitzender des
Deutschen Alpenvereins

INHALT

Sicherung 114

Sicherheit 140

EINFÜHRENDE GEDANKEN ZUM ALPIN-LEHRPLAN

Unterhält man sich in unseren Tagen über das Bergsteigen, dann ist es gar nicht so selbstverständlich, über das Gleiche zu sprechen. Das Bergsteigen ist in den Jahren, mit all seinen verschiedenen Aktivitäten, überaus vielfältig geworden. So unterschiedlich sich die Spielformen darbieten, so gehen auch die Beweggründe und Zielsetzungen des Einzelnen auseinander. Wo der eine leistungsorientiert die sportliche Auseinandersetzung anstrebt, sucht der andere sein Erlebnis in der Beschaulichkeit der Natur. Durch diese Gegensätzlichkeiten wurde das Bergsteigen zu einem sehr komplexen Thema.

Sie halten einen neuen Alpin-Lehrplan in Händen, mit einem Konzept, das Ihnen vielschichtig und umfassend die Thematik des Bergsteigens näher bringen soll. Jeder der Bände steht für einen bestimmten Bereich und ist in sich abgeschlossen. Während mit dem Vorgänger dieser Lehrplanreihe vor allem der Kreis der Ausbilder angesprochen wurde, sind die jetzt vorliegenden Bände vom Konzept und vom Inhalt her für alle gedacht, die sich in irgendeiner Form dem Bergsteigen verschieben haben.

Die Lehrpläne sind mit der Gliederung in vier Hauptkapitel auf die alpine Praxis ausgerichtet. Das »Wie geht's« erfahren Sie im Kapitel »Bewegungstechnik und Taktik«. Unter »Sicherungstechnik« finden Sie alles, was die Sicherung betrifft. Was sonst noch wissenswert ist, um sicher unterwegs zu sein, wird praxisorientiert unter den »Theoretischen Grundlagen« beschrieben. Tipps und Anregungen für umweltverträgliches Verhalten holen Sie sich im Kapitel »Umwelt- und Naturschutz«. Lediglich Band 5 zur Sicherheit am Berg weicht mit seiner theoretischen Ausrichtung von dieser Gliederung ab.

Der Verband Deutscher Berg- und Skiführer ist zusammen mit dem Deutschen Alpenverein Herausgeber dieser Lehrplanreihe. Der Verband ist sich der Verantwortung bewusst, die er hiermit übernommen hat. Doch neben einem hohen Maß an Sicherheitsbewusstsein ist das Übernehmen von Verantwortung eines der grundlegenden Aufgaben eines jeden Bergführers. Unter dem Grundsatz »Erfolgserlebnis durch Sicherheit und kalkulierbares Risiko« ist der VDBS seit jeher bestrebt, die verschiedenen Techniken des Bergsteigens zu formen und weiterzuentwickeln.

Die Autoren sind ausschließlich staatlich geprüfte Berg- und Skiführer und Mitglieder des Lehrteams für die staatliche Bergführerausbildung. Ihre langjährige Berufserfahrung sowie die professionelle Einstellung zur Thematik spiegeln sich im Inhalt dieser Bände wider. Es wird keinesfalls der Anspruch auf Vollständigkeit erhoben, eher soll hier das Elementare, das Wesentliche, »das, was man braucht« herausgestellt werden.

Allerdings gibt es gerade beim Bergsteigen entscheidende Punkte, die sich schwerlich darstellen lassen, die man auch aus einem Lehrbuch nicht erlernen kann. Dies betrifft hauptsächlich die geistige Auseinandersetzung mit dem Medium Natur und Gebirge. Leider haben wir »Zivilisationskrüppel« verlernt, Zeichen der Natur zu sehen, zu erkennen, umzusetzen und zu nützen – wir haben einen wichtigen Instinkt verkümmern lassen. Nur mühsam gelingt es uns, Bruchteile dieser Fähigkeiten zurückzugewinnen.

Das Beherrschen der verschiedensten Techniken darf nur als Basis, als Grundvoraussetzung angesehen werden. Um wirklich sicher unterwegs zu sein, bedarf es mehr.

Peter Geyer
Präsident des Verbandes
Deutscher Berg- und Skiführer
Ausbildungsleiter der
staatlichen Bergführerausbildung

EINFÜHRUNG

Der Band 5 des Alpin-Lehrplans behandelt Fragen der Ausrüstung, der Sicherung bei allen Spielformen des Bergsports sowie grundsätzlich der alpinen Sicherheit. Thematisch bedingt weicht er daher in seiner Grundgliederung von den vier ersten Bänden ab, die auf die alpine Praxis ausgerichtet sind. Die hier gesammelten Kenntnisse sind auf den neuesten Stand gebracht und bilden eine Grundlage alpinen Wissens, die eine qualifizierte Ausbildung unter kompetenter Anleitung ermöglicht, die praktischen Erfahrungen ergänzt und Entscheidungshilfen bereitstellt.

Die Dreiteilung des vorliegenden Bandes in die Hauptkapitel Ausrüstung – Sicherung – Sicherheit führt zu sehr unterschiedlichen Umfängen. Themenbedingt ist der Teil Ausrüstung der umfangreichste. An zweiter Stelle folgt das Kapitel Sicherung in Praxis und Theorie. Der dritte Teil, Sicherheit, konnte sehr kurz gehalten werden, da – streng genommen – alles, was die Praxisbände 1 bis 4 beinhalten, zur Sicherheit beim Bergsteigen, Fels- und Eisklettern beiträgt.

Es wurde eine auch für Nichttechniker verständliche Beschreibungsform gewählt. Dort, wo es notwendig und möglich schien, wurde auf technisch-wissenschaftliche Formulierungen verzichtet zugunsten einer leicht verständlichen Beschreibungsform. Der Begriff der »Festigkeit« wird im landläufigen Sinn verwendet, z. B. »Kantenfestigkeit« bei Seilen (nicht, wie in der Technik üblich, als spezifische Angabe der Werkstofffestigkeit, bezogen auf einen Flächenquerschnitt, wie N/mm^2 oder kN/mm^2). Die wenigen Fachausdrücke sind mit Sternchen gekennzeichnet und im Anhang erläutert.

Die seit 1976 weltweit gültigen Maßeinheiten Newton* (N), Kilonewton* (kN), Joule* (J) und Kilojoule* (kJ) werden in allen Bänden des Alpin-Lehrplans verwendet. Zum leichteren Verständnis werden die bis dahin und heute auch noch vielfach gebräuchlichen Einheiten Kilopond (kp) und Kilopondmeter (kpm) in Klammern dahinter angegeben. Das Gewicht (physikalisch richtig: die Masse) wird in Gramm (g) oder Kilogramm (kg) angegeben.

Da die Hersteller ihre Produkte hinsichtlich Konstruktion und Werkstoff häufig ändern, gelten alle im vorliegenden Band gemachten Größen-, Festigkeits- und anderen Angaben nur unter Vorbehalt. Katalogangaben der Hersteller sollten beachtet werden.

Die Normen (EN*, UIAA*) werden periodisch überprüft und dem Stand der Technik angepasst. Demnach gelten alle Normangaben für den Zeitpunkt der Drucklegung.

Pit Schubert

Ausrüstung

BEKLEIDUNG, SONSTIGE AUSRÜSTUNG UND AUSRÜSTUNG FÜR SKITOUREN

Bekleidung

Gebirgstaugliche Funktionsbekleidung muss viele, teilweise gegensätzliche Anforderungen erfüllen:

- Sie muss den Körper vor ungünstigen Witterungseinflüssen schützen – in erster Linie vor Kälte, Wind, Regen, Schnee, aber auch vor starker Wärmeeinstrahlung. Dabei sollte sie von außen keine Feuchtigkeit aufnehmen bzw. aufgenommene Feuchtigkeit möglichst schnell wieder abgeben.
- Sie sollte die Wärmeregulation des Körpers unterstützen oder zumindest nicht behindern. Dabei muss sie den vom Körper abgegebenen Schweiß entweder aufnehmen oder, was noch besser ist, nach außen ableiten.
- Sie muss den Körper vor mechanischen äußeren Einwirkungen schützen, z. B. beim Scheuern am Fels oder beim Abgleiten am gefrorenen Firnhang.
- Sie muss leicht, nicht beengend, praktisch und hautfreundlich sein.
- Nicht zuletzt sollte sie auch noch gut aussehen.

Besonders auf die beiden ersten Forderungen muss näher eingegangen werden.

Körperphysiologische Aufgaben der Bergbekleidung

Der Bergsteiger ist bei unterschiedlichen physischen und psychischen Zuständen ständig unterschiedlichen klimatischen Bedingungen ausgesetzt. Die Klima-Zustands-Kombinationen können besonders im Hochgebirge extreme Formen annehmen: Ein Bergsteiger muss große körperliche Anstrengung bei großer Hitze ebenso aushalten wie ein Biwak bei Schlechtwetter nach bereits harter Tour.
Das Klima und der Zustand des Bergsteigers sind nicht oder nur indirekt veränderbar. So ist es die Aufgabe der Bekleidung, dem Körper die zum Überleben notwendigen, physiologisch günstigen Bedingungen zu verschaffen.

Der menschliche Organismus kann nur bei einer Körperkerntemperatur* von 37 °C optimal arbeiten. Bereits Änderungen um 2 °C bewirken einen deutlichen Leistungsabfall, noch größere Änderungen bewirken Hitze- oder Kälteschädigungen.
Bei körperlicher Betätigung werden nur etwa 25 % der im Stoffwechsel umgesetzten Energie in produktive Muskelarbeit umgewandelt, die restlichen 75 % gibt der Körper als Wärme ab. Um nun die Körperkerntemperatur von 37 °C konstant zu halten, muss diese überschüssige Wärme abgeführt werden, was in der Hauptsache durch erhöhte Blutzirkulation in der Körperschale, Schweißbildung und Schweißverdunstung auf der Haut geschieht. Unterbindet die Bekleidung den Wärmeaustausch und die Schweißverdunstung, so sind bei fortgesetzter Tätigkeit Leistungsabfall, Hitzestau und Hitzschlag die Folge.
Die gefürchtete, lebensgefährliche Unterkühlung ist die Folge von nasser Bekleidung, meistens in Verbindung mit Kälte und Wind. Die Muskulatur kann zwar mit dem so genannten Kältezittern noch Wärme produzieren und damit der Unterkühlung etwas entgegenwirken, doch ist es in erster Linie die Aufgabe der Bekleidung, den Körper vor Unterkühlung zu schützen. An dieser Stelle sei vermerkt, dass auch die beste Bekleidung keine Lebensversicherung für Schlechtwetter im Gebirge darstellen kann und nicht Erfahrung, Können und Training ersetzt. Der Ausspruch: »Es gibt kein schlechtes Wetter, nur schlechte Kleidung« zeugt in Bezug auf das Hochgebirge bestenfalls von Leichtsinn oder Nichtachtung der Natur!

Die Natur als Vorbild.

Das Schichtensystem

Während man sich früher in schwere Stoffe hüllte (z. B. Walliser Loden, dicke Schafwolle usw.), stellt der Bergsteiger heute seine Bekleidung nach dem Zwiebelprinzip individuell zusammen. Mehrere dünne Schichten ergeben ebenfalls die gewünschte Stärke, die Luftschichten zwischen den verschiedenen Lagen erzeugen eine zusätzliche Isolierung.
Mit einem gut durchdachten »Baukastensystem« kann man die verschiedenen Bekleidungsteile so kombinieren, dass von der einfachen Voralpenwanderung bis zur Sechstausenderbesteigung alle Erfordernisse abgedeckt werden können. Mit vielen dünnen Schichten, sinnvoll angeordnet (Wasserdampfaustausch, Klimaregulation), kann sich der Bergsteiger stufenlos jedem Klima anpassen.

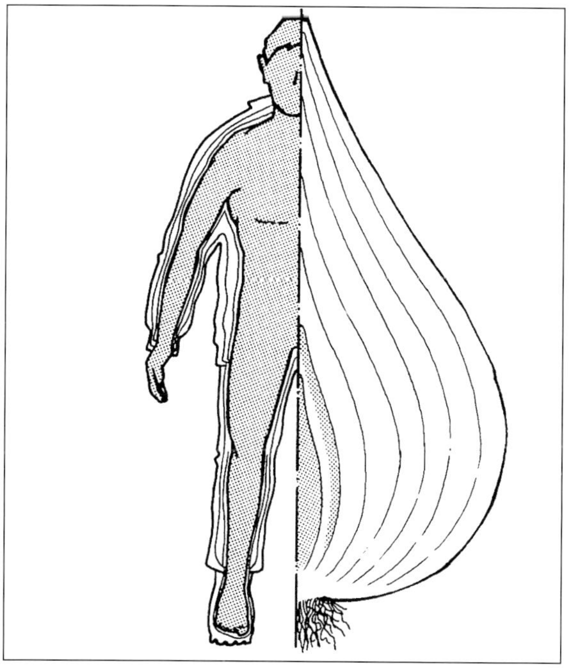

Bergbekleidung nach dem Schichtensystem: der Aufbau einer Zwiebel als Vergleich.

Welche Kleidung wann und wo?

Entscheidungskriterien:
- Jahreszeit
- Höhenlage
- zu erwartendes Wetter
- Länge und Art der Tour: Wandern, Klettern, Skitour

Weitere Kaufkriterien:
- Schnitt
- Bewegungsfreiheit
- Gewicht
- Atmungsaktivität
- Wasserdichtheit
- Wärmeisolation
- Strapazierfähigkeit
- praktische Details
- Anpassbarkeit ans Schichtensystem

Unterbekleidung

Sportunterwäsche hat die wichtige Aufgabe, die Haut möglichst trocken zu halten. Das geschieht bei herkömmlichen Naturfasern durch Aufsaugen des Schweißes, bei Synthetikwäsche durch Weiterleiten der Feuchtigkeit an die nächsten Schichten.
Nässe ist ein guter Wärmeleiter. Als Folge davon gibt der Körper bei schweißnasser Unterwäsche laufend Wärme ab, die er nachproduzieren muss. Es kommt zum Energieverlust, der sich bis zur Unterkühlung steigern kann.
Baumwollunterwäsche ist sehr angenehm zu tragen. Sie ist jedoch vom Schwitzen schnell durchnässt, bleibt nasskalt und muss dementsprechend oft gewechselt werden, will man nicht Unterkühlung und Erkältungskrankheiten riskieren.
Kunstfaserunterwäsche ist zwar weniger hautsympathisch, da sie sich statisch aufladen kann, hat aber einige Vorteile: Der Schweiß wird schnell nach außen abgeleitet, die Haut bleibt länger trocken. Sie kann von Hand gewaschen werden und trocknet sehr schnell, was bei mehrtägigen Unternehmungen wichtig ist. Nachteilig ist die unangenehme Geruchsbildung schon in sehr kurzer Zeit.
Gute Marken-Sportunterwäsche ist auch antistatisch sowie geruchsneutral ausgerüstet.
Bei Hochtouren gehört Wechselwäsche (Hemd und eine dünne lange Unterhose) zur Notfallausrüstung.

Strümpfe und Socken

Wie die Unterwäsche sollte auch der Strumpf nicht die Feuchtigkeit speichern, sondern sie von der Haut wegtransportieren.
Auch hinsichtlich der Blasenbildung sollte auf die richtige Wahl des Strumpfes größtes Augenmerk gerichtet werden. Strümpfe dürfen keinesfalls verrutschen und

sollen wie eine zweite Haut sitzen, damit keine Falten gebildet werden. Blasen entstehen durch Reibung, manchmal am Schuh, meistens durch schlecht sitzende, ausgeleierte Strümpfe, die nicht genügend elastisch sind und rutschen, wenn sich die Ferse verschiebt.
Strümpfe aus Mischgewebe (Schurwolle, Polypropylen und Lycra) bringen die ausgewogensten Eigenschaften: Sie sitzen gut und halten die Füße trocken. Modelle mit spezieller Plüschpolsterung sind durch ihr hohes Druckaufnahme- bzw. -verteilungsvermögen besonders gut geeignet. Oft ist es günstig, unter dicken Wollstrümpfen dünne, eng anliegende Polypropylensocken zu tragen, die den Fuß trocken halten und die Blasenbildung verhindern helfen. Strümpfe mit Strickmustern sind infolge schlechter Druckverteilung ungeeignet, glatte Strickarten sind vorzuziehen. Im Sommer sind kurze Socken in Verbindung mit langer Berghose ein Genuss. Strümpfe sollten bis unters Knie reichen und einen möglichst breiten, elastischen Abschluss haben, damit keine Abschnürung erfolgen kann. Strümpfe, die bis übers Knie reichen, rollen sich oft unvorteilhaft ein und bilden in der Kniekehle einen unangenehmen Wulst, der das Schwitzen begünstigt. Diese »Kniestrümpfe« sind nur vorteilhaft für Bundhosenträger.
Bei länger dauernden Hochtouren sollten stets trockene Reservestrümpfe im Rucksack sein. Trockene Strümpfe auf Expeditionen helfen, Erfrierungen zu verhindern.

Hemden

Am angenehmsten zu tragen sind die klassischen Baumwoll- bzw. Flanellhemden, die den Schweiß aufsaugen, jedoch nass bleiben und nur langsam trocknen. Vorteilhaft sind auch die so genannten Skirollis, Baumwollhemden mit Rollkragen und Reißverschluss, die bei Wind und Kälte den Hals besser schützen können und kaum auftragen.
Es gibt auch Hemden aus Kunstfaser-Fleece, die angenehm und warm sind, jedoch sehr schnell Geruch annehmen. Die empfehlenswertere Alternative ist die neue Hemdengeneration aus Synthetik/Baumwolle bzw. Schurwolle.

Hosen

Ob fürs Wandern oder Klettern – sie sollten leicht sein, jede Bewegung ermöglichen, winddicht und wasserabweisend, aus hautfreundlichem, strapazierfähigem und vor allem schnell trocknendem Material beschaffen sein. Diesen Forderungen werden Hosen aus hochwertigen Spezialstoffen oder Mischgeweben am besten gerecht.
Die lange Berghose hat sich durchgesetzt, die Vorteile sind überzeugend: kein Wärmestau, freie Blutzirkulation im Kniebereich, durch den Lufteinschluss (= Isolation) im Hosenbein wesentlich angenehmeres Klima sowohl bei Kälte als auch bei Hitze.
Vorteilhaft ist ein Gummizugabschluss am Bein, der, wird er über den Schuhrand gezogen, das Eindringen von Steinen sowie Schnee und Nässe verhindert und dadurch in vielen Fällen das Tragen von Gamaschen erspart.
Die lange Berghose sollte weit genug geschnitten sein, um zum einen genügend Luftisolation sowie Bewegungsfreiheit und zum anderen genügend Platz für eine Wärmelage darunter (Zwiebelprinzip) zu haben.
Hosen aus Stretchmaterial oder mit Stretcheinsätzen ermöglichen uneingeschränkte Bewegungsfreiheit. Besonders hochwertige Berghosen haben eine vorgeformte Kniepartie.
Für Hochtouren sind Hosen mit hoch gezogenem Bund und Rückenteil oder auch Latzhosen empfehlenswert. Besonders die Nierengegend und das Kreuz (wo man durch die Rucksackauflage besonders stark schwitzt) werden dadurch vor Wind, Kälte und Auskühlung geschützt.
Bei Skitourenhosen sollte besonders auf den Beinabschluss (Gummizug oder integrierter Schneefang) geachtet werden, ferner auf besonders Wasser abweisenden Außenstoff sowie Kantenschutz an den Innenseiten.
Alle Taschen müssen durch Klett- oder robuste Reißverschlüsse schneedicht verschließbar sein. Eine seitliche Kartentasche ist vorteilhaft.
Kletterhosen müssen bewegungsfreundlich, also besonders weit geschnitten oder elastisch sein. Auf die Taschenanordnung muss ebenso geachtet werden (Klettergurt!). Sportkletterer bevorzugen vollelastische Lycrahosen, die uneingeschränkte Bewegungsfreiheit gewähren.
Elastische Fleecehosen sind hervorragend verwendbar als warme lange Unterhose bei kühlen Temperaturen, als Kletterhose, zum Langlaufen, als »Hütten«-Hose, für Skitouren und zum Eisklettern in Verbindung mit einer guten Überhose.

Pullover und Jacken

Für die althergebrachten schweren »Bergsteiger-Pullover« heißt die Alternative: Fleece. Fleece wird aus Kunstfaser hergestellt, verschiedene Hersteller fertigen aus unterschiedlichen Rohstoffen. Dementsprechend gibt es auch bedeutende Qualitätsunterschiede in puncto Dichte (= Wärme) und Abriebfestigkeit. Der bedeutendste Hersteller ist Malden Mills/USA.
Pullis und Jacken aus Fleece (es gibt hemdartig dünne, mittlere und dicke Qualitäten) sind wesentlich leichter und trocknen schneller als Wolle. Ein weiterer Pluspunkt ist die höhere Strapazierfähigkeit.
Modische Gesichtspunkte haben daraus eine Allround-Freizeitkleidung geschaffen, die nicht nur auf das Gebirge beschränkt bleibt.

Gebirgstaugliche Fleece- und Faserpelzware sollte Folgendes aufweisen:
- einen hohen Wärmekragen
- Wärmetaschen für die Hände
- ein länger geschnittenes Rückenteil, damit das Kreuz auch geschützt ist, wenn man sich bückt
- Windblocker, da sie vor Auskühlung schützen, jedoch die Wärmeabgabe nicht behindern
- Brusttasche für Karte bzw. Brille

Überhosen

Überhosen dienen als zusätzlicher Nässe-, Wind- und Kälteschutz und sollten einen seitlichen Reißverschluss besitzen, damit man sie im Notfall schnell über die Schuhe – auch Steigeisen, Ski – anziehen kann.
In der Regel reicht die ungefütterte Version, die leicht und klein verpackt und stets im Rucksack mitgeführt werden kann. Situationsbedingt muss diese wasserdicht sein.
Für Skitouren, Hochtouren, zum Eisklettern und für Expeditionen gibt es gefütterte Überhosen, die zweckmäßigerweise oft mit hoch gezogenem Bund und Hosenträgern ausgestattet sind. Man achte auf ein vorgeformtes Knie.
Überhosen müssen absolut wasserdicht sein, als Material empfehlen sich daher mikroporöse Membranen wie z. B. Goretex, Sympatex u. Ä. Ist man an heißen Tagen mit kurzer Hose im Gebirge unterwegs, gehört für alle Fälle eine Überhose in den Rucksack!
Überhosen sind ein wichtiger Bestandteil des Schichtensystems.

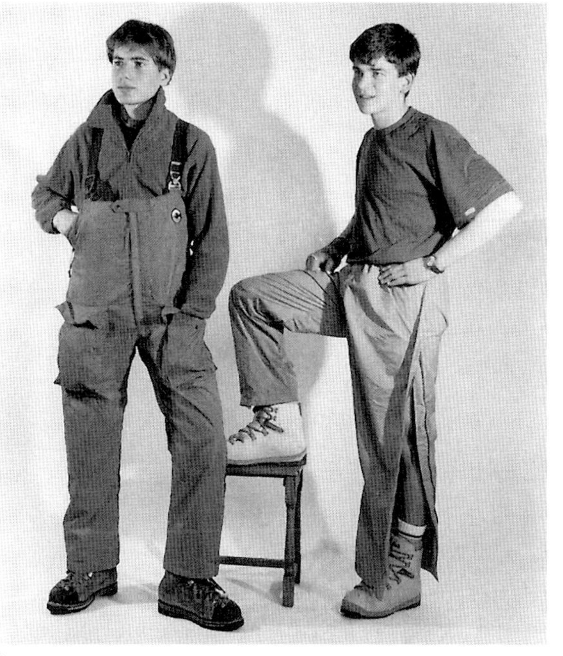

Überhosen sind ein wichtiger Bestandteil des Schichtensystems: expeditionsgeeignete Hochtouren-Überhose (links) und leichte Goretex-Überhose (rechts).

Anoraks

Der Anorak ist eines der wichtigsten Kleidungsstücke des Bergsteigers und hat entscheidende Schutzfunktionen gegen Wind, Nässe und Kälte.

Wichtige praktische Anforderungen:
- Textilfestigkeit (Reiß- und Verschleißfestigkeit)
- Wasserdichtheit
- Der Anorak sollte eine Mindestanzahl von Taschen haben. Diese müssen dicht verschließbar sein, drei sollten eine Mindestgröße aufweisen (für Handschuhe, Karte usw.).
- Funktioneller Schnitt: Der Anorak sollte hinten etwas länger geschnitten sein. Der Ärmelschnitt muss volle Bewegungsfreiheit in allen Arbeitspositionen ermöglichen.
- Die Kapuze muss eine Mindestgröße aufweisen bzw. verstellbar sein, damit darunter eine Mütze oder auch ein Schutzhelm mit Stirnleuchte getragen werden kann. Bei Kopfdrehungen müssen das Gesichtsfeld und ein gewisser Blickwinkel frei bleiben. Es ist günstig, wenn die Kapuze ein Schild besitzt, damit Wind, Regen und Schnee besser von den Augen abgehalten werden.

- Der hochklappbare Kragen sollte so hoch geschnitten sein, dass er Mund und Nase abdecken kann. Metallteile in diesem Bereich (Reißverschluss, Druckknöpfe) müssen zum Schutz des Gesichts abgedeckt sein.
- Ärmelschließen sollen sich mit einer Hand öffnen und schließen lassen.
- Schnürzüge und Reißverschlüsse müssen mit Handschuhen bedienbar sein.
- Druckknöpfe sollte man vor dem Kauf testen, da diese häufig schlecht schließen bzw. schon nach kürzester Zeit ausreißen.

Man unterscheidet die Schlupfversion (Schneehemd) von der Jackenform. Für unterschiedliche Anforderungen gibt es verschiedene Ausführungen: als dünne, leichte Schutzhaut und als Wärmejacke mit mehr oder weniger Isolationsmaterial und Gewicht.
Als Außenbezug haben sich wasserdichte und atmungsaktive Membranen bewährt.
Als Wärmeisolierung kommen moderne synthetische Fasern in Betracht, die besonders dünnwandig und kaum auftragend sind und die sich bereits bei extremsten Unternehmungen bewährt haben (z. B. Thinsulate, Primaloft u. Ä.).
Dünne Perlonanoraks sind zwar leicht und winddicht, jedoch nur bedingt wasserdicht, nicht atmungsaktiv und zum Bergsteigen höchstens als Windschutz zu empfehlen.
Bergsteigerponchos (fast mantellange Nylonumhänge) sind ein guter Regenschutz für Bergwanderer. Unter dem Poncho ist auch der Rucksack vor Nässe geschützt, ebenso die Oberschenkel und Knie. Für Klettertouren und höhere Berge ist ein Poncho ungeeignet.

Daunenbekleidung

Daunenjacken, Daunenpullover oder Daunenwesten werden als reine Wärmespender benutzt und sind bei trockener Kälte (Winter, Höhe, kalte Hütte, Biwak) unentbehrlich.
Daunenjacken gibt es von der Leichtjacke mit ca. 700 g (auch als Pullover zum Schlupfen, ca. 500 g) bis zur Expeditionsausführung mit ca. 1200 g.
Besonders praktisch sind Daunenwesten: warm, klein verpackbar und »daunenleicht« (ca. 350 g).
Daunenhosen dürften hauptsächlich für Höhenbergsteiger interessant sein.

Von links nach rechts: Daunenpullover, Daunenweste und Expeditionsdaunenjacke.

Kopfbedeckungen

Der Kopf sollte als der empfindlichste Teil des Körpers besonders vor Kälte und Wind (Stirnhöhlen!) geschützt werden. Gleichfalls muss starke Sonneneinstrahlung, besonders auf Gletschern und im Schnee, abgewendet werden.
Gute Mützen (Wolle oder Wolle/Synthetik) haben an der Stirnseite ein Frotteegewirk, um den Schweiß abzuleiten. Vorteilhaft sind auch Einlagen aus atmungsaktiven Folien im Stirnbereich, die den Wind abhalten.
Mützen sollten kopfgerecht gearbeitet sein, damit sie auch bei Bewegungen nicht hochrutschen und die Ohren geschützt bleiben.
Stirnbänder verhindern, dass Schweiß in die Augen läuft und der Wind die Stirn auskühlt.
Bewährt haben sich auch LL-Mützen, die besonders leicht und angenehm sind und deshalb auch beim Aufstieg gut getragen werden können.
Sturmhauben aus Seide, Baumwolle oder Polypropylen sind federleicht, nehmen keinen Platz ein und sollten bei Hochtouren zur Standardausrüstung gehören. Da sie bis auf die Augenpartie das ganze Gesicht bedecken, schützen sie bei großer Kälte, insbesondere bei Gegenwind, Wangen und Nase vor Erfrierungen.

Ein Sonnenhut hält sowohl intensive Sonnenstrahlung als auch Regen ab.

Auch bei Sommertouren sind Handschuhe als Schutz vor Verletzungen empfehlenswert.

Bei extremen Bedingungen empfiehlt sich eine Sturmhaube aus Fleece.

Ein Sonnenhut mit möglichst breiter Krempe oder eine Baseballkappe schützt nicht nur am besten vor der gefährlichen UV-Strahlung (Schatten), sondern dient speziell auch bei Schlechtwetter, Regen und Schneefall dem Brillenträger ganz wesentlich zur Sichtverbesserung.

Handschuhe

Handschuhe dienen als Kälteschutz sowie als Schutz vor Verletzungen. Selbst bei Touren, bei denen normalerweise Handschuhe nicht benötigt werden, sollten sie für unvorhergesehene Fälle stets im Rucksack mitgeführt werden.

Als Kälteschutz ist nur ein Fäustling zu empfehlen, während zum Arbeiten ein Fingerling brauchbarer ist. Gewalkte Wollhandschuhe wärmen auch noch in feuchtem Zustand, sind jedoch nicht winddicht (nur mit Überhandschuh) und haben bei Schnee keine Kontaktfähigkeit (Griffigkeit) zum Gerät, etwa zum Skistock oder Pickel. Ein Innenhandbesatz aus Leder verbessert diesen Mangel.

Fleecehandschuhe sind federleicht und trocknen schnell, man kann gut damit greifen; sie sind jedoch wenig strapazierfähig und nicht winddicht. Vorzuziehen ist hier die Ausführung mit Windstopper. Eine Lederinnenhand verbessert auch hier die Griffigkeit und Langlebigkeit wesentlich.

Gefütterte Leder-Fingerhandschuhe (Skihandschuhe) sind vorteilhaft, wenn Eisgeräte fest und sicher gegriffen werden müssen. Leder durchnässt jedoch schnell und trocknet nur langsam.

Ideal sind vorgeformte Überhandschuhe aus Goretex mit verschweißten Nähten, die absolut wind- und wasserdicht sind. Herausnehmbare Faserpelz-Innenhandschuhe sorgen für die nötige Wärmeisolation. Man kann ebenso mit Fingerlingen in die Überhandschuhe schlüpfen, was dem empfohlenen Schichtenprinzip entspricht.

Überhandschuhe sollten mit einer »griffigen« Beschichtung ausgestattet sein.

Hauchdünne Unterziehfingerlinge aus Polypropylen oder Seide schützen bei großer Kälte beim Verrichten feiner Arbeiten wie beim Bedienen der Bindung, Fotografieren, Schließen des Reißverschlusses usw. Daunenhandschuhe sind besonders warm, wegen ihrer Unhandlichkeit jedoch schlecht zum Arbeiten geeignet. Zu empfehlen sind sie allerdings als Wärmefäustling bei sehr großer Kälte und auf Expeditionen.

Handschuhe müssen sorgfältig anprobiert werden: In angewinkelter Griffposition (etwa beim Umgreifen des Skistocks) dürfen die Fingerspitzen vorne nicht anstoßen. Die Stulpen müssen lang genug und gegen einfallenden Schnee gesichert sein.

Gamaschen

Gamaschen verhindern, dass Schnee oder Geröll von oben in den Schuh eindringen kann. Bei der Verwendung langer Berghosen kann man in vielen Fällen auf Gamaschen verzichten, Bundhosenträger sollten sie verwenden.
Gamaschen müssen bequem bedienbar sein (Öffnung vorne) sowie einen robusten, ebenso leicht bedienbaren Sohlensteg haben, damit sie nicht hochrutschen können.
Ferner sollte auf ausreichende Länge (bei Bundhosen bis übers Knie) und richtige Weite an Waden und Schuhrand geachtet werden. Für Skischuhe ist eine größere Weite erforderlich. Der Verschluss sollte aus einem robusten Reißverschluss mit zusätzlichem Klettverschluss bestehen.
Gute Hochtourengamaschen haben keinen Reißverschluss, dafür einen besonders breiten Klettverschluss.
Hochtouren- oder Expeditionsgamaschen umschließen den ganzen Schuh und schließen am Schuhrand mittels Gummiband ab. Somit kann man auch auf extremen Hochtouren mit einem leichteren Schuh auskommen. Zweckmäßigerweise sollte das Oberteil aus Goretex angefertigt sein.
Für arktische Temperaturen hat sich am besten ein »Gamaschenüberschuh« bewährt: Man schlüpft mit dem gesamten Bergschuh hinein, somit wird die Eigenwärme voll gespeichert, und Erfrierungen sind nahezu ausgeschlossen. Das funktioniert allerdings nur bei Eisunternehmungen, bei denen Steigeisen getragen werden.

Bergschuhe

Je nach Verwendung sollten Bergsportschuhe bestimmte Funktionen bieten:

- sicherer Kontakt zum Untergrund
- Schutz vor Verletzungen
- Dämpfzone zum Schutz der Gelenke
- möglichst geringes Gewicht
- gute Atmungsaktivität und Schweißaufnahme
- weit gehende Wasserdichtheit

Wanderschuhe fürs Gebirge

Gebirgstaugliche Wanderschuhe werden heute als Trekkingschuhe bezeichnet. Für schneefreie Wanderungen auf bezeichneten Wegen genügt oft ein leichter Schuh. Doch sollten auch leichte Wanderschuhe bereits eine gewisse Torsionsfestigkeit und eine gute Gummiprofilsohle aufweisen sowie gute Dämpfungseigenschaften besitzen.

Leichtbergschuhe

Der Übergang vom Wander- zum klettertauglichen Bergstiefel ist fließend. Je nach Verwendungszweck sollte die Sohlenkonstruktion entsprechend verwindungssteifer werden, das Obermaterial strapazierfähiger und wasserdichter.
Das wesentliche Qualitätskriterium ist die Tauglichkeit auf harten Schneefeldern, die Torsionssteifigkeit.

Hochtourenschuhe

Hochtourenschuhe zeichnen sich aus durch größere Stabilität und Kältefestigkeit sowie durch das Prädikat »steigeisenfest«. Der Einsatzbereich umfasst neben Fels überwiegend Eis, Schnee und unwegsames (z. B. wegloses) Gelände.

Für reine Eis- und Gletscheranstiege hat der Kunststoff-Schalenschuh gewisse Vorteile:

- wenig Gewicht
- pflegeleicht und wasserdicht
- auswechselbarer Innenschuh
- braucht nicht eingelaufen zu werden
- kann an Druckstellen thermisch geweitet werden
- durch bessere Kraftübertragung ideal fürs Steileisklettern

Nachteil des »Plastikstiefels«: Man kann im Fels nicht gut klettern. Für den Expeditionseinsatz gibt es Spezialmodelle.
Für den Allroundgebrauch – mal im Fels, mal im Eis, für kombinierte Touren mit schwierigen Felspassagen, Westalpeneinsatz – wird der Bergsteiger nach wie vor zum bewährten Leder-Hochtourenschuh greifen, mit dem man doch wesentlich besser klettern kann.
Der schwere Lederbergstiefel ist etwas aus der Mode gekommen; Stand der Technik sind wesentlich leichtere Schuhe mit versteifter Zwischensohle und Gore-

tex-Ausstattung für Wasserdichtheit. Gummikappen an den Zehen verhindern vorzeitigen Verschleiß.
Das Wichtigste am Bergschuh ist jedoch die Passform. Verschiedene Hersteller arbeiten über verschiedene Leisten. So passt ein breiter Fuß in keinen schmalen Leisten und umgekehrt. Die Beratung in einem alpinen Fachgeschäft ist hier zwingend.

Kletterschuhe

Mit klettertauglichen Bergschuhen (mit Profilsohle) kann man selbstverständlich auch klettern, in alpinen und kombinierten Touren durchaus üblich bis etwa zum V. bis VI. Grad. Mehr Spaß hat man natürlich mit den profillosen Spezialkletterschuhen (Slicks).
Reibungskletterschuhe gibt es in den verschiedensten Ausführungen: halb- oder knöchelhoch, weicher oder versteifter Vorfuß- oder Zehenbereich und normal oder besonders schmal geschnittene Zehenform. Die Sohlen bestehen aus weichen Gummimischungen, die hohe Reibungswerte bringen. Durch das geringe Gewicht, die Flexibilität und den Sohlenkontakt zum Fels sind erst jene enormen Schwierigkeitssteigerungen der letzten Jahre möglich geworden.
Achtung: Für den Abstieg müssen geländetaugliche Schuhe mitgeführt werden.

Bergsteigerrucksäcke

Der Rucksack ist ein besonders wichtiges Ausrüstungsstück des Bergsteigers. Ein schlechter Rucksack kann nicht nur die Freude am Bergsteigen verleiden, sondern auch der Gesundheit nachdrücklich schaden.
Je näher der Lastenschwerpunkt an der Achse des Körperschwerpunktes liegt, desto leichter trägt man die Last. Diese Tatsache beeinflusst nicht nur die Rucksackform und das Tragesystem, sondern vor allem auch das Packen: schwere Ausrüstungsgegenstände so nah wie möglich an den Rücken und nach oben (Schulterbereich), leichte eher nach unten und nach außen. Man denke nur an die Form der Tragkörbe in Nepal oder die früher verwendeten Kopfkraxen in den Alpentälern.
Bergsteigerrucksäcke müssen ein Mindestmaß an Stoffqualität aufweisen, reißfeste Nähte, gut gepolsterte und anatomisch geformte Trageriemen, die während des Gehens verstellbar sein müssen, und Reißverschlussfächer für Utensilien haben. Ab etwa

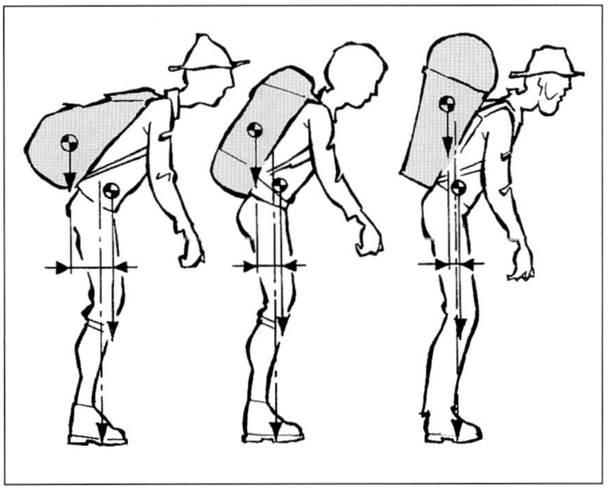

Je näher am Körperschwerpunkt der Schwerpunkt der Last liegt, desto leichter lässt sich der Rucksack tragen.

45 Liter Inhalt ist ein gepolsterter Hüfttragegurt vorteilhaft, mit dem man die Last von den Schultern mit auf die Hüfte verteilen kann; bei kleinerer Literzahl genügt ein einfacher Bauchgurt.

Rückenkonstruktionen

Körperkontaktrucksäcke sind rahmenlos, sollten jedoch zur Stabilisierung und für den Tragekomfort eine Polsterung aufweisen. Meistens wird das durch Einlegen einer Schaumstoffmatte erreicht, die entweder eingenäht oder herausnehmbar ist.
Körperkontaktrucksäcke liegen eng am Rücken an und eignen sich besonders als Kletterrucksack, für Skitouren bzw. Tiefschneefahrer und als Radrucksack.
Großrucksäche (so genannte Trekkingrucksäcke) ab etwa 50 bis 70 Liter und mehr sollten ein stabiles, der Rückenform anpassbares Tragegestell besitzen. Am günstigsten wird das durch herausnehmbare, verformbare Aluminiumschienen erreicht (Rohre kann man nicht biegen).
Es gibt kurze und lange Rücken – das Tragegestell muss deshalb auch höhenverstellbar sein.
Rahmenrucksäcke (so genannte Kraxenrucksäcke) mit starrem Außengestell sind für den üblichen Gebrauch überholt. Zu großes Eigengewicht, unförmig, schlecht zu verstauen und störend bei sportlichen Aktivitäten (Skifahren, Klettern), ist die Anwendung auf flachere Gegenden beschränkt. Sie eignen sich zum Tragen schwerster Lasten, z. B. auf Expeditionen, Jagden, oder bei Unternehmungen, bei denen sperrige

Lasten außen befestigt werden müssen. Auch beim Ziehen von Schlitten (z. B. Unternehmungen in Grönland, Alaska) sind Vorteile erkennbar.
Wanderrucksäcke haben zweckmäßigerweise ein leichtes Tragegestell und besitzen eine oder mehrere Außentaschen. Größen: 20 bis ca. 45 Liter.
Kleinrucksäcke, so genannte Daypacks, gibt es in den unterschiedlichsten Ausführungen als Schul-, City-, Ski- und Radrucksack, z. T. mit zahlreichen Funktionen. Sie werden leider oft als Billigstprodukte mit schlechter Qualität angeboten. Auch hier sollte man auf Tragekomfort, Rückenverstärkung, gepolsterte Riemen, Bauchgurt, integrierte Taschen und ausreichende Stoffqualität Wert legen.

Rückenentlüftung

Nur wenn die Möglichkeit einer Entlüftung (oder Belüftung) des Rückens gegeben ist, sodass die Wärme und der durch Schwitzen entstandene Wasserdampf abfließen können, bildet sich kein Hitzestau, der nicht nur unangenehm ist, sondern durch den Saunaeffekt weiteres Schwitzen vorprogrammiert. Diese Rückenbelüftung, die also die Schweißverdunstung ermöglicht, wird nur von wenigen Herstellern ernst genommen. Beim Wanderrucksack erreicht man das mittels eines gespannten Netzes über einen vorgebogenen Rahmen (»aircomfort«), beim Körperkontaktrucksack leitet ein luftdurchlässiges Spezialpolster (»aircontact«) den Wasserdampf ab. Andere Entlüftungsversuche funktionieren oft nicht so gut.

Wanderrucksack mit »aircomfort«-System, das Schweißverdunstung ermöglicht.

Ausstattungsmerkmale

Tragegurte sollten anatomisch geschnitten, im Schulterbereich breit und weich gepolstert sein. Ein Brustgurt bei Groß- und Skirucksäcken trägt zur Stabilisierung bei.
Bis ca. 40 Liter reicht ein normaler Bauchgurt (beim Kletterrucksack sollte er abnehmbar sein). Wird der Rucksack schwerer, hilft ein breiter Hüfttragegurt, die Last von den Schultern auf das Becken zu übertragen. Dieser sollte aus bestem Zweilagenschaum bestehen und nicht zu weich sein.
Eine Deckeltasche ermöglicht raschen Zugriff zu wichtigen Kleinutensilien (Sonnencreme, Mütze, Foto usw.).
Im Wertsachenfach (meistens an der Deckelinnenseite angebracht) schützt man Papiere, Autoschlüssel u. Ä. vor Verlust.
Seitentaschen sind oft recht nützlich. Ideal beim Wanderrucksack, stören sie jedoch am Kletterrucksack. Eine gute Lösung sind »versteckbare«, im Rucksack integrierte Taschen, die bei Bedarf herausgezogen werden können. Bei Großrucksäcken gibt es sie als Zubehör.
Funktionsschlaufen zum Befestigen von Pickel, Steigeisen, Stöcken u. Ä. sollten an keinem Bergsteigerrucksack fehlen. Abzuraten ist von fest angenähten Funktionsgurten, die oft mehr behindern als nützen. Es genügen Befestigungsschlaufen, in denen man nach Bedarf entsprechende Schnallgurte befestigt.
Wasserdichtheit: Grundsätzlich ist kein Rucksackstoff wasserdicht. Um eine brauchbare Wasserdichtheit (bis max. 1000 mm Wassersäule) zu erreichen, muss das Gewebe innen ein- bis dreifach beschichtet werden. Man unterscheidet zwischen PU (Polyuretan), Acryl und PVC. Die in Bergsteigerrucksäcken gebräuchliche PU-Beschichtung ergibt ein weiches, geschmeidiges Material, Acryl ist preiswerter und fühlt sich oft knittrig an, PVC-Beschichtung ist sehr dick, schwer, praktisch wasserundurchlässig und wird hauptsächlich im Billigbereich verwendet.

Die Beschichtungen altern jedoch und werden durch Gebrauch hart und rissig, sodass mit der Zeit auch die Wasserdichtheit abnimmt. Sicheren Schutz vor Nässe gewährt eine Regenhülle aus leichtem Nylon.
Dem Eigengewicht des jeweiligen Rucksacks ist größte Beachtung zu schenken. Dass der strapazierfähigere Cordurastoff schwerer wiegt als leichteres Rucksacknylon, leuchtet ein. Doch gibt es konstruktionsbedingt gravierende Gewichtsunterschiede bei verschiedenen Herstellern.

Höhenmesser

Der Höhenmesser ist neben der Karte das wichtigste Orientierungsmittel des Bergsteigers. Nur mit ihm ist im Zweifelsfall das Bestimmen des eigenen Standorts möglich. Ohne genau zu wissen, wo man ist, kann generell keine Orientierung erfolgen.
Für Bergsteiger geeignete Taschenhöhenmesser arbeiten nach dem Prinzip der Luftdruckmessung. Sie sind also nichts anderes als hochgenaue Barometer mit in »m« (Meter) oder »ft« (feet) geeichten Hauptskalen. Zur für die Wetterprognose sehr wichtigen Luftdruckbestimmung haben sie zusätzliche, in Druckeinheiten (hPa, mmHG, mb) geeichte Skalen oder Anzeigen.
Das Messprinzip ist bei allen derzeit erhältlichen Taschenhöhenmessern dasselbe: Eine luftleere Dose wird durch zunehmenden Luftdruck zusammengepresst, bei abnehmendem Luftdruck kann sie sich ausdehnen. Bei den rein mechanischen Typen werden die Veränderungen dieser Aneroiddose durch eine hochpräzise Mechanik auf einen Zeiger übertragen. Dieser Zeiger erlaubt auch noch eine Schätzung zwischen den Skalenstrichen, was bei etwas Übung eine Ablesegenauigkeit von wenigen Metern ermöglicht.
Es gibt Höhenmesser, deren gesamter Messbereich auf eine Zeigerumdrehung aufgeteilt ist, und solche, deren Zeiger pro 1000 Höhenmeter eine Umdrehung macht. Letztere bieten eine bessere Ablesegenauigkeit und einen größeren Messbereich – wahlweise bis 9000 m.
Praktisch und immer mehr verbreitet sind elektronische Höhenmesser mit Vielfachfunktionen: gleichzeitig Armbanduhr, Wecker, Thermometer, Barometer, Aufrechnung von geleisteten Höhenmetern, Beleuchtung. Für den Hochtouren- und Expeditionsbergsteiger wird trotzdem der mechanische Höhenmesser das Mittel der Wahl bleiben, da sich hier die Frage nach der Energiequelle erübrigt.

»Thommen«-Höhenmesser, wahlweise bis 9000 m.

Bussolen

Bei sehr schlechten Sichtverhältnissen bieten Karte und Kompass oft die einzige Möglichkeit, ein bestimmtes Ziel zu erreichen. Das Funktionsprinzip des Kompasses beruht darauf, dass seine magnetisierte und frei schwingende Nadel sich nach den magnetischen Feldlinien der Erde, somit in Richtung des magnetischen Nordpols, einstellt. Für die Orientierung im Gebirge reicht es nicht aus, nur die Nordrichtung zu bestimmen. Vielmehr müssen Winkelabweichungen von Peillinien gegenüber der Nordlinie gemessen und auf die Karte übertragen bzw. aus der Karte gemessene Linien im Gelände angepeilt werden. Hierfür sind so genannte ergänzte Kompasse notwendig, auch Peilkompasse oder Bussolen genannt.

Merkmale einer guten Bussole:

- Eine flüssigkeitsgedämpfte Nadel schwingt schnell ein und bleibt auch bei kleinen Stößen stabil in Nordrichtung. Eine in der Flüssigkeit vorhandene Luftblase stört die Funktion der Nadel nicht. Sie bietet den Vorteil, dass wie bei einer Wasserwaage die Waagerechte kontrolliert werden kann.
- Die Kompassdose muss drehbar ausgeführt sein. Der Rand sollte griffig sein, dies verbessert die Handhabung.

Peilkompass, hier beim Einnorden der Karte.

- Winkeleinteilung: Im Alpenraum ist die 360°-Einteilung im Uhrzeigersinn gebräuchlich. Im Vermessungswesen und in Skandinavien ist die 400-Gon (Neugrad)-Einteilung üblich. Ihr Vorteil liegt in der einfacheren dezimalen Rechenweise: ¼ Kreis = 100 Gon, 1 Gon = 100 Zentigon. Auf militärischem Gebiet erfolgt die Kreiseinteilung in den NATO-Ländern in 6400' (Strich), in Schweden in 6300', in Finnland in 6000'.
- Missweisung: Kompassnadeln richten sich nach dem magnetischen Nordpol aus, der mit dem geografischen nicht ganz übereinstimmt. Diese Missweisung oder Deklination ändert sich langsam und stetig und ist von Ort zu Ort verschieden. Derzeit liegen die Missweisungswerte in den Alpen bis 3° westlich, in den USA und Kanada z. B. reichen sie von 30° Ost bis 30° West. Für ein genaues Arbeiten, insbesondere für außeralpine Unternehmungen, muss die Missweisung am Kompass eingestellt werden können.
- Eine gute Visiereinrichtung ist für das Arbeiten im Gelände unerlässlich. Wichtig ist, dass man bei waagerecht gehaltenem Kompass auch bergauf und bergab exakt peilen kann. Ein senkrecht im Spiegel eingelassener Sehschlitz ermöglicht dies am besten. Prismen sowie Kimme und Korn sind weitere Visiereinrichtungen.
- Der klappbare Spiegel ist nötig, um während des Peilens die Winkeleinteilung auf der Kompassdose im Auge behalten zu können.
- Zum Feststellen oder Übertragen von Richtungszahlen auf oder aus der Karte ist ein genauer Kartenwinkelmesser ebenso geeignet. Dieser bietet sich insbesondere in Kombination mit einem hochwertigen Prismenpeilkompass an, mit dem das Arbeiten auf der Karte nicht möglich ist.
- Der Boden der Kompassdose muss durchsichtig ausgeführt sein, damit man auf das darunter liegende Kartenbild blicken kann, wodurch ein Einnorden der Karte nicht mehr notwendig ist. Gleichzeitig sind von West nach Ost sowie von Nord nach Süd verlaufende Linien notwendig, um die Winkeleinteilung der Kompassdose nach der Karte ausrichten zu können.

Zusätzliche Hilfen:

- Gumminoppen an der Auflagefläche verhindern ein Verrutschen des Kompasses auf der Karte.
- Eine im Gehäuse eingebaute Lupe erleichtert das Arbeiten vor allem auf klein gedruckten und hoch aufgelösten Karten.
- Mit der Leuchtlupe kann bei großen Maßstäben, schlechten Karten oder diffusen Lichtverhältnissen die Tourenplanung präziser ausgeführt werden.
- Ein Landkartenmesser (einstellbar auf verschiedene Maßstäbe) kann Entfernungen auf der Karte genauer ermitteln.
- Ein Höhenlinienmesser hilft, die Steilheit von Hängen aus der Karte zu messen (wichtig für die Beurteilung der Lawinengefahr).
- Ein integrierter Neigungsmesser (Clinometer) ermöglicht ein genaues Feststellen der Hangsteilheit.
- Umgehungsmarken auf der Winkeleinteilung erübrigen das Nachstellen der Kompassdose bei der Umgebung von Hindernissen.
- Eine Schnur am Kompass schützt vor Verlust unterwegs. Sie sollte so lang sein, dass man das um den Hals gehängte Gerät mit ausgestrecktem Arm bedienen kann.
- Für den Gebrauch bei Dämmerung oder Nacht müssen Nadelspitze und Missweisungsmarke mit Leuchtstoff versehen sein. Es gibt Geräte, bei denen auch nachts sämtliche Markierungen und Skalen leuchten und abgelesen werden können.

Achtung: Einen Kompass nie in die unmittelbare Nähe von starken Magnetfeldern bringen. Diese können die Kompassnadel ummagnetisieren!

GPS (Global Positioning System)

Mit dem Global Positioning System (GPS) kann man, unabhängig von atmosphärischen Bedingungen (Luftdruck, Wetter) oder Tageszeit, seinen Standpunkt exakt bestimmen, und das an jedem Punkt der Erde. Die Ortsbestimmung wird mit dem GPS-Gerät durch das Anpeilen mehrerer Satelliten erreicht, wobei das Gerät die Position ständig neu errechnet. Die Funktionsweise ähnelt, vereinfacht dargestellt, dem Rückwärtseinschneiden mit dem Kompass.

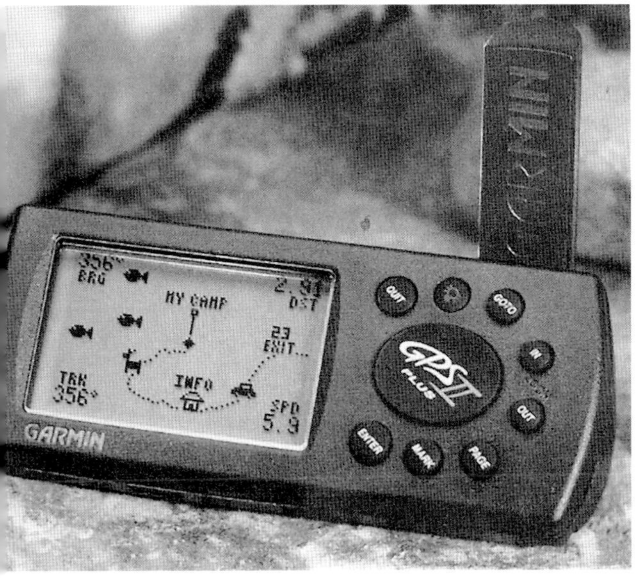

GPS-Gerät.

Für diese koordinative Berechnung ist der Empfang von mindestens drei Satelliten-Positionen notwendig. Das bedeutet für den Bergsteiger, dass das System auf allen nach oben offenen Flächen funktioniert, jedoch nicht in engen Tälern und Schluchten. Das GPS unterliegt u. U. dem militärischen Sperrcode der USA, dadurch können die Angaben über Entfernung und Höhe bis zu 100 m schwanken. Es ist deshalb im Gebirge zusätzlich ein guter Höhenmesser zur genauen Bestimmung erforderlich.
Über das Orten des eigenen Standpunktes hinaus kann man mit dem GPS-Gerät anzulaufende Ziele anpeilen und sich vom GPS-Empfänger sozusagen »hinführen« lassen.
GPS-Geräte sind mit Tastatur und LCD-Anzeige ausgestattet, die kleinsten haben etwa die Größe und das Gewicht einer TV-Fernbedienung.

Schlafsäcke

Die Güte des Schlafsacks bestimmt die Qualität und Tiefe des Schlafs – und guter Schlaf ist ausschlaggebend für die Leistungsfähigkeit.
Vor der Anschaffung sollten zwei Grundüberlegungen angestellt werden: Wie kalt wird es maximal, und in welcher Gegend verwende ich ihn? So braucht man beim Bergsteigen in Nepal (Nächte auf 5200 m bei etwa –25 °C) einen wärmeren Schlafsack als beim Campen auf dem Zeltplatz in Chamonix. Es ist zu überlegen, ob der Schlafsack in überwiegend feuchten oder trockenen Gebieten benutzt wird (Kunstfaser oder Daune), ob er über längere Strecken und Zeiträume im Rucksack verstaut und selbst getragen werden muss (Packmaß und Gewicht). Danach richten sich die Auswahlkriterien für den Kauf.

Daune oder Kunstfaser?

Als Wärmeisolation finden zwei verschiedene Füllstoffe Verwendung: Kunstfaser und Daune.
Kunstfaserschlafsäcke sind billiger, weisen ein höheres Gewicht und größeres Packvolumen auf (lassen sich nur wenig komprimieren), haben jedoch den Vorteil, dass sie kaum feuchtigkeitsempfindlich sind. Kunstfasern klumpen bei Durchfeuchtung nicht zusammen und haben auch noch in feuchtem Zustand eine akzeptable Wärmeleistung.
Beim Zelten, für Hüttenübernachtungen, bei Aufenthalt in feuchten Gegenden oder wenn Gewicht und Größe eine untergeordnete Rolle spielen, ist eine Kunstfaserfüllung eine gute und preiswerte Lösung.
Gute Daune wiegt wesentlich weniger als Kunstfaser, ist kleiner zu komprimieren, besitzt im Verhältnis eine höhere Wärmeleistung, verliert jedoch an Isolationswert, wenn sie feucht wird. Der Bergsteiger, der höher gelegene, trockene Gegenden aufsucht und Wert auf größtmögliche Wärmeisolierung bei niedrigstem Gewicht und kleinstem Packvolumen legen muss, ist mit einem guten Daunenschlafsack am besten beraten.

Es gibt bei Daunenfüllungen gravierende Qualitätsunterschiede: neue und alte Daune (billige Schlafsäcke können wieder aufbereitete Daunen haben), die Größe der Daune (großflockige von älteren Tieren haben eine bessere Bauschkraft), das Abstammungstier (Ente, Gans, junges oder älteres Tier) sowie das Mischungsverhältnis.
Übliche Bezeichnungen »beste Daune« oder »Qualitätsdaune« sagen praktisch nicht viel aus. Aussagekräftig allein ist die Angabe der Füllkraft in Cuin, wie sie in der so genannten US-Norm angegeben wird. Diese bezeichnet jenes Volumen in Kubik-Inches, das eine Unze (28,35 g) Daunen bei einer bestimmten Belastung einnimmt. Eine Unze 650er-Daune z. B. füllt demnach ein Volumen von 650 Kubik-Inches (1 $Inch^3$ = 16,38 cm^3). Je höher also die »Qualitätszahl«, umso hochwertiger die Daunenqualität, d. h. die Bausch- oder Füllkraft.
Beim Packen wird die Luft herausgepresst, sodass – bei entsprechend hochwertiger Daune – fast nur noch das Packmaß des Stoffes übrig bleibt. Nur die Luft ist leichter: Eine Daune hat das unglaublich niedrige Gewicht von 1 bis 4 mg, d. h., man benötigt 400 000 bis 1 Million Daunen für 1000 g Füllung.
Daunen haben keinen Kiel; zwischen den zahlreichen Verästelungen bilden sich unzählige Luftpolster, die der Daune ihr gewaltiges Isolationsvermögen geben. Daune kann die vom Körper abgegebene Feuchtigkeit aufnehmen und an die Umgebungsluft weiterleiten.
Das Mischungsverhältnis (meistens fälschlicherweise als Qualitätsbeschreibung bezeichnet) sagt aus, wie viel Anteile Federn und Daunen die Füllung hat; so gibt es z. B. 70/30, 80/20, 90/10 usw., d. h. im letzten Fall: 90 % der Füllung sind Daunen und 10 % Federn.
Herkömmliche Daunenschlafsäcke liegen etwa bei 400 Cuin, solche mit so genannter »bester« Daune bei um 500. In Bergsportfachgeschäften gibt es Spezialschlafsäcke mit der Cuin-Angabe 700 + und einem Mischungsverhältnis Daunen zu Federn von 96/4, was maximale Wärmeleistung, verbunden mit einem unglaublich kleinen Packvolumen und geringstem Gewicht, bedeutet.
Packvolumen heißt die Größe, auf die sich der Schlafsack zum Transport komprimieren lässt. Kunstfaser lässt sich am wenigsten, Daune am besten und Spitzendaune mit beispielsweise 700 Cuin zum kleinsten Packmaß zusammendrücken – wichtig für jene, die

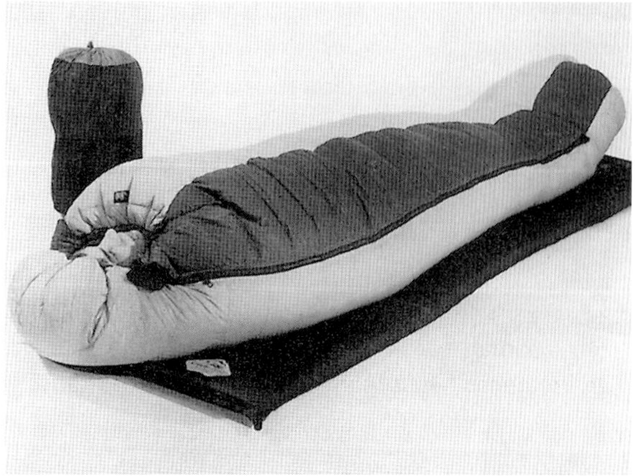

Expeditionsschlafsack mit 900 g Daunenfüllung, Loft 700 Cuin, 1650 g Gesamtgewicht.

sehr viel im Rucksack unterbringen müssen. Zur Aufbewahrung sollte man Daunensachen aus dem Transportbeutel herausnehmen und lagern.
Bezugsstoffe sind ein wichtiges Detail eines guten Schlafsacks. Sie sollen daunendicht, wasserabstoßend und winddicht von außen, jedoch dampfdurchlässig von innen sein, da die nachts abgegebene Feuchtigkeit (ca. 0,5 Liter!) die Füllung anfeuchtet und somit die Wärme ableitet. Daneben muss der Innenbezug hautfreundlich sein. Baumwollinnenseiten sind zwar angenehm, speichern jedoch die Feuchtigkeit und müssen jeden Morgen ausgetrocknet werden, sind also indiskutabel für den extremeren Alpinisten.
Größe: Ein Schlafsack sollte – ebenso wie die Bekleidung – passen. Auf keinen Fall darf der Schlafsack zu eng sein, auf Bewegungsspielraum ist Wert zu legen. Ebenso wie die Bekleidung sollte man einen Schlafsack anprobieren. In Extremsituationen müssen die Schuhe im Schlafsack Platz finden können.
Temperaturangaben können bestenfalls als grober Anhaltspunkt gesehen werden, da das Kälteempfinden der Menschen völlig unterschiedlich ist.
In Deutschland werden diese in der Klimakammer des Textilinstituts Hohenstein durch Messungen an einer mit Messgeräten ausgestatteten Gliederpuppe vorgenommen. Dabei wird zwischen Komfortbereich (untere Grenze der Hauttemperatur des Dummys bei 34 °C) und Extrembereich (Absinken der Hauttemperatur bis ca. 30 °C) unterschieden. Das heißt, eine Temperaturangabe für den Extrembereich eines Schlafsacks zeigt an, welche Außentemperatur man in diesem Schlafsack noch unbeschadet überstehen

kann, im Komfortbereich folglich sich noch wohl fühlen kann. Entscheidend ist also lediglich die Angabe, wo der Komfortbereich endet.
Es ist zu beachten, dass Frauen grundsätzlich einen um ca. 5 °C höheren Wärmebedarf haben.

Kammertechnik

Es gibt verschiedene Kammerkonstruktionen, die je nach Füllmaterial und Anwendung unterschiedlich sein können. So füllt man Daune mit weniger Bauschkraft besser in Schrägkammern, für hochwertigste Daunenqualität genügen H-Kammern, die weniger Stoff (und dadurch Gewicht) beanspruchen.
Für besonders extreme Zonen gibt es das Doppelkammersystem. Dieselben Vorteile lassen sich auch erreichen, wenn man einen hochwertigen dünnen Leichtschlafsack in einen bereits vorhandenen Schlafsack einlegt. Das hat den Vorteil, dass man in wärmeren Zonen daneben noch einen Einfachschlafsack zur Verfügung hat.

a Einfachkammersystem mit durchgesteppter Naht
b Doppelkammersystem
c Boxkammersystem (H-Kammern)
d Schrägwandkammersystem
e V-Kammersystem

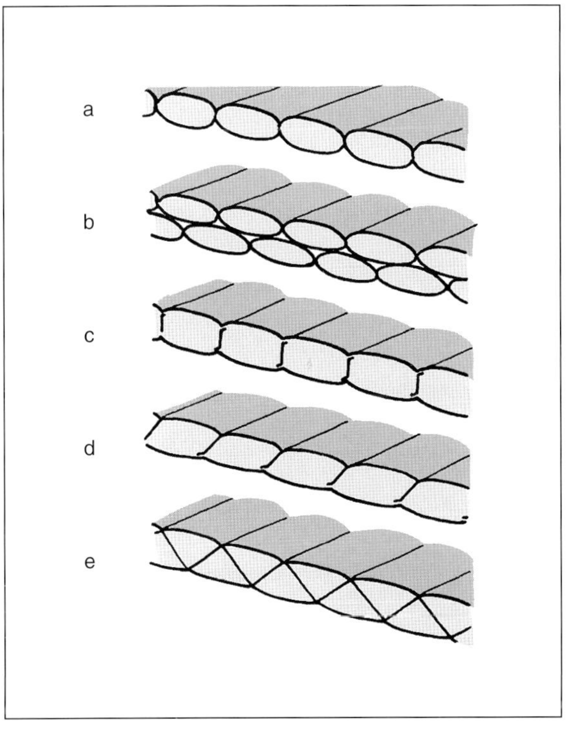

Eine hochwertige Verarbeitung des Schlafsacks erkennt man an vielen kleinen Details: Abdeckung der Kältebrücke, die der Reißverschluss darstellt, Klemmschutzleiste, Zwei-Wege-Reißverschluss über das Fußteil, Wärmekragen, anatomische Kapuze, Wertsachenfach u. a.

Biwaksäcke (Wetterschutzsäcke)

Ein Biwaksack dient als Schutz vor Nässe und Wind beim Biwakieren. Vorrangig schützt er Verletzte vor Unterkühlung, dient im Bedarfsfall als Sonnenschutzsegel, findet Verwendung als Abtransportmittel im Schnee und als wichtige Markierung für die Rettung aus der Luft. Der Biwaksack darf in keinem Bergsteigerrucksack fehlen!
Es gibt Einmann- und Zweimannbiwaksäcke. Erstere sind von der Form her reine Schlafsackhüllen für Übernachtungen im Freien. Zum Abdecken oben angeführter Notfälle ist ausschließlich der Zweimannsack zu empfehlen, in dem notfalls auch drei Leute Platz finden. Dieser kann bei Unwettern schnell über den Kopf gestülpt werden, ohne dass man beispielsweise die Steigeisen ablegen muss.
Biwaksäcke sind in der Regel aus beschichtetem Nylon gefertigt, was unangenehme Kondenswasserbildung zur Folge hat. Deshalb sollten am Kopfende seitlich eine oder zwei verschließbare Öffnungen angebracht sein, um einen ausreichenden Luftaustausch zu ermöglichen. Eine Alubeschichtung, die von einigen Firmen angeboten wird, bewirkt eine zusätzliche Reflexion der abgestrahlten Wärme.
Biwaksäcke werden auch aus Goretex gefertigt, was zwar sehr teuer ist, jedoch das Kondenswasserproblem beseitigt (beim Einmannsack als Schlafsackhülle uneingeschränkt empfehlenswert).

Rettungsdecken

Rettungsdecken sind alubedampfte Folien, welche die auftreffende Wärmestrahlung zum Großteil reflektieren. Sie sind klein und leicht (sie wiegen nur etwa 80 g) und sollten zum Versorgen eines Verletzten oder für ein Notbiwak ebenso wie der Biwaksack immer im Rucksack dabei sein.

Aludecken sollten von Zeit zu Zeit erneuert werden, da sie nach längerer Zeit oder unter Druck zusammenkleben können.

Rettungssäcke

Ein Alu-Rettungssack, oft irreführenderweise als so genannter »Blitzschutzsack« bezeichnet, ist eine zu einem Biwaksack zusammengeschweißte Rettungsdecke: Er stellt einen idealen Kompromiss für Notfälle dar, um einen Verletzten zu lagern, ist klein verpackbar und leichtgewichtig.
Die Bezeichnung »Blitzschutz« ist falsch: Er kann weder vor Blitzeinschlag noch vor Erdströmen schützen.

Liegematten

Der beste Schlafsack ist nur die Hälfte wert, wenn die Bodenkälte nicht durch eine gute Isolation abgeschirmt wird. Für Bergsteiger kommen dafür nur geschlossenzellige Schaumstoff-Isomatten oder dünne, selbstaufblasbare Leichtluftmatten in Betracht. Diese gibt es in verschiedenen Stärken und Abmessungen – abhängig von der Unternehmung.
Neben den Schaumstoffmatten sind Leichtluftmatratzen sehr empfehlenswert, die selbstaufblasbar sind. Sie weisen deutlich bessere Isoliereigenschaften auf, sind jedoch etwas schwerer und teurer.
Neben den üblichen Schaumstoff-Billigprodukten gibt es Modelle mit Druck verteilendem Zwei-Lagen-Schaum sowie solche, die mit rutschfester Oberfläche und eingearbeiteten waffelartigen Luftpolstern ausgestattet sind.
Isomatten dienen auch zum Lagern und Abtransport von Verletzten, deshalb sollte bei Gruppenunternehmungen nach Möglichkeit eine Matte mitgeführt werden.
Für Biwaks sollte zumindest eine Sitzmatte mitgeführt werden, die das Biwak nicht nur angenehmer macht, sondern auch gesundheitlich unbedenklicher überstehen lässt.

Stirnlampen

Stirnlampen braucht man beim nächtlichen Aufbruch, zum Klettern bei Nacht, beim Biwak, in unbewirtschafteten Hütten, in Notfällen (alpines Notsignal!).

Folgende Anforderungen sind an eine gute Stirnlampe zu stellen:

- Sie muss leicht sein.
- Die Lichtstärke bzw. der Lichtkegel soll veränderbar (fokussierbar) sein.
- Der Schalter muss gegen unbeabsichtigtes Einschalten (z. B. im Rucksack) durch eine Sperre gesichert sein.
- Die Kopfhalterung muss so verstellbar sein, dass man sie auch über einen Schutzhelm ziehen kann, und sie sollte so gepolstert sein, dass weder Druckschmerzen noch Durchblutungsstörungen auftreten können.
- Eine Ersatzbirne muss geschützt und so angebracht sein, dass sie nicht verloren geht.
- Der Batterie- und auch Birnenwechsel sollte vorgenommen werden können, ohne andere Teile entfernen zu müssen bzw. ohne dass andere Teile verloren gehen können.
- Die Stirnlampe muss so robust sein, dass sie nach einem Fall auf Fels oder harten Untergrund noch voll funktionsfähig ist.
- Sie muss eine gewisse Wasserdichtheit aufweisen, damit sie bei Schlechtwetter nicht ausfällt.

LED-Lampen

LED-Lampen haben deutliche Vorteile gegenüber herkömmlichen Glühbirnen:

- langlebig, d. h. nie mehr das Birnchen wechseln!
- taghelle Ausleuchtung ohne Schattenringe
- ein Vielfaches an Leuchtdauer, d. h. minimalster Stromverbrauch, also nur noch selten Batteriewechsel notwendig

LED-Stirnlampe mit Halogenzusatz und abnehmbarem Batteriekasten.

LED-Lampen leuchten einen gleichmäßigen Fleck (Fläche) aus, können jedoch nicht fokussiert werden. Deshalb gibt es Modelle, bei denen eine Halogenlampe als »Suchscheinwerfer« dazugeschaltet werden kann.
In kalten Zonen (hohe Berge, nächtlicher Aufbruch) verlängert sich die Betriebsdauer der Batterie entscheidend, wenn sie am Körper getragen wird. Dazu sollte der Batterieblock abnehmbar und mit einem entsprechend langen Kabel ausgerüstet sein.

Bergsteigerzelte

An Bergsteigerzelte müssen ungleich höhere Forderungen gestellt werden als an übliche Campingzelte. Von der Qualität und Verarbeitung kann das Überleben bei schlechtem Wetter abhängen. Ein Zelt, das einem Sturm am Denali standhält, wird auch bei weniger spektakulärem Einsatz eine längere Gebrauchsdauer aufweisen und den Bergsteiger über Jahre zufrieden stellen.

Unabhängig von der Form und Größe sind die wichtigsten Merkmale:

- absolute Wasserdichtheit: dichter Stoff, versiegelte und verschweißte Nähte, hochgezogene Bodenwanne
- geringes Gewicht im Verhältnis zu Raumangebot und Qualität
- absolute Windstabilität: windschlüpfrige Form, keine Angriffsflächen, beste Gestängequalität
- Verhinderung von Kondenswasserbildung durch entsprechende Hinterlüftung zwischen Innen- und Außenzelt
- leicht und schnell aufstellbar, auch bei Schlechtwetter und Wind
- genügend Platz und Stauraum im Zelt, damit auch bei Schlechtwetter ein den Umständen entsprechendes Wohlbefinden und eine gute psychische Verfassung gewährleistet sind

Zeltkonstruktion und -materialien

Gute Zelte sind in der Regel Doppelwandzelte, haben also ein Innen- und ein Außenzelt. Das Innenzelt besteht aus luftdurchlässigem Gewebe, das Außenzelt hingegen aus wasserundurchlässigem Material. Die vom Körper abgegebene Kondensationsfeuchtigkeit

Goretex-Leichtzelt in 7000 m Höhe.

geht durch das Innenzelt hindurch und schlägt sich auf der Innenseite der Außenhaut nieder, von wo es entweder herabläuft oder verdunstet.
Es ist darauf zu achten, dass der Abstand zwischen Innen- und Außenzelt permanent eingehalten wird. Kommt die Außenhülle mit dem Innenzelt in Kontakt, läuft Wasser ins Zelt. Bei qualitativ guten Zelten ist das durch überlegte Konstruktionen gelöst.
Lüftungsöffnungen im oberen Bereich des Außenzelts bzw. auch der Spalt zwischen Boden und dem nicht ganz herabgezogenen Außenzelt verbessern die Luftzirkulation und somit die Verdunstung von Kondensationsfeuchtigkeit. Bei großer Kälte und Sturm wird man zugunsten der Wärmeisolation eher auf eine vermehrte Durchlüftung verzichten und lieber die Kondenswasserbildung in Kauf nehmen, die auch bei Verwendung eines Überzelts mit Schneelatz verstärkt auftritt.
Einwandzelte haben zwar den Vorteil des wesentlich geringeren Gewichts, jedoch die entscheidenden Nachteile der Kondenswasserbildung und des Kälteproblems. Eine Ausnahme davon bilden Zelte aus Goretex. Hier kann der Wasserdampf trotz Wasserdichtigkeit entweichen, das Kälteproblem wird jedoch nicht gelöst. Da die Kondensation zudem bei großer Kälte, z. B. in großen Höhen, in der Membrane gefriert, dürften Goretex-Zelte in niedrigen bis mittleren Lagen gute Eigenschaften aufweisen, jedoch für Hochlagen weniger geeignet sein.

Ausstattung und Verarbeitung

Die Qualität eines gebirgstauglichen Zeltes zeigt sich meist erst im Gebrauch; nützliche, zunächst unscheinbare Details und sorgfältige, dauerhafte Verarbeitung rechtfertigen dann oft einen vorher unverständlichen Preisunterschied:

- Die Reißverschlüsse müssen robust, vereisungsunanfällig und leicht bedienbar sein; sie dürfen nicht klemmen.
- Der Zeltboden muss äußerst strapazierfähig und wasserdicht sein.
- Ösen dürfen keinesfalls ausreißen.
- Stautaschen im Zelt ermöglichen die Unterbringung von Kleinutensilien wie Brille, Lampe usw.
- Eingänge mit Mückennetz verbessern das Schlafklima in warmen Nächten und schützen vor lästigem Ungeziefer.
- Geräumige Apsiden (mindestens eine, besser zwei) dienen als Stauraum für Gepäck oder als Kochplatz bei Schlechtwetter.
- Das Gestänge muss bruchfest sein und sollte durch ein innen laufendes Elastikband verbunden sein, das das Aufbauen erleichtert und das Verlieren von Einzelteilen verhindert. Gestänge gibt es in verschiedenen Durchmessern. Je nach Einsatzgebiet wird man die dünneren (Gewichtsersparnis) oder die stärkeren (höhere Bruchfestigkeit) wählen.

Zelttypen

Das Firstzelt hat im Gebirge ausgedient und ist von im Folgenden beschriebenen selbsttragenden Konstruktionen abgelöst worden.

Das Pyramidenzelt wird von einer zentralen Zeltstange gestützt, wie beim Firstzelt sind viele Fixpunkte nötig, und es sollte bei Wind aufgrund seiner großen Angriffsflächen besonders gut abgespannt werden. Es ist wohl das einzige Zelt, in dem man (in Stangennähe) einigermaßen aufrecht stehen kann. Aus Stabilitäts- und Gewichtsgründen empfehlen sich Pyramidenzelte eher für den stationären (Basislager) als für den flexiblen Einsatz.

Das Kuppelzelt ist im Gebirge zum meistverwendeten Zelttyp geworden. Je nach Ausführung werden mehrere flexible Zeltstangen bogenförmig verspannt, an denen das Zelt aufgehängt wird. Diese Konstruktionsart bringt gerade für Bergsteiger entscheidende Vorteile. Das Kuppelzelt lässt sich sehr schnell aufstellen und ist selbsttragend, d. h., es steht durch seine Selbstspannung auch ohne Verankerung und kann sogar – fertig aufgebaut – transportiert werden. Es kommt mit einem Minimum an Grundfläche aus, ist durch seine Eigenspannung und die abgerundete, Wind abweisende Form äußerst windstabil. Durch die vergleichsweise steil verlaufenden Seitenwände entsteht eine ausgezeichnete Geräumigkeit, was den Wohnwert entscheidend verbessert. Kuppelzelte gibt es in den verschiedensten Ausführungen: mit großen und kleinen Apsiden, einem oder zwei Eingängen, Tunneleingang, normalem Überzelt und Überzelt mit Schneelatz.

Beim Tunnelzelt werden die Bogengestänge nicht kreuzweise wie beim Kuppelzelt, sondern parallel hintereinander aufgespannt. Dadurch ist es nur bedingt selbsttragend, weshalb es im Gebirge weniger Verbreitung findet. Tunnelzelte als Einwandzelte verursachen Kondenswasserprobleme.

Leichtgewichtszelte sind eine Mischung aus Kuppel- und Tunnelzelt, nahezu freitragend, mit wenigen Abspannleinen. Aus Gründen optimaler Gewichts- und Packmaßeinsparung wurde der Raum körpergerecht zugeschnitten, d. h. im Fußbereich schmal und niedrig, im Eingangsbereich breiter und höher. Eine große Apsis sollte als Stauraum und zum Kochen vorhanden

Geodätisches Kuppelzelt.

sein. Leichtgewichtszelte gibt es als Zweimann- und Einmannausführung. Sie sind ideal für alle, die weniger Wert auf Komfort als auf niedriges Gewicht und Packvolumen legen müssen. Gerade bei diesem Zelttyp sollte man auf allerbeste Qualität achten.

Sonnenschutzbrillen

Mit der Höhe nimmt auch die für die Haut und insbesondere für die Augen schädliche UV-Strahlung dramatisch zu. Geeignete Sonnenschutzbrillen fürs Gebirge (auch Gletscherbrillen genannt) schützen die Augen vor Helligkeit (Blendschutz), schädlichen UV-Strahlen, aber auch vor Wind, Schneetreiben und Eiskristallen.

Mit zunehmender Höhe wird durch die Atmosphäre immer weniger Licht absorbiert. Durch Reflexion auf Felsplatten, Gletschereis oder Firnfeldern wird die Strahlung zusätzlich verstärkt. Neuschnee beispielsweise reflektiert bis zu 90 % der UV-Strahlung!

Als Kriterien für eine gute Sonnenschutzbrille sind zu beachten:

- Absorption der schädlichen UV-Strahlen
- Absorption der Helligkeit
- optische Qualität

Die UV-Strahlen sind der unsichtbare Teil des Lichtspektrums und für Lebewesen besonders gefährlich. Man unterteilt sie in UV-C-, UV-B- und UV-A-Strahlen. Die UV-C-Strahlen werden weitestgehend durch die Atmosphäre geschluckt, sind jedoch in Höhenlagen (Gletscher) gerade um die Mittagszeit besonders aggressiv.

Bei Hochtouren sollte man auf beste Brillenqualität achten.

UV-B- und UV-A-Strahlung ist besonders schädlich für die Augen; je höher man kommt, umso gefährlicher wird sie. Man rechnet mit einer Zunahme von 14 % pro 1000 Höhenmeter!

Eine Überdosis UV-Strahlung führt zu schmerzhaften Reizungen, Bindehautentzündung, Schneeblindheit bis hin zu Dauerschädigungen. Für Gletscherbrillen sind daher ein hochwertiger UV-Vollschutz sowie seitliche Abdeckungen vor Streulicht Bedingung.

Das Lichtspektrum wird grob eingeteilt in:

- ultraviolette Strahlung (UV) bis ca. 380 nm*
- vom menschlichen Auge sichtbares Licht von 380 bis 710 nm
- Infrarot-Strahlung (IR) ab ca. 710 nm

Lichtspektrum.

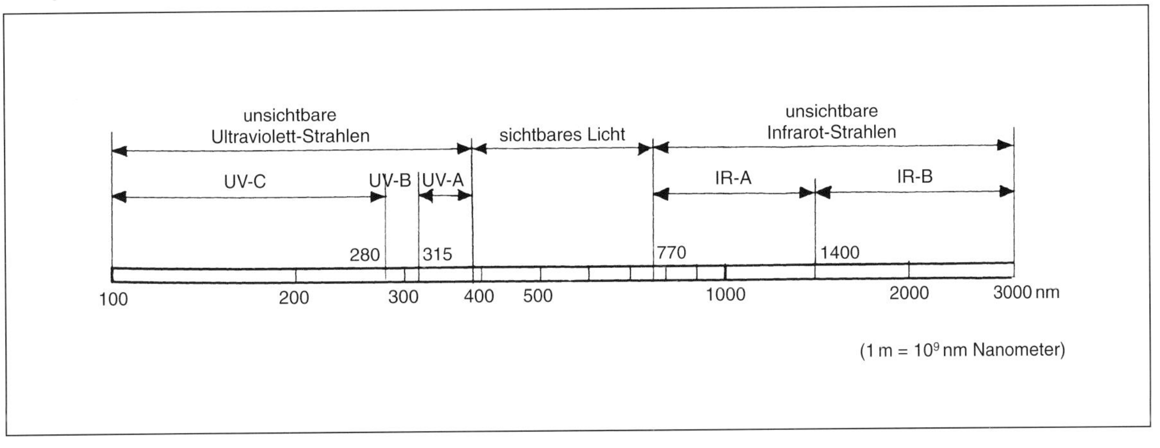

Das infrarote Licht (IR-Strahlung) wirkt in Form von Wärme auf den Menschen (ab ca. 780 nm). Es wird vom menschlichen Auge selbst absorbiert und führt bei den im Gebirge auftretenden Strahlungsmengen nicht zu Schädigungen. Ausnahmen sind vorgegebene Augenschäden und Aufenthalte in sehr großer Höhe über lange Zeiträume.

Das blaue Licht hat die kürzesten sichtbaren Wellenlängen und mindert die Kontraste in großer Höhe. Gläser mit kontraststeigerndem Blaublocker sind demnach nur wichtig für Flieger, Piloten und evtl. Höhenbergsteiger.

Absorption des sichtbaren Lichts

Das menschliche Auge ist im Normalfall für eine Beleuchtungsstärke bis 10 000 Lux eingerichtet. Schon in Höhenlagen von 3000 m und schneebedecktem Gelände kann es aber zu einer Helligkeit von bis 100 000 Lux kommen.

Auf das sichtbare Licht (= die Helligkeit) reagiert das Auge durch Verengung der Pupillen – dadurch kann weniger Licht ins Auge gelangen. Bei großer Helligkeit (z. B. Strahlung im Gebirge auf Gletschern, Reflexion bei Neuschnee usw.) muss die Sonnenschutzbrille durch eine stärkere Tönung zusätzlich einen Teil dieses Lichts absorbieren. Die Absorptionswerte für die Helligkeit liegen in der Regel zwischen 60 und 85 %.

Die Wahl der Tönungsfarbe muss nach augenmedizinischen und sicherheitstechnischen Aspekten erfolgen. Bewährt haben sich die Tönungsfarben Braun, Grau, Graubraun, Graugrün und Gelb (= kontraststeigernd).

Von der Verwendung von Gläsern mit einer verlaufenden Einfärbung (z. B. oben dunkel und unten heller werdend) ist abzuraten.

Zu dunkle Brillen können jedoch bewirken, dass sich die Pupillen öffnen, wodurch wieder vermehrt UV-Licht eindringen kann.

Phototrope Gläser sind Gläser, die sich bei UV-Einstrahlung automatisch dunkel verfärben. Es gibt Gläser, die sich bis zu einem Absorptionswert von 80 % verdunkeln (empfehlenswert für Brillenträger, da man dadurch mit einer Brille auskommt). Brillenträger können sich vom Optiker spezielle Sonnenschutzbrillen mit Gleitsichtgläsern anfertigen lassen – man sieht gleichermaßen in die Ferne wie im Nahbereich (z. B. Kartenlesen).

Die optische Qualität

Die Gläser müssen in jedem Fall »optisch korrekt« sein, d. h. verzerrungsfrei. Das Auge nimmt pro Sekunde einige Millionen Informationen auf und leitet diese an das Gehirn weiter. Dabei krümmen und strecken sich die Linsen ununterbrochen, um die rasend schnell wechselnden Bilder ständig scharf zu stellen (zu fokussieren).

Ist nun die Glasscheibe zwischen den Augenlinsen und den Sehobjekten optisch nicht korrekt, kann eine exakte Scharfstellung nicht erfolgen: Ermüdung und Langzeitschäden am Auge sind die logische Folge. Optisch korrekte Gläser sind leider nicht zum Billigtarif zu haben.

Weitere Kriterien:

- Die Bruchfestigkeit der Scheiben und des Gestells muss gewährleistet sein – und zwar auch bei Minustemperaturen –, um ein Verletzungsrisiko auszuschließen.
- Große Gläser ermöglichen ein möglichst großes Gesichtsfeld sowie daneben einen besseren Schutz gegen Reflexion.
- Ein Seitenschutz (am besten abnehmbar) schützt vor Strahlung von der Seite. In großer Höhe ist darauf besonders zu achten.
- Eine gute Passform schützt nicht nur die Augen, sie sorgt auch dafür, dass die Brille druckfrei sitzt, nicht rutscht und nicht so leicht verloren werden kann. Ein wesentlicher Beitrag dazu sind anpassbare Sportbügel sowie rutschhemmende Kunststoffpads an der Nasenauflage. Bei Golfbügeln sichert ein elastisches Sportband die Brille vor Verlust.

Etwa ein Drittel aller Bergsteiger und Skitourenläufer sind Korrekturbrillenträger. Da dieser Kreis naturgemäß besonders benachteiligt ist, hier folgende Hinweise:

- Gletscherüberbrillen (so genannte »Rattenfallen«), die man über die Normalbrille zieht, sind eine schlechte Lösung. Man hat ständig Probleme mit dem Anlaufen, der Befestigung usw.
- Die bessere Lösung ist, die Sehstärke in ein gutes Sonnenbrillenglas einzuschleifen. Man hat somit immer zwei Brillen dabei.
- Als dritte Möglichkeit gibt es die phototropen Gläser, die sich bei UV-Bestrahlung dunkel färben, ansonsten normal hell sind.

Skibrillen

Skibrillen werden üblicherweise bei der Skiabfahrt verwendet, um den Fahrtwind abzuhalten, haben jedoch auch beim Bergsteigen unschätzbaren Wert, z. B. im Hochgebirge bei Schneesturm, Gegenwind sowie bei extremen Strahlungssituationen (Expeditionen), weil man die Skibrille zusätzlich über die Sonnenbrille ziehen kann.

Eine alpintaugliche Skibrille sollte folgenden Ansprüchen gerecht werden:

- 100 % UV-Absorptionswerte
- größtmögliches Gesichtsfeld
- Bruchsicherheit
- gute Passform durch weiche Auflage und breites, elastisches Kopfband
- Beschlagfreiheit – am besten Verbundscheiben, die eine zusätzliche aufgedampfte Antifog-Beschichtung aufweisen (dazu muss eine ausreichende Belüftung gewährleistet sein)

Für Brillenträger gibt es Spezialmodelle mit seitlicher Aussparung für die Brillenbügel. Sehr empfehlenswert sind Skibrillen mit batteriebetriebenem Ventilator, der für beschlagfreie Sicht sorgt. Gerade für Brillenträger, die ja besonders unter diesem Problem zu leiden haben, ist das schlechthin die Ideallösung.

Tourenski

Für verschiedene Anforderungen gibt es unterschiedliche Konstruktionsarten für Ski. Durch Verändern der geometrischen und mechanischen Eigenschaften ist es möglich, für jeden Zweck einen geeigneten Ski zu bauen.

Die weit verbreitete Ansicht, Tourenski müssten sich nur für lockeren Pulverschnee gut eignen, ist falsch. Vielmehr müssen sich Tourenski gerade im Bruchharsch, auf windverblasenen Hängen, in vereisten Steilpassagen oder auf gefrorenen Lawinenresten bewähren. Sie sollten sich leicht drehen lassen, aber auch bei schnellem Schussfahren nicht flattern und bei lang gezogenen Schwüngen gut und sicher zu steuern sein.

Da sie zudem auch noch leicht sein sollen, werden an Tourenski eigentlich wesentlich höhere Anforderungen gestellt als an Pistenski, was entsprechend aufwändige Konstruktionen zur Folge hat. Leider wird bei vielen Tourenski zu viel Augenmerk auf Tiefschneetauglichkeit und geringes Gewicht gelegt, sodass nicht alle im sportlichen Bereich und bei schwierigen Schneeverhältnissen ein zufrieden stellendes Fahrverhalten aufweisen.

Das Fahrverhalten eines Skis resultiert aus der Drehbarkeit, der Gleitfähigkeit, der Richtungsstabilität und dem Kantengriff. Diese Eigenschaften basieren teils auf der spezifischen Konstruktion des Skis, hängen jedoch auch entscheidend ab von der Pflege und Bearbeitung.

Die Länge des Skis hat mit den größten Einfluss auf seine Richtungsstabilität, Spurtreue und auch Drehbarkeit. Auf Skitouren werden in der Regel etwas kürzere Ski verwendet als auf der Piste.

Vorteile von kürzeren Ski:

- Sie lassen sich leichter drehen (in engen Rinnen, in tiefem oder schwierigem Schnee).
- Durch die reduzierte Hebelwirkung ist das Verletzungsrisiko wesentlich geringer (besonders ab einem gewissen Alter).
- Sie lassen sich am Rucksack leichter tragen.

Nachteile von kürzeren Ski:

- Sie sind weniger richtungsstabil, also auf harter Unterlage oder beim Schussfahren mit höherer Geschwindigkeit nicht so sicher zu fahren.
- Sie können Unregelmäßigkeiten im Schnee nicht so gut dämpfen (schnellere Ermüdung des Muskelapparates).
- Beim Spuren sinkt man tiefer ein.
- Eine unnatürliche Skitechnik ist oft die Folge zu kurzer Ski.

Auf weiten, baumfreien Hängen kommt ein längerer Ski voll zum Tragen, bei Waldabfahrten oder in engen Steilrinnen hat man mit einem kürzeren mehr Spaß.

In tiefen Schneearten sind breitere Ski günstiger als schmale, da sie nicht so tief einsinken und somit leichter gedreht werden können. Spezielle Breitski sind jedoch als Tourenski weniger brauchbar, da sie oft zu schwer sind und nicht in vorhandene übliche Spuren hineinpassen. Sie sind daher hauptsächlich für Ski-Plus-Unternehmungen und Heli-Skiing geeignet.

Carving-Ski haben eine breitere Schaufel bei schmaler Taillierung und haben dadurch deutliche Vorteile. Sie

schwimmen im Tiefschnee besser auf und lassen sich gerade bei schwierigen Schneeverhältnissen (weicher Firn, Bruchharsch, Marmorschnee) wesentlich leichter drehen.
Die Taillierung des Ski bewirkt, dass der beim Kurvenfahren belastete Ski möglichst viel Kantenkontakt behält. Je stärker die Taillierung, umso mehr eignet sich der Ski für kurze Schwünge und kurze Radien. Für den Tourenski hat sich eine gemäßigte, mittlere Taillierung als günstig erwiesen. Die Maße 105 mm Schaufelbreite, 72 mm in der Mitte und 92 mm am Skiende dürften ungefähr den idealen Allround-Tourencarver ausmachen.
Extremere Carving-Maße können sich nachteilig auswirken: Eine zu breite Schaufel passt u. U. nicht mehr in eine vorhandene harte Aufstiegsspur, das Seitrutschen im harten Steilgelände sowie lange Schussfahrten können problematisch werden.
Die Torsionssteifigkeit ist die Verwindungssteifigkeit um die Längsachse. Sie gilt beim Ski als Voraussetzung für Eisgriffigkeit. Außerdem bewirkt sie eine bessere Kraftverteilung, die Muskulatur ermüdet weniger, die Sicherheit, z. B. bei harten, steilen Querungen, nimmt zu.
Durch Unregelmäßigkeiten bei harter Unterlage wird ein Ski zu Längs- und Torsionsschwingungen angeregt, wodurch der Bodenkontakt zumindest teilweise verloren geht. Speziell beim vergleichsweise kürzeren Tourenski ist das besonders bei höheren Geschwindigkeiten (Schuss und große Radien) der Fall. Eine gute Dämpfung bringt besseres und sicheres Fahrverhalten und sorgt auch für gelenkschonendes Skifahren: Schläge werden vom Ski und nicht von Knie und Rücken geschluckt.
Gute Dämpfungseigenschaften erhält ein Ski durch Verwendung hochwertiger Materialien, die sich auch im Preis ausdrücken.
Weitere konstruktive Besonderheiten am Tourenski sind neben dem bisher Genannten eine gut sichtbare, leuchtende Farbe (aus Sicherheitsgründen) sowie die Schaufelbohrung. Diese hilft, im Notfall einen behelfsmäßigen Skischlitten schneller und sicherer zu bauen. Dasselbe gilt für Bohrungen an den Skienden. Hier sind sie eigentlich wichtiger als an der Schaufel, werden jedoch nur von wenigen Herstellern angebracht.
Achtung: Ein Loch in der Schaufel macht noch lange keinen Tourenski – nur die Summe der konstruktiven Eigenarten!

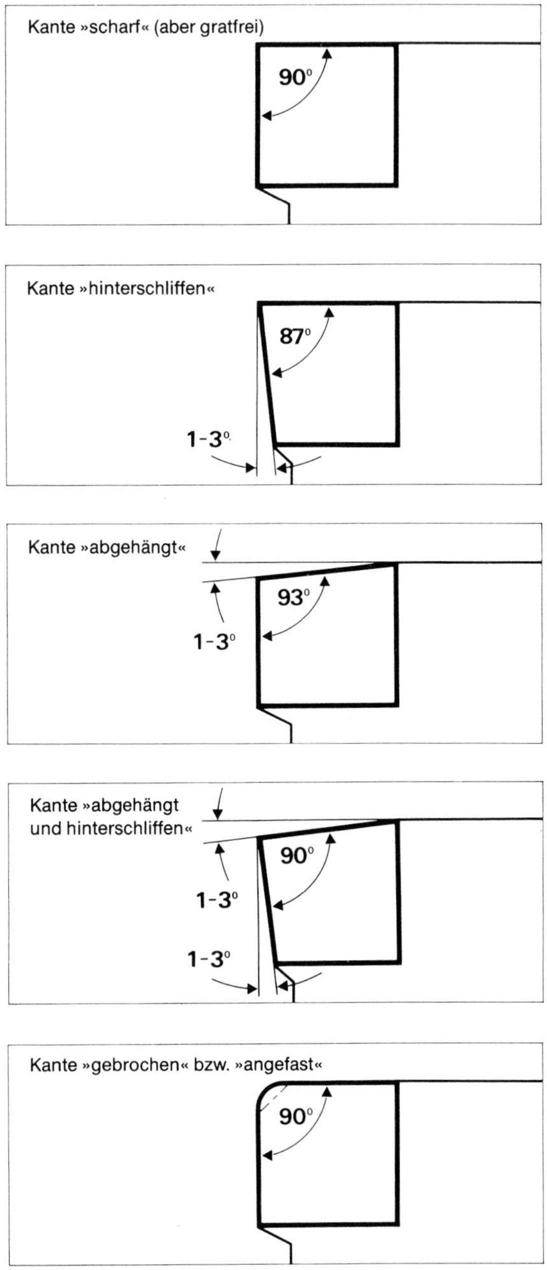

Kantentuning.

Die meisten Ski werden vom Hersteller mit scharfen, im 90°-Winkel geschliffenen Kanten ausgeliefert. Neue, unbehandelte Kanten sind zum Skifahren ungeeignet. Das Gleiche gilt für alte, schartige und gebrauchte Kanten. Grundsätzlich muss man den beim Schleifen entstehenden Grat entfernen. Das »Brechen der Kante« im Schaufel- und Endenbereich trägt dazu bei, dass der Ski leichter drehen kann und nicht

»Hinterschliffene« Kanten erhöhen die Sicherheit auf hartem Schnee oder Eis.

hängen bleibt. Die Außenkanten von Schaufel und Ende sollte man wesentlich stärker abnehmen (anfasen), was insbesondere bei schlechten Schneeverhältnissen und längeren Ski sehr hilfreich ist.
Einen großen Vorteil bringt die »abgehängte« Kante: Die Gleitfähigkeit wird erhöht, das Drehen der Ski erleichtert, die Gefahr des »Verschneidens« nahezu vermieden. »Hinterschliffene« Kanten erhöhen die Sicherheit auf hartem Schnee oder Eis: Die Kanten greifen besser, ermöglichen exaktes Aufkanten beim Bremsen, verhindern seitliches Abgleiten, die Ski lassen sich besser steuern. Gerade der durchschnittliche Skifahrer sollte sich diese Technikhilfen zu Eigen machen (siehe Grafik linke Seite).
Wer nicht die Hilfe eines Fachbetriebs in Anspruch nehmen möchte, bedient sich am besten eines speziellen Skikantenschärfers, bei dem verschiedene Feilenarten, Schleifsteine und Messer eingesetzt sowie die verschiedenen Winkel eingestellt werden können.

Skipflege

Der Zustand von Laufflächen und Kanten hat auf das Fahrverhalten mindestens so viel Einfluss wie die konstruktive Auslegung. Auch der teuerste Ski kann seine Eigenschaften nur in gut präpariertem Zustand zeigen. Nur eine plane, glatte, saubere und gewachste Lauffläche macht einen Ski optimal gleitfähig und drehbar. Nur solche Kanten, an denen kein vorstehender Grat die Fahrt »bremst«, lassen den Ski leicht drehen.
Gerade der Tourenski, dessen Belag und Kanten durch versteckte Felsen oder apere Hangstellen besonders stark strapaziert werden, braucht in der Regel noch mehr Pflege als ein Pistenski, der nur auf präparierten Abfahrten verwendet wird.

Kantenpflege:
Nach jeder Tour die Kanten überprüfen – mit dem Finger sachte tastend entlangfahren. Mit einem Schleifstein den Grat entfernen, Kratzer in den Kanten mit Stein oder Aluoxidfeile bearbeiten, grobes Feilen der Kanten mit Karosseriefeile, feines Feilen mit einer Feinschlifffeile, Polieren mit einer Aluoxidfeile oder Aluoxidpapier (Körnung 320 bis 400).
Zuerst die Laufflächenseite, dann die Wangenseite feilen. Für die Wangenseite sollte ein Anschlagwinkel verwendet werden. Sind die Kanten spezifisch nach Außen- bzw. Innenseite »getunt«, sollten die Ski mit »rechts« und »links« gekennzeichnet sein.

Ausbessern von Belagschäden:
- Vor jeder Ausbesserung den Belag mit Wachsentferner reinigen.
- Das Ausbesserungsmaterial mittels Bügeleisen auftragen. Um eine gute Verbindung zu erreichen, muss auch der umliegende Belag erwärmt werden.
- Ausgebesserte Stellen mit Karosseriefeile oder Belaghobel plan feilen.
- Tiefe oder großflächige Löcher sollten geklebt werden, was man am besten einem Fachbetrieb überlassen sollte.

Gute Skipflege ist Voraussetzung für ungetrübten Skigenuss.

Wachsen der Lauffläche:
Ein gewachster Skibelag hat einen um ein Vielfaches geringeren Reibwert als ein ausgelaugter, oxidierter Belag. Der Ski läuft besser und dreht dadurch leichter. Zudem macht das Wachsen widerstandsfähiger gegen mechanische Beschädigung.
Die beste Methode ist immer noch das Heißwachsen mit dem Bügeleisen, da das Wachs so am tiefsten in die Poren des Belags eindringen kann. Die Verwendung von Tubenwachsen kann nur als Notbehelf angesehen werden.

- Vor dem Wachsen Belag mit Reiniger säubern. Achtung: Belagreiniger anschließend mindestens 30 Minuten abdunsten lassen!
- Wachs nur so heiß einbügeln, dass es nicht raucht. Härteres Wachs für kalten Schnee kann heißer verbügelt werden als weiches Wachs für wärmere Schneearten.
- Das Wachs mit einer Kunststoffziehklinge plan bis auf den Belag abziehen, dann mit einem Lappen polieren oder bürsten.

Achtung: Es ist eine irrige Annahme, auf einem frisch gewachsten Ski würde kein Fell kleben. Im Gegenteil, man hüte sich, Klebefelle auf einen völlig ausgelaugten Belag zu kleben. Es kann dabei zum Ablösen der Klebeschicht auf die Lauffläche kommen (lästige und hartnäckige Überreste, die sich oft nur noch mit einem Spachtel entfernen lassen).

Lagerung und Transport:
Die Ski sollten nach Gebrauch mit Wasser abgewaschen und die Kanten getrocknet werden. Zum Übersommern werden Belag und Kanten gut gewachst und nicht mehr abgezogen.

Für den Skitransport: Mit Skisack (links) und Skibox werden die Ski sehr gut geschützt.

Ski dürfen nie ungeschützt auf dem Autodach transportiert werden. Dreck und Salz ruinieren Belag, Kanten und Bindung. Die Ski gehören in einen Skisack oder in eine Skibox.

Tourenskibindungen

Die Skibindung als Kupplung zwischen Ski und Schuh hat folgende Aufgaben:

- möglichst spielfreie Übertragung der Fahr- und Steuerkräfte
- Verhinderung von Beinverletzungen (insbesondere im Bereich des Knies) beim Sturz durch Lösen des Skis vom Schuh
- bei Tourenbindungen in Aufstiegsstellung Gewährung eines 90°-Winkels, um möglichst »natürlich« gehen zu können

Eine Sicherheitsbindung reduziert jedoch nicht die atypischen Skiverletzungen, insbesondere des Kopfes, der Schulter und der Wirbelsäule. Deshalb ist neben einer gut funktionierenden Sicherheitsbindung ein beherrschtes Fahren im Rahmen des persönlichen Könnens ebenso wichtig.
Eine Bindung muss so eingestellt sein, dass sie den Schuh im Bereich der auftretenden Fahrkräfte zuverlässig festhält, jedoch vor dem Erreichen der Verletzungsgrenze freigibt. Um eine einwandfreie Funktion zu gewährleisten, sollte sie deshalb von Zeit zu Zeit im Fachgeschäft überprüft werden.
In der Praxis hat sich erwiesen, dass für die Anforderungen abseits der Piste – erhöhter Widerstand durch Tiefschnee oder widrige Schneeverhältnisse, vermehrter Druck durch zusätzliches Rucksackgewicht und Fahrtwucht – die Tourenbindungen oft etwas härter eingestellt werden müssen. Beim Abwägen von Gefahren kann es im alpinen Bereich durchaus wichtiger erscheinen, unter keinen Umständen aus der Bindung zu fallen.
Fangriemen oder Skibremse sollen verhindern, dass der Ski nach einer Bindungsauslösung verloren geht. Fangriemen müssen einfach, d. h. auch mit Handschuhen zu handhaben und in Gefahrensituationen schnell zu entfernen sein. Aus Sicherheitsgründen (z. B. Lawinen) und zum Schutz vor Verletzungen durch einen am Fangriemen schleudernden Ski sind Skibremsen auch bei Tourenski unbedingt empfehlenswert.

Zum schnelleren Auffinden verlorener Ski im Tiefschnee benutzt man zweckmäßigerweise so genannte Tiefschneebänder – das sind leuchtfarbene Textilbänder, die am Ski befestigt werden und sich sehr bewährt haben.
Wichtige Kriterien einer optimalen Tourenbindung sind ein geringes Gewicht und ein optimaler Drehpunkt, der möglichst nah am Zehenbereich gelagert sein sollte. Zusammen ergibt das eine enorme Kraftersparnis. Grob gerechnet nimmt man pro Höhenmeter mindestens 5 Schritte. Es ist ein gravierender Unterschied, ob man mit jedem Schritt 500 g mehr Bindungsgewicht bergauf transportieren muss! Schon bei einer kleineren Skitour mit beispielsweise 1000 Höhenmetern (mal 5 Schritte) kommen da erhebliche Mehrbelastungen zustande.
Der ideale Drehpunkt befindet sich am oder noch besser unter dem Zehenrand, ähnlich wie bei den Schuh-Bindungssystemen im Ski-Langlauf. Je optimierter der Drehpunkt ist, desto leichter ist die Abrollbewegung und damit die Kraftersparnis.
Steighilfen (Neigungsstützen) stützen die Fersen in unterschiedlicher Höhe über dem Ski ab, was einen entsprechenden Vorlagewinkel ergibt. Der Gebrauch von Steighilfen ist in steilen Anstiegen von Vorteil, da die Wadenmuskulatur und die Achillessehnen entlastet werden. Im flachen Gelände wirken sich Steighilfen eher nachteilig aus: Die aufgezwungene Vorlage

Dynafit Techlite – die leichteste Skitourenbindung weltweit.

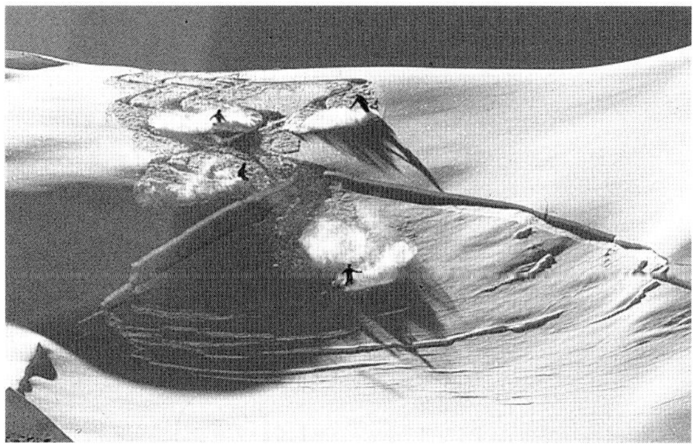

Skifahrer löst Schneebrett aus, Bruchteile von Sekunden später ist er verschwunden.

verkürzt die Schrittweite und verhindert ein natürliches Gehen. Bei den meisten Bindungen sind Steighilfen bereits integriert, zum Teil sind sie sogar in unterschiedlichen Höhen einstellbar. In jedem Fall müssen sie schnell und einfach zu- bzw. wegzuschalten sein und die jeweilige Funktion sicher beibehalten. Besonderer Wert sollte auf die Robustheit gelegt werden, da man in Steilhängen oftmals eine harte Schneedecke »durchtreten« muss und dabei entsprechende Kräfte auf die Steighilfe einwirken.
Harscheisen sind das wichtigste Zubehör zu Tourenbindungen. Da sie bei hartem Schnee eine ausschlaggebende Sicherheitsfunktion haben, gehören sie zur Grundausrüstung jedes Tourengängers. Weil Harscheisen hohen Belastungen ausgesetzt sein können (Blankeis, Steine), sollten sie trotz leichten Gewichts höchste mechanische Festigkeit aufweisen. Sie sollen einfach und schnell zu montieren sein, müssen fest sitzen und auch bei zugeschalteter Steighilfe noch wirksam greifen.

Tourenskistöcke

Neben normalen Skistöcken gibt es zwei- und dreiteilige Tourenstöcke. Tourenstöcke können – müssen aber nicht – in der Länge verstellbar sein. Einteilige, also nicht verstellbare Stöcke sind für Skitouren ausreichend – sie sind weniger anfällig und weisen eine höhere Stabilität auf.

- Verstellbare Stöcke lassen sich zum Transport auf dem Rucksack zusammenschieben. Sie sind anpassbar zum Bau einer behelfsmäßigen Schiene bei einem Beinbruch oder, bei voller Länge, ideal zum Schieben auf langen, flachen Gleitstrecken.

Verstellbare Skistöcke eignen sich auch gut für sommerliche Bergtouren.

- Der Griff sollte kälteisoliert sein (Kork-, Gummigriff), die Länge der Griffschlaufen schnell und unkompliziert verstellbar. Gebogene, abgewinkelte Griffe begünstigen die natürliche Handhaltung und vermeiden eine Überlastung des Handgelenks.
- Teller: Während für den Pistenskilauf kleine und weiche Teller (um Hängenbleiben zu verhindern) verlangt werden, sind auf Skitour großflächigere Teller günstiger. Dadurch wird die Einsinktiefe geringer gehalten. Flexibel aufgehängte Teller gleichen sich der Hangneigung an und ermöglichen auch bei relativ steiler Neigung ein sicheres Greifen der Stockspitze. Bei starr angebrachten Tellern ist unbedingt darauf zu achten, dass der Abstand vom Teller zur Spitze groß genug ist, damit beim Aufstieg im Steilhang die Stockspitze nicht ausgehebelt wird.
- Spitze: Hochwertige Tourenstöcke besitzen eine Hartmetallspitze. Damit erreicht man auch auf blankem Eis den nötigen Halt, außerdem nützt sie sich kaum ab.
- Renommierte Hersteller bieten Tourenskistöcke an, die sich mit wenigen Handgriffen zu einer Lawinensonde umfunktionieren lassen.

Verwendung von Stöcken im Sommer

Hier eignen sich besonders gut dreiteilig verstellbare Tourenstöcke. Bei langen und steilen Abstiegen dienen sie der Gelenkschonung (Knie und Wirbelsäule), da die enormen Kräfte (Masse plus Beschleunigung) von zwei auf vier »Beine« übertragen werden. Auf Gletschern und im Schnee vermindern sie die Einbruchgefahr, in großen Höhen dienen sie als wertvolle Stütze und Rasthilfe.
Tourenstöcke für den Sommer sollten in jedem Fall ebenfalls mit Tellern bestückt sein. Damit wird nicht nur das Einsinken in Firnfelder verhindert, sondern auch das Eindringen und Hängenbleiben der Stockspitzen in Felsritzen und Geröllspalten. Bewährt haben sich speziell für den Sommer kleine Rennteller.

Steigfelle

Steigfelle als Aufstiegshilfe (Rückrutschsicherung) für Ski sind genauso alt wie die Ski selbst. Sie beruhen auf dem Prinzip, dass sich die ca. 3 mm langen, zum Skiende hin gestellten Fellhaare aufrichten und durch ein Verzahnen mit dem Schnee ein Zurückrutschen der Ski verhindern. Wurden früher noch echte Seehundsfelle benutzt, so werden heute die Steigfelle künstlich hergestellt.

- Mohairfelle aus dem Naturhaar der Mohairziege besitzen derzeit allgemein die besten Eigenschaften. Sie sind leicht, besonders klein verpackbar und gleiten sehr gut, wodurch viel Kraft gespart werden kann.
- Plüschfelle aus Kunstfaser (Nylon) sind robuster gegen mechanischen Abrieb (Steine), billiger in der Anschaffung, weisen jedoch keine so guten Gleiteigenschaften auf, insbesondere bei Kälte.
- Klebefelle sind heute Stand der Technik. Sie werden an der Skispitze eingehängt und mit Handballendruck auf die Lauffläche gestreift. Wichtig ist, dass das Fell etwas kürzer ist als der Ski und die Fellenden abgerundet sind. Die Klebefläche erfordert Sauberkeit und sorgfältige Pflege.

- Kombifelle haben zusätzlich am Fellende einen Haken, mit dem sie am Skiende eingehängt werden. Mittels eines Gummispanners werden sie an der Skispitze verspannt. Dadurch halten sie normalerweise auch dann noch, wenn der Kleber nur mehr geringe oder keine Haftung mehr aufweist.
- Felle werden in verschiedenen Breiten angeboten Je nach Ski sollte die größtmögliche Breite (Messung im Taillenbereich unter der Bindung) gewählt werden.
- Für Carvingski sollten die exakt an den Ski angepassten Felle dazugekauft werden.

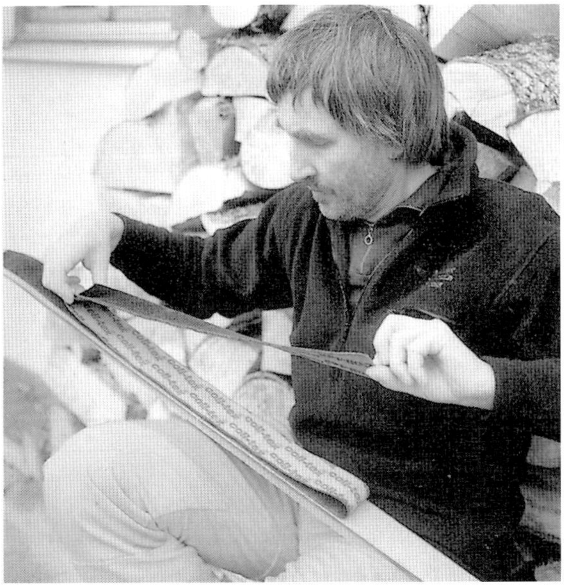

Klebefelle verlangen sorgfältige Behandlung und müssen nach jedem Gebrauch getrocknet werden.

Gebrauchshinweise

Zur Aufbewahrung werden die Felle halbiert oder geviertelt mit der Klebefläche aufeinander gelegt.
Klebe- und Kombifelle müssen von Zeit zu Zeit mit Fellkleber nachbeschichtet werden. Besonders die Enden nützen sich etwas schneller ab. Nach dem Beschichten muss der aufgetragene Kleber mindestens 4 bis 6 Stunden an der Luft abdunsten, bevor man sie zusammenlegt. Man kann die Klebefläche auch komplett erneuern, indem man eine fertige Klebefolie aufbügelt.
Nasse Felle bei Zimmertemperatur und nicht am heißen Ofen trocknen. Kommt man mit feuchten Fellen in kälteren Schnee, so vereisen sie. Um dieses lästige Anstollen zu verhindern, sollte die Felloberfläche öfter mit einem Silikonspray behandelt werden.
Der Fellkleber haftet bei Wärme besser. Um Haftproblemen vorzubeugen, sollte man bei Kälte das Klebefell mit dem Handballen unter Reibedruck auftragen, da Handwärme und Reibungswärme den Kleber aktivieren. Vor Zwischenaufstiegen sollte man die Klebefelle am Körper tragen, um sie möglichst warm zu halten und vor dem Auskühlen zu bewahren.

Tourenskischuhe

Man kann auch mit Pistenskischuhen Skitouren unternehmen, doch sind insbesondere für alpine Skitouren oder Frühjahrsunternehmungen spezielle Skitourenschuhe unabdingbar.
Der Tourenskischuh muss sich zwar in erster Linie zum Skifahren eignen, sollte jedoch auch das Gehen und Bergsteigen gleichermaßen ermöglichen, was zwangsläufig einen Kompromiss zur Folge hat.
Als Bergschuh muss er gut geeignet zum Gehen sein, denn die längste Zeit bei Skitouren verbringt man beim Aufstieg. Dazu muss er die Abrollbewegung (eingeschränkt) zulassen, eine Gummiprofilsohle muss das Bewegen im Gelände – auch leichte Kletterei – ermöglichen.
Als Skischuh muss er die Steuerkräfte möglichst direkt und verlustfrei vom Fuß auf die Bindung übertragen sowie das Sprunggelenk vor Verletzung schützen. Ausschlaggebend hierfür sind die Steifigkeitsverteilung der Schuhschale und die Passform des Innenschuhs.
Zum Befreien aus einer Rücklageposition ist eine hohe Schaftsteifigkeit nach hinten notwendig. Dagegen ist zum dosierten Steuern der Ski eine progressive Härtezunahme nach vorne wünschenswert. Viele der gebräuchlichen Skitourenschuhe sind zu hart ausgelegt. Gerade bei Steilanstiegen macht sich die fehlende Bewegungsfreiheit nach vorne äußerst unangenehm bemerkbar – offene Schienbeine sprechen eine deutliche Sprache.

Innenschuhe

Ein guter Innenschuh ist mindestens so wichtig wie die Außenschale. Die Qualität des Innenschuhs ist entscheidend für warme oder kalte Zehen, feuchte

Die längste Zeit bei Skitouren verbringt man beim Aufstieg, deshalb sollte der Schuh dazu besonders geeignet sein.

oder trockene Füße. Eine schlechte Passform verursacht Blasenbildung, der Sitz ist maßgebend für ein gutes Skigefühl.
Der Innenschuh muss in sich formstabil bleiben und an den entsprechenden Stellen gut geformt und gepolstert sein. Schmerzende Druckstellen kommen daher, dass Kräfte über eine zu kleine Fläche übertragen werden. Wunde Punkte sind hier die Ferse, der Zungen- und vor allem der Knöchelbereich.
Den Zehen sollte so viel Freiraum bleiben, dass sie vorne nicht anstoßen und nach oben gut bewegt werden können.
Die gesamte Kälteisolierung muss in die Sohle eingearbeitet sein, was entscheidend für warme bzw. kalte Füße ist.
Über die Sohle werden große Fahrkräfte und die sensomotorischen Signale übertragen. Aus diesem Grund sollte auf eine fußgerechte Einlegesohle höchster Wert gelegt werden. Es ist empfehlenswert, sich eine orthopädische Sporteinlage invididuell anfertigen zu lassen.
Für Problemfüße sind so genannte Thermoflex-Innenschuhe empfehlenswert, die – im Ofen »aufgebacken« – sich an die Fußform anpassen. Diese TF-Innenschuhe sind nicht nur extrem leicht, sie sind auch extrem warm: Kalte Füße gehören der Vergangenheit an. Für Hochtouren und Expeditionen sind sie deshalb besonders geeignet, Erfrierungen sind damit ausgeschlossen.

Eignung als Bergschuh

Der Tourengeher verbringt bei der Ausübung seines Sports die geringste Zeit mit dem Abfahren selbst. Die meiste Zeit wird investiert in den Aufstieg – somit muss ein Skitourenschuh zum Gehen mindestens ebenso geeignet sein wie zum Abfahren.
Schaftbeweglichkeit: Die zum Abfahren notwendige Schaftsteifigkeit nach vorne und hinten muss so verändert werden können, dass ein einigermaßen natürliches Gehen (auch im Abstieg) möglich ist.
Sohle: Für Skitourenschuhe kommen nur Profilgummisohlen in Betracht. Konstruktionsbedingt muss eine leichte Abrollbewegung möglich sein.
Steigeisenverwendung: Bei Hochtouren und Frühjahrstouren werden oft Steigeisen benötigt. Sehr gut eignen sich Steigeisen mit Kipphebelbindung, die wie eine Skibindung angelegt wird. Beim Kauf von Steigeisen sollte der Schuh mitgenommen werden, da bei manchen Schuhtypen ein herausragendes Fersenteil den Kipphebel behindern kann. Da sich Kunststoffschuhe durch Kälteeinwirkung nachhaltig in der Länge verändern können, müssen taugliche Steigeisen eine Feineinstellung besitzen.

Wärmeisolation

Es gibt verschiedene Gründe für kalte Füße:
- mangelhafte Isolation vom Boden her (siehe Innenschuh)
- mangelhafte Wasserdampfabgabe des Innenschuhs nach außen (feuchte Füße bedeuten kalte Füße; Innenschuhe und Einlegesohlen sollte man abends immer aus den Schalen nehmen und trocknen)
- oft der Hauptgrund (auch für Erfrierungen): Druckstellen, zu kleine oder zu schmale Schuhe, was immer eine Beeinträchtigung der Blutzirkulation zur Folge hat.

Aus diesen Gründen sollte ein Schuh nur beim Fachmann gekauft werden, der auch in der Lage ist, fußgerechte Korrekturen vorzunehmen.

Gewicht

Es ist erstrebenswert, bei jedem Schritt ein möglichst geringes Gewicht zu bewegen. Doch sollte dabei auch der Aspekt der Robustheit, Reparaturanfälligkeit und Langlebigkeit beachtet werden.

Verschüttetensuchgeräte

Elektronische Verschüttetensuchgeräte (VS-Geräte) bieten derzeit die schnellste und sicherste Möglichkeit, Lawinenverschüttete zu orten und zu bergen. Die Mitnahme eines VS-Gerätes schützt jedoch nicht

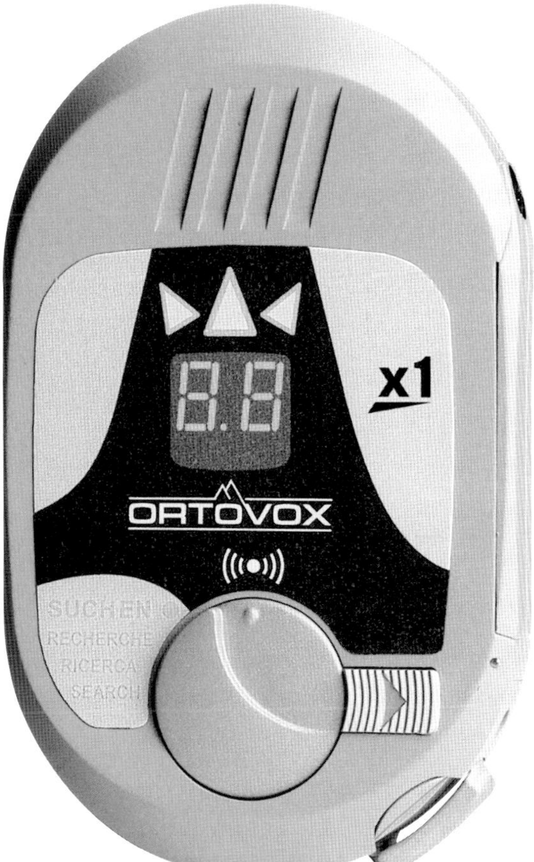

Digitales VS-Gerät.

vor Verschüttung. Allein die Tatsache, dass ca. 10 % der Verschütteten bereits beim Stillstand der Lawine tot sind, macht deutlich, dass das richtige Beurteilen der Lawinengefahr und die Verhinderung einer Verschüttung absoluten Vorrang haben. Das Mitführen von VS-Geräten verhindert nicht die Lawinengefahr, es erleichtert lediglich das Auffinden Verschütteter. Die Verwendung eines VS-Gerätes ist bei jeder Skitour oder Tiefschneeabfahrt absolute Pflicht!

Funktion

Jedes Gerät besitzt einen batteriebetriebenen Sender und Empfänger. Jeder Teilnehmer trägt das auf »Senden« geschaltete Gerät fest und so nah wie möglich am Körper. Bei Verschüttung schalten alle nicht verschütteten Teilnehmer ihr Gerät auf Empfang und können den oder die Verschütteten orten. Das Ortungsprinzip basiert auf der Lautstärkenzunahme: Nähert man sich dem Verschütteten, wird der Ton des Empfangssignals lauter. Durch stufenweises Zurückschalten wird die Lautstärke reduziert, wodurch wiederum die Lautstärkenzunahme die Annäherung an den Verschüttungspunkt hörbar macht. Im Nahbereich erleichtert ein optisches Signal die Feinsuche.
VS-Geräte unterliegen einer Norm: Es dürfen nur Geräte auf der Frequenz 457 kHz verwendet werden. In der Norm vorgeschrieben sind ebenso Reichweite, Robustheit, Wasserdichtheit, Temperaturempfindlichkeit, Betriebsdauer und Betriebssicherheit.
Digitale VS-Geräte erleichtern Ungeübten das Orten und führen zu schnelleren Sucherfolgen.

Gebrauchshinweise:

- Zu Beginn jeder Tourensaison neue Batterien einlegen, zum Übersommern Batterien aus dem Gerät nehmen.
- Nur Alkaline-Batterien verwenden (keine Akkus!).
- Vor jedem Antritt einer Tour oder Tiefschneeabfahrt grundsätzlich Funktionskontrolle von Sende- und Empfangsbetrieb. Bei Reichweite unter 20 m unbedingt Batterien auswechseln. Bringt das keine Verbesserung, das Gerät vom Hersteller überprüfen lassen.
- Die Suche immer wieder üben! Der Wettlauf mit der Zeit erfordert die volle Beherrschung der Suchsysteme – und das unter Stressbedingungen! Es geht um Leben und Tod, bereits nach 15 Minuten Verschüttungsdauer sinkt die Überlebenschance schlagartig. Es ist zu beachten, dass die unterschiedlichen Gerätetypen verschiedene Bedienungseigenschaften haben.

Alle zur Zeit gebräuchlichen VS-Geräte weisen Maße und Gewichte auf, die keinen Skifahrer von der Mitnahme eines VS-Geräts abhalten dürften.
Achtung: Ausdrücklich gewarnt werden muss vor allen Arten von so genannten Markierungssystemen (nur Sender, kein Empfänger), die oft mit unsauberen

Beim Skifahren abseits gesicherter Pisten ist ein VS-Gerät Pflicht!

Der Lawinen-Airbag ist das einzige Hilfsmittel, das eine Verschüttung verhindern kann.

Werbeargumenten verkauft werden. Man kann damit zwar gefunden werden, aber nicht in der für eine Lebensrettung erforderlichen kurzen Zeit. Dazu gehören Magnetsonden, Reflektoren (die oftmals in Skischuhen oder in Skibekleidung eingearbeitet sind), vor allem auch die immer wieder auftauchenden reinen Sendergeräte. Diese kann man nur mithilfe eines »richtigen« VS-Gerätes (Sender + Empfänger) orten. Abgesehen von der unkameradschaftlichen Einstellung »Hauptsache, ich werde gefunden!« erreicht man bei solchen Sendergeräten aufgrund der langen Zeit, die man für die Herbeischaffung eines Empfängergerätes braucht, im Allgemeinen lediglich eine Totenbergung.

Lawinen-Airbag-System ABS

Der Lawinen-Airbag ist ein Gerät zur Verhinderung einer Verschüttung. Er ist keine Konkurrenz zum VS-Gerät, da es sich um eine Primärmaßnahme handelt, also eine Verschüttung verhindern soll.
Das ABS besteht aus zwei Airbags mit Gaspatrone und Zündsystem und ist in einen Tourensack integriert. Das Gewicht ohne Rucksack beträgt 1,8 kg. Kommt der Skifahrer in Lawinengefahr, wird mittels eines Handgriffs eine Treibpatrone pyrotechnisch gezündet, die binnen knapp 2 Sekunden 150 Liter Umluft in die Airbags presst. Dadurch wird das Volumengewicht des Skifahrers so entscheidend geringer, dass er nicht in die Lawine hineingezogen, sondern an die Oberfläche sortiert wird.
Die Verwendung des ABS-Systems darf jedoch keinesfalls als Allheilmittel gegen Lawinenverschüttung betrachtet werden. Es ist offen, ob man in jeder Situation (Schrecksekunde, unglücklicher Sturz usw.) zum Ziehen der Reißleine kommt. Triftet die Lawine in einen Graben, können Schneemassen darauf geschüttet werden. So muss in jedem Fall ein VS-Gerät zusätzlich mitgeführt werden.
Das ABS-System ist TÜV-geprüft, in der Praxis hat es sich bereits bei mehreren Ernstfällen voll bewährt und kann als einziges Gerät, das eine Verschüttung verhindern kann, empfohlen werden.

Lawinenschaufeln

Eine Lawinenschaufel gehört zur Standardausrüstung auf Skitouren. Die rascheste Ortung von Verschütteten hilft nur wenig, wenn der Verschüttete nicht schnellstmöglich ausgegraben werden kann.

Praxistests haben gezeigt, dass man beim Graben mit einer guten Lawinenschaufel etwa ein Zehntel der Zeit benötigt wie mit behelfsmäßigen Mitteln (z. B. mit Ski). Anders gesagt: Eine Ausgrabungszeit von 12 Minuten mit Schaufel bedeutet 2 Stunden per Hand oder Ski, was für einen Verschütteten kaum mehr zur Lebendbergung reichen wird!
Darüber hinaus können Lawinenschaufeln gut zum Bau von Schneehöhlen (Biwakbau), zum behelfsmäßigen Schlittenbau und zur für die Beurteilung der Lawinengefahr wichtigen Schneedeckenuntersuchung verwendet werden. Eine optimale Lawinenschaufel sollte sich für alle diese Zwecke gut eignen.
Zum Bau eines behelfsmäßigen Schlittens ist es von Vorteil, wenn Stiel und Blatt einfach voneinander getrennt werden können. Bohrungen an Blatt und Stiel erleichtern die Befestigung von Reepschnüren.
Geeignet sind nur äußerst stabile Schaufeln, mit denen man auch im harten, gepressten Schnee graben kann.
Vom Kauf von Billigschaufeln ist dringend abzuraten, da diese im Ernstfall wertlos sind!

Lawinensonden

Neben der Schaufel sollte eine Sonde mitgeführt werden. Eine Lawinensonde trägt wesentlich dazu bei, die Auffindezeit eines Verschütteten zu reduzieren. Die Feinsuche wird auf ein Minimum verkürzt, das Ausgraben kann sofort und ganz gezielt erfolgen. Lawinensonden sind leicht (230 g) und kleinst verpackbar. Ein guter Kompromiss sind spezielle Skitourenstöcke, die man zu einer Lawinensonde zusammenschrauben kann.

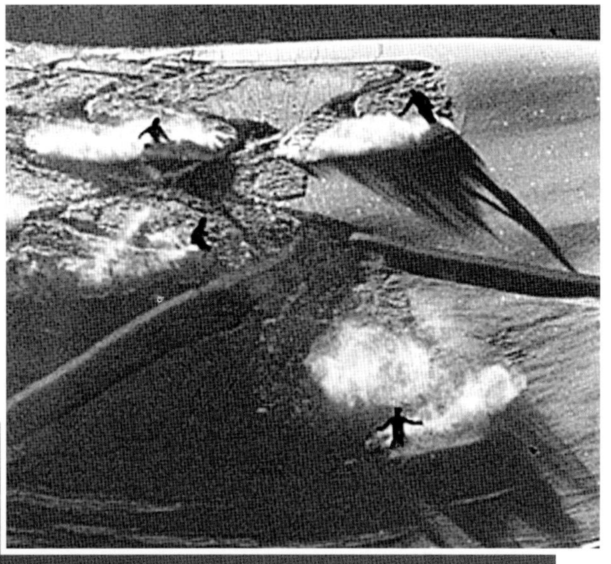

Schneebrett – die typische Skifahrerlawine. Nach 2 Sekunden war der Skifahrer verschüttet.

ALPINTECHNISCHE AUSRÜSTUNG

Dazu zählt die technische Ausrüstung, die zur Sicherung und Fortbewegung in Fels und Eis notwendig ist. Marktbedingt kann sie qualitativ sehr unterschiedlich sein. Da Leben und Gesundheit davon abhängen können, wird durch Normung (EN*, UIAA*) versucht, einen Mindestsicherheitsstandard zu erreichen.
Derzeit gibt es noch nicht für die gesamte alpintechnische Ausrüstung Normen. Teilweise sind die inzwischen existierenden Normen bereits schon wieder überarbeitungsbedürftig. Dem Verbraucher bleibt deshalb nur eine kritische Prüfung des Marktangebots. Im Folgenden wird bei jedem Ausrüstungsstück auf die Normforderungen hingewiesen. Bei solchen, für die noch keine Normen existieren oder deren Normforderungen nicht mehr Stand der Technik sind, wird auf die wichtigsten Festigkeits- und Qualitätsforderungen aufmerksam gemacht.

Seile

Heutige Seile erfüllen alle Anforderungen der Praxis wie ausreichende Reißfestigkeit*, in Grenzen liegende Dehnbarkeit (nicht zu hoch und nicht zu niedrig) und geringe Mantelverschiebung. Lediglich die Kantenfestigkeit* erreicht trotz hochmoderner Textilien und Produktionsmethoden noch nicht die erforderlichen Werte; deshalb muss noch mit Seilrissen gerechnet werden: Wird ein Seil bei Sturz über eine scharfe Felskante belastet, kann es reißen (abgeschert werden). Je höher die Sturzbelastung (größere Fallhöhe, höheres Fallgewicht) und je schärfer die Felskante, desto größer die Gefahr eines Seilrisses; quantitativ treten solche Seilrisse glücklicherweise selten auf (siehe hierzu auch S. 45, 46 und 50, 51). Seile gehören deshalb noch zu den kritischen Ausrüstungsstücken. Eine Normprüfung ist unumgänglich. Geprüft wird nach EN 892 und UIAA-Norm.

Seilkonstruktion

Seile sind aus einer Vielzahl hauchdünner Polyamidfäden, so genannter Perlonfilamente (Perlon = Polyamid), hergestellt. Ein Seilquerschnitt besteht aus

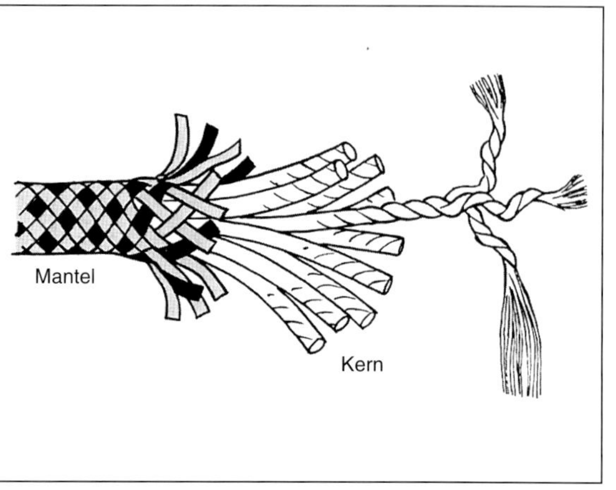

Seilkonstruktion aus Kern und Mantel.

etwa 60 000 bis 75 000 einzelnen Filamenten mit einem Durchmesser von je 0,03 mm (zum Vergleich: ein menschliches Haar ist etwa doppelt so dick).
Die Filamente sind zu Garnen versponnen, die Garne zu Litzen zusammengefasst. Mehrere Litzen ergeben den Seilkern, der von einem geflochtenen Mantel umgeben ist. Gewichtsverhältnis: Etwa 60 % entfallen auf den Kern, 40 % auf den Mantel. Der Mantel schützt den Kern vor mechanischem Verschleiß und wird zum Auffangen des Sturzes (Energieaufnahme) mit herangezogen.
Spezielle Oberflächenbehandlungen wie Imprägnierung, Silikonisierung usw. sollen die Eigenschaften der Seile verbessern, z. B. die Wasserabstoßung erhöhen, die Reibung in Karabinern und an Felskanten verringern und das Handling verbessern. Genormt sind diese Seileigenschaften nicht.

Seiltypen, Durchmesser, Metergewicht

Für unterschiedlich schwierige Touren stehen unterschiedliche Seiltypen zur Verfügung: das Einfachseil, das Halbseil und das Zwillingsseil. Sie sind durch entsprechende Banderolen an den Seilenden gekennzeichnet (siehe S. 43 und 44).
Einfachseile bieten nach dem Stand der Technik ausreichende Reißfestigkeit* bei Verwendung im Einzelstrang. Halbseile und Zwillingsseile dagegen nur bei Verwendung im Doppelstrang (= zwei Seile, entweder als Doppelseil oder als Zwillingsseil eingesetzt). Die Durchmesser sind nicht genormt.
Für die Praxis ist das Metergewicht von größerer Bedeutung als der Durchmesser, da nur das Meter-

Unterschiedliche Seildurchmesser, von oben nach unten: Einfachseil, zwei Halbseile, Zwillingsseile.

gewicht Auskunft darüber gibt, was an Gewicht getragen oder hinter sich hergezogen werden muss.

Seiltyp	Üblicher Seildurchmesser (ca.)	Übliches Metergewicht (ca.)
Zwillingsseile	8 mm	45 g
Halbseile	9 mm	50 g
Einfachseile	9,5–11,5 mm	60–85 g

Die niedrigen Werte bei den Einfachseilen gelten für Seile, die die Normfestigkeit gerade erreichen oder nur wenig überschreiten (Normsturzseile), die hohen Werte für Seile, die erheblich höhere Werte aufweisen (Multisturzseile, siehe S. 45).

Normanforderungen

Seile werden bei Sturz dynamisch belastet. Deshalb erfolgt die Prüfung in einem Fallversuch mit einem Fallgewicht in der Größenordnung des menschlichen Körpergewichts. Da sich Stürze in der Praxis zwar in vielen Varianten ereignen können, aber nur die mit höherem Sturzfaktor* kritisch sind, wurde für die Fallprüfung eine Sturzsituation mit hohem Sturzfaktor (etwa 1,75) gewählt. Dies ist bei statischer Sicherung (wie auf der Fallprüfanlage) ein extrem harter Sturz, wie er in der Praxis nicht zu erwarten ist. Damit liegt man mit der Normprüfung auf der sicheren Seite.

Die statische Belastung der Seile durch das Körpergewicht beim Hängen am Seil oder durch das mehrfache Körpergewicht bei Rettungsaktionen liegt weit unterhalb ihrer Reißkraft. Ein statischer Zerreißversuch ist deshalb nicht notwendig und folglich auch bei der Normprüfung nicht vorgesehen. Manche Hersteller geben statische Reißkraftwerte an, die aber für den Gebrauch in der Praxis ohne Bedeutung sind.

Die wichtigsten Normprüfungen und Normanforderungen nach EN 892 (bzw. UIAA-Norm) sind:

- Reißfestigkeit*: Sie wird mit dem genormten Fallversuch geprüft. Dabei darf der Fangstoß einen bestimmten Wert nicht überschreiten, die Anzahl bruchfreier Stürze einen bestimmten Wert nicht unterschreiten.

Seiltyp	Fangstoßkraft maximal	Prüfung im	Mindestanzahl ausgehaltener Normstürze
Zwillingsseil	12 kN (ca. 1200 kp)	Doppelstrang	12
Halbseil	8 kN (ca. 800 kp)	Einfachstrang	5
Einfachseil	12 kN (ca. 1200 kp)	Einfachstrang	5

- Dynamische Dehnung (Fangstoßdehnung): Sie wird im Rahmen der Fallprüfung ermittelt (siehe Reißfestigkeit) und darf den Wert von 40 % nicht überschreiten: die Fangstoßdehnung bei einem üblichen Sportklettersturz (Sturzfaktor* ca. 0,3) liegt nur in der Größenordnung von gut 15 %.
- Statische Dehnung (Gebrauchsdehnung): Sie wird unter einer Vorlast von 5 kg und einer Lasterhöhung auf 80 kg geprüft. Für Halbseile max. 12 % (Einfachstrang), für Einfachseile (Einfachstrang) und Zwillingsseile (Doppelstrang) max. 10 % Gebrauchsdehnung.
- Mantelverschiebung: Sie wird mithilfe einer Walkvorrichtung geprüft. Dabei wird ein 2 m langes Seilstück fünfmal durch einen Radienkäfig gezogen, wobei Mantel und Kern stark hin- und hergewalkt werden. Die Verschiebung des Mantels gegenüber dem Kern darf 20 mm (2 %) nicht überschreiten.
- Kantenfestigkeit: siehe S. 45, 46.

Alle Seile neigen bei Gebrauch mehr oder weniger zur Krangelbildung. Eine Prüfung der Krangelneigung gibt es noch nicht. Es schien bisher zu schwierig, eine reproduzierbare Prüfmethode festzulegen. Alle Seile werden vor der Prüfung klimatisiert (20 °C und 60 % rel. Luftfeuchtigkeit). Seile können aufgrund der Kapillarwirkung Wasser aufnehmen und in der Praxis auch in feuchtem und vereistem Zustand in Gebrauch sein und belastet werden. Da alle Seile aus Polyamidfasern bestehen, sind sie kälte- und feuchtigkeitsempfindlich. Die Anzahl ausgehaltener Normstürze nimmt im kalten, feuchten und vereisten

Normprüfung von Berg- und Kletterseilen.

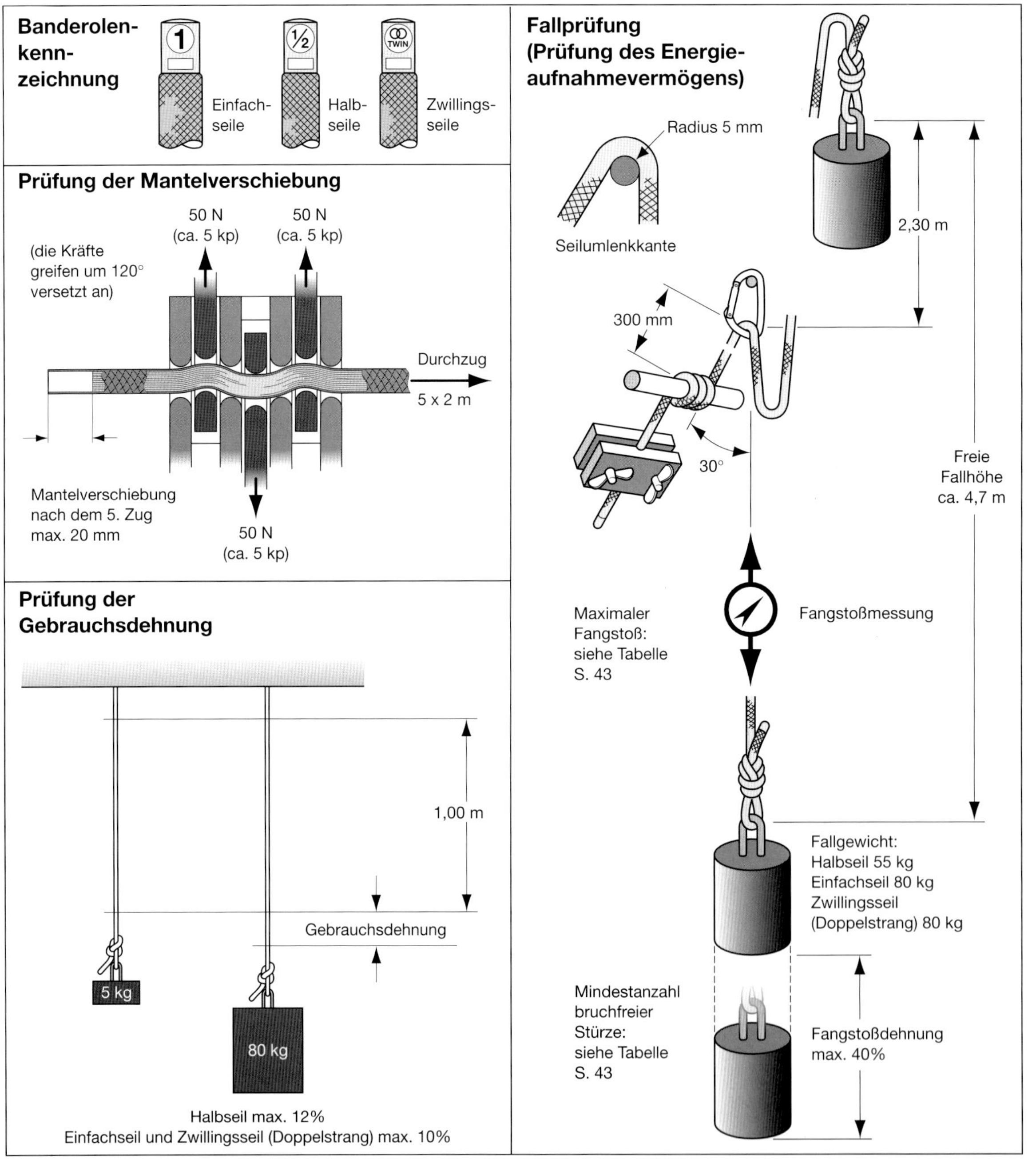

Zustand um ein bis zwei Normstürze ab. Deshalb liegt die Forderung nach fünf bruchfreien Normstürzen (im Normklima) so hoch.

Normsturzseil – Multisturzseil

Die EURO-Norm (EN 892) und die UIAA-Norm verlangen eine Mindestanzahl ausgehaltener Normstürze (siehe Tabelle S. 43). Da die Produktion schwankt, müssen die Hersteller, um auf der sicheren Seite zu sein, ein bis zwei Normstürze mehr anpeilen.

Einfachseile werden in zwei Kategorien unterteilt:

- Normsturzseile = Seile mit 5 bis 9 ausgehaltenen Normstürzen
- Multisturzseile = Seile mit 10 und mehr ausgehaltenen Normstürzen

Multisturzseile sind im Durchmesser etwas dicker und folglich auch etwas schwerer als Normsturzseile. Im Durchmesser macht dies etwa 1 mm aus, im Gewicht etwa 20 bis 40 %, das sind etwa 12 bis 25 g/m. Multisturzseile haben einen stärkeren Mantel und sind damit strapazierfähiger; sie eignen sich deshalb besser zum Sportklettern (Toprope, viele Stürze) und für die Verwendung im Urgestein (rauer Fels) als Normsturzseile mit ihrem schwächeren Mantel.

Gefahr von Seilrissen

Wenn ein Seil bei Sturzbelastung an einer schärferen Felskante zur Anlage kommt oder auf dieser gar umgelenkt wird, kann das Seil reißen, es wird abgeschert.

Ein typischer Beinahe-Seilriss durch Sturzbelastung über eine Felskante; der Mantel und ein Teil der Litzen sind gerissen.

Bei allem technischen Fortschritt – die Menschheit kann mit Überschallgeschwindigkeit um die Erde und bis zum Mond fliegen – sind wir noch nicht in der Lage, Seile herzustellen, die jeder in der Praxis möglichen Belastung gewachsen sind.

Die Gefahr hängt im Wesentlichen von vier Kriterien ab:

- von der Kantenschärfe
- vom Umlenkwinkel
- vom Sturzfaktor*
- von der Fallenergie*

Die einzelnen Kriterien wirken sich wie folgt aus:

- Kantenschärfe: Je schärfer die Felskante, desto eher reißt ein Seil. Dabei muss die Kante nicht einmal besonders scharf sein. Schon eine nicht gerundete 90°-Kante, ähnlich einer Tischkante, kann bei Sturzbelastung zum Seilriss durch Abscheren führen. Raue Granitkanten und scharfkantiger, von Wasser zerfressener Kalk sind besonders gefährlich.
- Umlenkwinkel: Je stärker ein Seil an der Felskante umgelenkt wird, desto größer die Scherkraft, desto eher kann das Seil abgeschert werden.
- Sturzfaktor*: Je höher der Sturzfaktor, desto höher der Fangstoß. Je höher der Fangstoß, desto größer die Scherbelastung des Seiles und umso größer die Gefahr eines Seilrisses durch Abscheren.
- Fallenergie*: Sie ist das Produkt aus Sturzhöhe und Fallgewicht. Je schwerer der Stürzende und/oder je größer die Sturzhöhe, desto größer die Fallenergie. Mit der Fallenergie nimmt der Fangstoß zu. Je größer der Fangstoß, desto größer die Scherbelastung des Seiles und umso größer die Gefahr eines Seilrisses.

Scharfkantenprüfung

Um den Markt mit »scharfkantenfesteren« Seilen zu bereichern, hat die UIAA* im Sommer 2002 eine Scharfkantenprüfung für Seile eingeführt (UIAA 108): Dabei wird das Seil bei der Fallprüfung über eine horizontale Metallkante mit einem Radius von 0,75 mm belastet (siehe Zeichnung S. 46); die Fallhöhe und die sonstigen Prüfbedingungen sind die gleichen wie bei der gewöhnlichen Fallprüfung (EN 892, siehe S. 44). Diese Scharfkantenprüfung ist nicht verpflichtend. Die Hersteller können ihre Seile – in der Regel nur bestimmte Konstruktionen – dieser Prüfung unterzie-

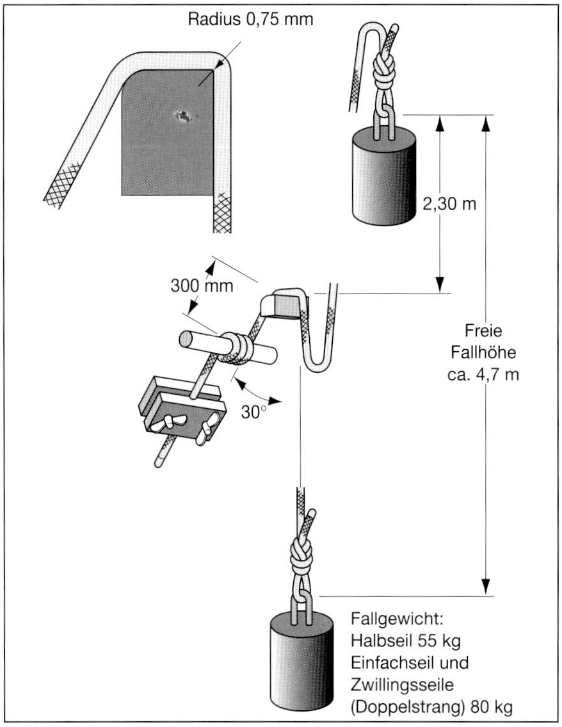

Scharfkantenprüfung nach UIAA-Norm (noch nicht EN-genormt).

Scharfkantenbelastung nach UIAA-Norm.

hen, müssen dies aber nicht[1]). Seile, die die Scharfkantenprüfung bestanden haben, können vom Hersteller als »Sharp edge resistant« bezeichnet werden (die Normensprache ist Englisch). Wörtlich übersetzt hieße dies »scharfkantenwiderstandsfähig«, was die Eigenschaft dieser Seile korrekt beschreibt, aber im Deutschen recht holprig klingt. Im Deutschen ist eher die Formulierung »scharfkantenfest« gebräuchlich, was nicht den Kern der Sache trifft, da die Seile nur »scharfkantenfester« sind als andere, aber nicht wirklich »scharfkantenfest«. Bei Sturzbelastung muss eine Felskante nur etwas schärfer sein und/oder der Sturzfaktor etwas höher sowie die Fallenergie etwas größer (größeres Gewicht und/oder größere Fallhöhe), und auch ein »scharfkantenfestes« Seil kann reißen. Glücklicherweise treten solche Seilrisse relativ selten auf (siehe S. 51 links).

Wie kann einem Seilriss durch Scharfkantenbelastung vorgebeugt werden?

Mehrere Möglichkeiten bieten sich an: Dort, wo bei Sturz eine Scharfkantenbelastung droht,

- den Gang an der Sturzgrenze meiden
- Seilführung mittels Zwischensicherung so wählen, dass eine Kantenbelastung vermieden wird
- »Sharp edge resistant«-Seile verwenden
- oder Multisturzseil, besser Zwillingsseile; deren Querschnitt (bei Zwillingsseilen deren Querschnittssumme) ist größer, was einen größeren Widerstand gegen Abscheren zur Folge hat (die einzelnen Perlonfäden werden weniger stark belastet, und es müssen mehr Fäden abgeschert werden). Bei Zwillingsseil besteht darüber hinaus noch Redundanz*: Wird ein Seil abgeschert, kann das zweite die Restfallenergie aufnehmen; noch ist bis dato kein Komplettriss von Zwillingsseilen bekannt geworden.

Sieht man von der Sturzbelastung über Felskanten ab, so können heutige Seile, unabhängig von der Sturzhöhe, nicht mehr im Anseilknoten reißen, ebenso nicht mehr im Karabiner der Zwischensicherung und auch nicht mehr im Bereich der Kameradensicherung am Standplatz. Seilrisse können sich nur noch durch Felskanteneinfluss ereignen (ausgenommen bei Einfluss polyamidaggressiver Substanzen, siehe S. 49).

Seilfarben

Unterschiedliche Farben haben für die Praxis nur bei der Benutzung von zwei Seilen als Doppel- oder als Zwillingsseil Bedeutung. Die Seile sollen sich in diesem Fall farblich gut unterscheiden lassen, auch noch auf eine Sichtweite von 50 m.

[1]) nur die Europäischen Normen sind verpflichtend (bei Seilen die EN 892). Die UIAA-Normen haben nur empfehlenden Charakter; sie haben in der Regel höhere und/oder zusätzliche Anforderungen. Wenn ein Produkt der entsprechenden UIAA-Norm entspricht und dies von einem unabhängigen Prüfinstitut nachgewiesen ist, kann der Hersteller dies durch das UIAA-Gütezeichen oder durch die vier Buchstaben UIAA kundtun.

Seillängen

Die gängigsten angebotenen Seillängen sind 50 m, 55 m und 60 m. Kürzere Seile eignen sich nur für Spezialzwecke, z. B. zum Sichern von Kindern auf Klettersteigen. Wesentlich längere Seile als die genannten haben mehr Nach- als Vorteile. Seilsalat und Krangeln lassen sich nur sehr zeitaufwändig wieder beseitigen.

Seilangebot

Alle Hersteller bieten alle drei Seiltypen an. Durchmesser und Metergewicht unterscheiden sich bei ein und demselben Seiltyp nur noch wenig. Ein Multisturzseil wird unabhängig vom Fabrikat immer etwas dicker und damit auch etwas schwerer sein als ein Normsturzseil.
Am stärksten unterscheiden sich die Seile noch in der Mantelverschiebung. Je niedriger die Mantelverschiebung ist (Katalogangabe), desto besser.
Um die Wasseraufnahme von Seilen zu vermeiden (zusätzliches Gewicht) und um den schädigenden Feuchtigkeitseinfluss (Abnahme der Kantenfestigkeit) möglichst gering zu halten, bieten alle Hersteller auch imprägnierte Seile an. Um die Gleiteigenschaften der Seile zwecks leichteren Nachziehens und geringerer Abnutzung zu erhöhen, unterziehen manche Hersteller ihre Produkte einer besonderen Oberflächenbehandlung. Werbewirksame Formulierungen wie »Everdry«, »Superdry« und »Dry longlife« fallen ins Auge. Die Wirksamkeitsdauer sowohl der Imprägnierung als auch der übrigen Oberflächenbehandlungen ist noch nicht genau bekannt.
Die Unterschiede in der Krangelneigung sind von Fabrikat zu Fabrikat nicht allzu auffällig. Die Art des Gebrauchs und wie man ein Seil aufnimmt und wieder ausgibt, beeinflussen die Krangelbildung weit mehr. Eine Messmethode für die Krangelneigung gibt es noch nicht. Auch hier muss man den Aussagen der Hersteller Glauben schenken, z. B. »krangelfrei, soweit dies technisch möglich ist«.
Die meisten Hersteller bieten inzwischen »UIAA-Sharp edge resistant« (auch »UIAA-scharfkantenfeste«) Seile an. Es sind Seile, die die Scharfkantenprüfung nach UIAA-Norm bestanden haben (noch nicht verpflichtend, siehe S. 46). Sie sind für Hochtouren und alpines Klettern gedacht, überall dort, wo ein Seil bei Sturzbelastung an Felskanten zur Anlage gelangen oder gar umgelenkt werden kann. Sie sind weniger, eher nicht gedacht fürs Sportklettern (Umlenkung im Karabiner), weil teurer, und nicht zur Verwendung an künstlichen Kletteranlagen, Indoor wie Outdoor notwendig (keine scharfen Kanten).

Seilwahl

Die Auswahl des Seiles hängt von verschiedenen Kriterien ab:
- Geländeart (Fels, Gletscher oder Steileis)
- Länge und Lage der Route (Kletteranlage Indoor/Outdoor, Klettergarten oder Hochgebirge) im Zusammenhang mit der Beurteilung eines möglicherweise notwendig werdenden Rückzugs
- Schwierigkeitsgrad
- Größe der Seilschaft

Für Eistouren empfehlen sich imprägnierte Seile. Dies gilt wegen der Möglichkeit eines Schlechtwettereinbruchs auch für Felstouren im Hochgebirge. Im Klettergarten und an Kletteranlagen kann auf die Imprägnierung verzichtet werden (billiger).
Bei längeren Routen muss ein Rückzug einkalkuliert werden. Mit einem Einfachseil ist Abseilen nur über die halbe Seillänge möglich. In schwierigem Gelände (ab Schwierigkeitsgrad IV einschließlich) sollte deshalb auf Zwillingsseil (2×8 mm oder 2×9 mm) zurückgegriffen werden. Die Verwendung von Zwillingsseil reduziert bei Steinschlag auch die Gefahr, dass beide Seile beschädigt werden.
Unter Berücksichtigung eines möglichst niedrigen Seilgewichtes bei gleichzeitig möglichst hoher Reißfestigkeit über Felskanten können die Empfehlungen gemäß der auf Seite 48 folgenden Tabellen gegeben werden:

Seilkrangeln, Seilaufnahmen

Krangeln im Seil entstehen durch Seilverdrehungen um die Längsachse. Diese Verdrehungen führen zu Verdrehspannungen (Torsionsspannungen) im Seil, die das Seil beim Strecken zu Schlingen, den so genannten Krangeln, wirft. Deshalb sollte man, wenn man angeseilt ist, sich möglichst nicht zu häufig um die eigene Körperachse drehen.
Bei der Seilherstellung wird das Seilmaterial auf eine Seiltrommel aufgewickelt, abgelängt, heruntergenommen und zum Bund abgepackt. So wie das Seil aufgewickelt wurde, muss es vor dem ersten Ge-

Im Fels

Schwierigkeitsgrad	Seiltyp und Durchmesser	Handhabung
Zweierseilschaft		
Hochgebirge I–III und Klettergarten I–XI	Einfachseil 11–11,5 mm (Multisturzseil)	als Einfachseil (Abseilen nur über die halbe Seillänge möglich)
Hochgebirge ab IV aufwärts	Zwillingsseil 2 × 8 mm oder 2 × 9 mm	als Zwillingsseil (Abseilen über die volle Seillänge möglich)
Dreierseilschaft		
Hochgebirge und Klettergarten I–XI	zwei Halbseile 2 × 9 mm	Seilerster gesichert an zwei Seilen wie mit Zwillingsseil, jeder Nachsteiger gesichert an einem Seil
	oder	
	ein Einfachseil 11–11,5 mm (Multisturzseil)	beide Nachsteiger in kurzem Abstand mit Weiche am Seilende
Seillänge für alle Schwierigkeitsgrade nicht unter 50 m, zum Toprope-Klettern 60 m		

Im Eis

Geländeart	Seiltyp und Durchmesser	Handhabung
Zweierseilschaft/Dreierseilschaft		
Gletscheranstiege	Einfachseil 10–11,5 mm	als Einfachseil
	oder	
	ein Halbseil 9 mm	auf dem Gletscher wie Einfachseil, beim Gipfelanstieg (Grat, Fels) wie Zwillingsseil, nutzbar dann nur noch halbe Seillänge
Steileis	wie Fels	wie Fels
Viererseilschaft		
Gletscheranstiege	wie Zweier-/Dreierseilschaft	wie Zweier-/Dreierseilschaft
Seillänge für Gletscher und Steileis nicht unter 50 m (wegen möglicher Spaltenbergung)		

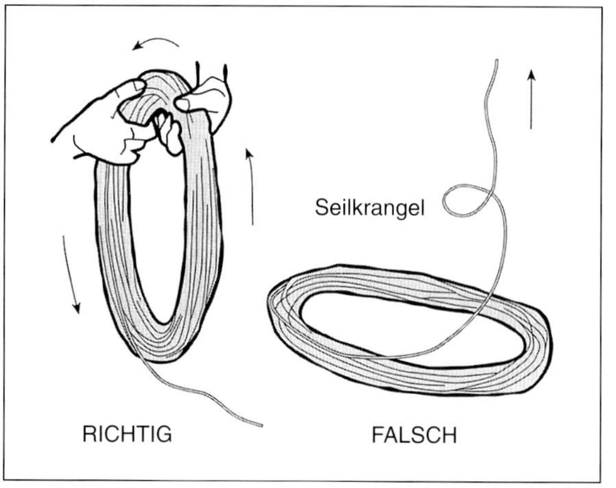

Öffnen bzw. Auslegen des fabrikneuen Seiles.

brauch auch wieder abgewickelt werden, andernfalls erhält man pro Seilring etwa einen halben Krangel. Neue Seile müssen deshalb ähnlich einem Teppich ausgerollt und anschließend richtig, d. h. ohne Krangel zu erzeugen, aufgenommen werden. Dieses richtige Aufnehmen, das für jedes Seilaufnehmen gilt, muss ohne Verdrehen des Seiles um seine Längsachse geschehen und kann auf zweierlei Weise erfolgen: Von der Seilmitte oder den Seilenden her wird das Seil doppelstrangig in armlangen Schlingen aufgenommen, entweder so,

- dass eine Schlinge in der Hand hängt (siehe S. 49 oben links), oder so,
- dass je eine Schlinge rechts und links der Hand hängt (siehe S. 49 oben rechts).

Seilpuppe zum Tragen auf dem Rücken.

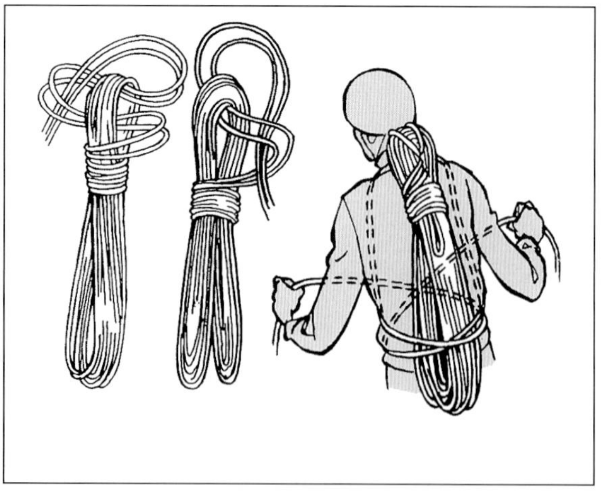

Links und rechts: Richtiges Seilaufnehmen, in beiden Fällen müssen die Schlingen eine Achterform annehmen (links auffälliger als rechts).

Falsches Seilaufnehmen in Ringform durch Verdrehen des Seils um seine Längsachse, wodurch Seilkrangel initiiert werden.

Die etwa 2 bis 3 m langen Seilenden werden sodann einige Male um die Mitte des Seilbundes gewickelt und mit Ankerstich fixiert (siehe Grafik S. 48).
Das Seilaufnehmen in Ringform (früher üblich, siehe Bild Mitte) führt zu Seilkrangeln, da das Seil mit jeder Schlinge, die aufgenommen wird, um seine Längsachse gedreht werden muss (damit es zur Ringform kommt). Jedes Drehen um die Längsachse aber führt zu Seilkrangeln.

Seilpflege

Seile – Gleiches gilt für Reepschnüre und Bänder – sind aus Polyamid und folglich empfindlich gegen Hitze und Chemikalien (Laugen und Säuren). Nasse Seile am besten an luftigen Schattenplätzen trocknen, nicht längere Zeit in praller Sonne und nicht in unmittelbarer Nähe von Heizungen (Hitze). Die Aufbewahrung über längere Zeit erfolgt am besten in trockener und dunkler Umgebung (Kleiderschrank). Besonders gefährlich sind alle polyamidaggressiven Substanzen wie Säuren und deren Dämpfe, wie sie u. a. in Autobatterien vorkommen. Bei direkter Berührung verändert sich äußerlich nur die Seilfarbe, die Schwächung ist *nicht* erkennbar. (Ein solches Seilstück lässt sich mit Handkraft zerreißen! Bisher sind mehrere Unfälle bekannt.)
Seile grundsätzlich nicht mit Substanzen und deren Dämpfen in Berührung bringen, solange deren Auswirkungen nicht bekannt sind (noch ist nicht der Einfluss aller Substanzen untersucht). Folgende schaden den Seilen nicht: Benzin- und Dieselkraftstoffe, Essigsäure (auch hochprozentige), Petroleum, Spiritus, Coca-Cola, Pepsi-Cola und Meer-(Salz-)wasser. Dagegen schadet Urin (Harnsäure), jedoch nur in einer Größenordnung, die noch nicht zu einem Seilriss führen kann, es sei denn, die mit Urin in Berührung gekommene Seilstelle würde bei Sturz über eine Felskante belastet werden; dann würde das Seil schon bei einer geringeren Belastung und/oder bei einer geringeren Kantenschärfe reißen als im Fall, da das Seil nicht mit Urin kontaminiert worden ist.
Das Drauftreten auf ein Seil schadet diesem entgegen landläufiger Meinung nicht, es sei denn, der Fels ist messerscharf (wie z. B. im Velebit, Kroatien); dann aber ist eine Beschädigung sichtbar, und das Seil kann ausgesondert werden. Gleiches trifft zu für den Fall,

dass Steigeisen getragen werden. Gewöhnliche Zackenschärfe kann Seilen nichts weiter anhaben; sollte die Zackenschärfe dagegen messerscharf sein (eigenhändiges Nachschleifen), dann wäre eine Beschädigung wieder sichtbar. Bei geringer Mantelbeschädigung besteht keine Gefahr, erst bei auffallend starker; doch auch dann könnte ein Seil noch nicht reißen, sondern nur, wenn exakt die beschädigte Stelle bei Sturz auf einer Felskante zu liegen käme; dann ... siehe oben. Natürlich wird eine auffallend stark beschädigte Mantelstelle bei weiterem Gebrauch stärker ausfransen, der Mantel völlig reißen und das Seil so aus Handlingsgründen bald nicht mehr zu gebrauchen sein. Reißen könnte es ohne Scharfkanteneinfluss direkt an dieser Stelle immer noch nicht.
Sand und Schmutzpartikel lagern sich bei Gebrauch im Seil ein; dies insbesondere bei Halbseillängenrouten (Sportklettern), wenn das Seil im Einstiegsbereich häufig auf Sand oder Erdreich liegt. Genauere Untersuchungen hinsichtlich möglicher Schädigungen liegen noch nicht vor[1]). Um Seile vor solcher Sand- und Schmutzaufnahme zu schützen, empfiehlt sich die Verwendung eines Seilsackes, der von den meisten Seilherstellern angeboten wird; es handelt sich um ein größeres stabiles Tuch, das auf dem Boden ausgebreitet und zum Transport um das lose Seil herumgeschlungen und im Rucksack verstaut werden kann (zweckmäßigerweise befindet sich an mindestens einer Ecke des Tuches eine stabile Öse, an der das Seilende gegen unerwünschtes Durchrutschen beim Toprope-Ablassen fixiert werden kann).
Das Waschen verschmutzter Seile mit Waschmitteln ist problematisch. Handelsübliche Waschmittel können die Imprägnierung der Fasern beeinträchtigen und so die Seileigenschaften verändern. Einige Hersteller bieten spezielle Seilwaschmittel an. Wer ganz sichergehen und die Seilreinigung nicht dem nächsten Wettersturz überlassen will, wäscht sein Seil in handwarmem Wasser ohne jegliche Zusätze.

Gebrauchsdauer

Seit Juli 1995 muss jeder alpintechnischen Berg- und Kletterausrüstung (gemäß den PSA-Richtlinien) eine Gebrauchsanleitung beigegeben sein, aus der u. a.

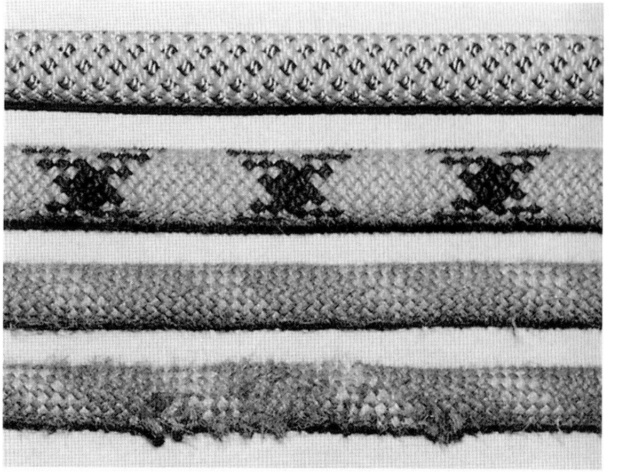

Gebrauchte Seile mit von oben nach unten zunehmender Gebrauchsdauer, erkennbar am größer werdenden Seilpelz. Das unterste Seil wird man aufgrund seines Aussehens ausscheiden, reißen könnte es noch nicht (Felskanten- und Säureeinfluss ausgenommen).

auch die Gebrauchsdauer hervorgeht (wogegen sich die Hersteller bis dahin gewehrt haben). Es darf davon ausgegangen werden, dass die Hersteller, um auf der sicheren Seite zu liegen (Produkthaftung!), eine relativ niedrige Gebrauchsdauer (Zeit, Anzahl der Kletterseillängen usw.) angeben.
Alle Angaben zur Gebrauchsdauer sind letztlich aber fragwürdig, da bei etwas größerer Sturzbelastung über eine etwas schärfere Felskante noch jedes Seil reißt, auch das neueste und beste Multisturzseil (Beispiel: Laserzwand, 1981, neues Multisturzseil, ganze 10 Stunden ohne jede Sturzbelastung in Gebrauch, Sturz, Seilriss, tödlicher Absturz). Dies zeigt die Problematik von Angaben zur Gebrauchsdauer. Genau genommen kann deshalb bei Seilen von einer Gebrauchsdauer gar nicht gesprochen werden. Wer optimale (nicht einmal hundertprozentige) Überlebenschancen haben will, müsste für jede Bergtour ein neues Seil verwenden.
Jahrzehntelange Forschungsarbeit[1]) hat gezeigt, dass Seile, solange sie bei Sturz nicht über eine Felskante belastet werden, nicht reißen können, auch ein stark gebrauchtes Seil nicht – weder im Anseilknoten noch im Karabiner der Zwischensicherung, noch in der Kameradensicherung, sei es die HMS*, der Achter oder die heute üblichen Sicherungsgeräte (ein Beispiel: 30 Jahre altes Einfachseil, 176 Stunden in Gebrauch,

[1]) trotzdem kann ein Seil in der Praxis nicht reißen, es sei denn, es tritt Felskantenbelastung auf, dann siehe oben; nur das Ausmaß der Schädigung ist noch nicht bekannt.

[1]) DAV-Sicherheitskreis

hielt noch einen Normsturz; damit kann es in der Praxis auch beim größtmöglichen Sturz nicht reißen, Felskanten- und Säureeinfluss ausgenommen).
Natürlich wird ein stärker gebrauchtes Seil bei Sturzbelastung über eine Felskante eher zu Bruch gehen als ein weniger gebrauchtes und ein weniger gebrauchtes wieder eher als ein neues Seil. Der Bergsteiger, Fels- und Eiskletterer muss also noch mit der Gefahr eines Seilrisses durch Felskanteneinfluss leben. Doch die Zahl der Seilrisse ist inzwischen äußerst gering. Haben sich früher in Deutschland und Österreich jährlich noch bis zu zwei Seilrisse ereignet – in der Regel mit tödlichem Ausgang –, so ist die Zahl der Seilrisse seitdem praktisch auf null abgesunken. Von 1983 einschließlich bis 2002 – also innerhalb von 20 Jahren – ist nur noch ein Seilriss durch Felskanteneinfluss bekannt geworden. Und das trotz der Hunderttausende von Stürzen beim Sportklettern. Die auffallende Abnahme der Seilrisse dürfte u. a. auch auf die vermehrte Verwendung von Zwillingsseilen im alpinen Gelände zurückzuführen sein (Redundanz*: Reißt ein Seil, ist noch ein zweites vorhanden, das die Restfallenergie aufnehmen kann).
Wer sich angesichts des Gebrauchszustandes seines Seiles unsicher ist, kann es noch für Gletschertouren und zum Toprope-Klettern verwenden. In beiden Fällen sind die Belastungen im Fall eines Sturzes so gering, dass auch ein »uralter Strick« nicht reißen kann (Säureeinfluss ausgenommen).
Der UV-Strahleneinfluss schadet den Seilen (trotz gegenteiliger Angaben in der Literatur) nur unwesentlich, da das verwendete Polyamid (auch bei Reepschnur, Band, Expressschlingen und Anseilgurten) UV-stabilisiert ist; dies hat schon die Untersuchung eines Seilherstellers Anfang der Siebzigerjahre gezeigt.
Die verständliche Sorge vor einem Seilriss stammt noch aus der Zeit der Hanfseile, die nach Feuchtigkeitseinfluss, auch wenn sie getrocknet wurden, im Innern feucht blieben und deshalb von innen heraus faulten (Hanf ist ein Naturprodukt und verrottet bei Feuchtigkeitseinfluss).

Die Aussonderung eines Seiles hat heute nach folgenden Gesichtspunkten zu erfolgen:

- Sehr starke lokale Mantelbeschädigung, bei geringer Beschädigung nicht; allerdings wird eine geringe Beschädigung bei weiterem Gebrauch schnell größer, und der Kern schaut bald auffallend heraus, sodass das Seil dann ausgesondert werden muss (weil es sich nicht mehr handhaben lässt); reißen könnte es noch nicht (Scharfkantenbelastung an dieser Stelle ausgenommen).
- Starke Mantelaufscheuerung (Seilpelz), noch nicht bei geringer Aufscheuerung; in der Regel sind die Bergsteiger, Fels- und Eiskletterer eher zu vorsichtig. Auch bei starker Aufscheuerung kann es nicht zu einem Seilriss kommen (Scharfkantenbelastung ausgenommen), doch hat die Reißfestigkeit bei Scharfkantenbelastung erheblich abgenommen.
- Keine Aussonderung ist nach kleineren Sturzbelastungen nötig, solange nicht eine auffallende Mantelbeschädigung am betreffenden Seilabschnitt feststellbar ist. Gewöhnliche Sportkletterstürze schädigen ein Seil nicht ernstlich (Scharfkantenbelastung ausgenommen); eine Schädigung ist in Anbetracht der Sicherheitsreserven, die ein Seil hat, auch so gering, dass sie entweder nicht ins Gewicht fällt oder gar nicht messbar ist.

Bei derartiger Mantelbeschädigung besteht noch keinerlei Sicherheitsrisiko.

Nachmarkieren

Die Mittenmarkierung von Seilen lässt durch Gebrauch nach. Das Nachmarkieren kann nur mit Markierungsstiften empfohlen werden, die speziell vom Hersteller für die betreffenden (in der Regel aus seiner Produktion stammenden) Seile verkauft werden. Versuche der UIAA* zeigten, dass nicht zuzuordnende Markierungsstifte zu einer Schädigung von bis zu 50 % führen können. Trotzdem kann es deshalb nicht zu einem Seilriss kommen, es sei denn, gerade die markierte Seilstelle käme bei Sturzbelastung auf einer Felskante zu liegen. Unabhängig davon kann es nicht

Sinn einer Markierung sein, sein Seil bewusst sozusagen zu perforieren. Die Normen (EN, UIAA) verlangen eine gleich bleibende Qualität von einem Seilende bis zum anderen.

Reepschnur, Band und genähte Schlingen

Mit ihrer relativ geringen Dehnung sind Reepschnüre und Bänder für statische und annähernd statische Belastung bestimmt, nicht zur Aufnahme von Fallenergie (Auffangen von Stürzen). Reepschnur weist eine andere Konstruktion (Verhältnis Mantel zu Kern) auf als Seile, auch wenn äußerlich der Seilkonstruktion sehr ähnlich. Reepschnur darf deshalb nicht als Seilersatz verwendet werden (von statischer und annähernd statischer Belastung abgesehen). Gleiches gilt für Band. Reepschnur und Band sind wie Seile aus Polyamid (= Perlon, Nylon), Band inzwischen auch aus Dynema, in USA Spectra (verstrecktes Polyäthylen), gefertigt. Dynema ist leichter und besitzt eine höhere Festigkeit als Polyamid, sodass sich eine Gewichtsersparnis von bis zu 50 % ergibt; dafür ist es teurer.

Durchmesser und Festigkeit von Reepschnur

Durchmesser von 4 bis 8 mm sind genormt (EN 564, UIAA-Norm). Werden größere Durchmesser benötigt, können entsprechend abgelängte Seilstücke (8,5 bis 11,5 mm Durchmesser) verwendet werden.

Oben ein Perlonband, unten zwei Dynemabänder gleicher Bruchkraft (bei gleicher Dicke).

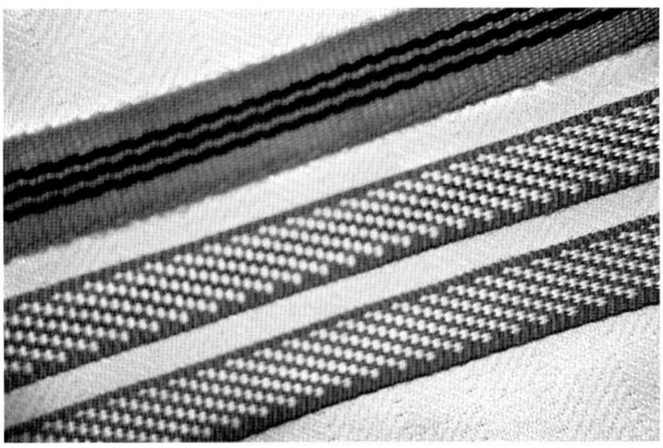

Durchmesser	Mindestreißkraft nach EN 564	Metergewicht (ca.)
4 mm	3,2 kN (ca. 320 kp)	10 g
5 mm	5,0 kN (ca. 500 kp)	15 g
6 mm	7,2 kN (ca. 720 kp)	25 g
7 mm	9,8 kN (ca. 980 kp)	30 g
8 mm	12,8 kN (ca. 1280 kp)	40 g
Stärkere Durchmesser	Reißkraft für Seilstücke (ca.)	
9 mm (Halbseil)	14 kN (ca. 1400 kp)	50 g
10 mm (Einfachseil)	18 kN (ca. 1800 kp)	60 g
11 mm (Einfachseil)	22 kN (ca. 2200 kp)	75 g

Die Reißkraft ist abhängig vom Durchmesser. Die Tabelle oben zeigt Mindestreißkraftwerte (im Neuzustand) nach Norm. Die Reißkraft wird im Einzelstrang ermittelt. Die Mindestreißkraft kann auch nach folgender Faustformel berechnet werden:

Reißkraft (kN) = d^2 (mm) × 0,2
oder
ca.-Reißkraft (kp) = d^2 (mm) × 20
Beispiel: 5-mm-Reepschnur, $5^2 \times 0{,}2 = 5$ kN
oder $5^2 \times 20 = 500$ kp

Querschnitt und Festigkeit von Band

Bänder sind genormt (EN 565 bzw. UIAA-Norm). Es gibt zwei Arten von Bändern – Flachband und Schlauchband –, die nach Norm nicht unterschieden werden. Nur die Festigkeit (Reißkraft) ist für die Praxis ausschlaggebend. Gebräuchlich sind Bänder in Breiten von 12 bis 30 mm.
Die Reißkraft ist abhängig von Querschnitt und Material. Die Normen schreiben für Band von der Trommel eine Reißkraftkennzeichnung mittels Kennfäden auf einer Bandseite in Bandmitte vor, unabhängig von Bandbreite und Banddicke, um einen besseren Überblick zu gewährleisten; und zwar pro Kennfaden 5 kN (ca. 500 kp). Es haben sich nur Bänder mit drei Kennfäden durchgesetzt; sie weisen eine Mindestreißkraft

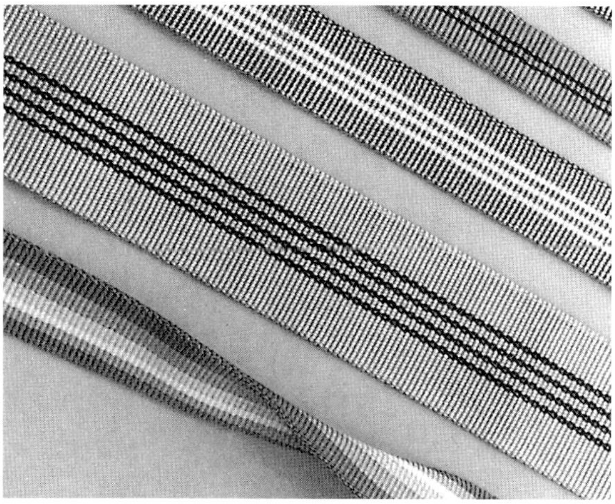

Bänder mit typischen Kennfäden zur Festigkeitskennzeichnung auf einer Seite des Bandes; das unterste Band hat noch keine Kennzeichnung (frühere Produktion).

(im Neuzustand) von mindestens 15 kN (ca. 1500 kp) auf; weit seltener sind Bänder mit vier Kennfäden (20 kN, ca. 2000 kp).

Reepschnur- und Bandfestigkeit in der Praxis

Die Reißkraft aller textilen Fasern wird in der Praxis durch verschiedene Einflüsse verringert:

- durch Knoten
- durch Felskantenauflage
- durch Nässe und Kälte

Schlingenfestigkeit von Reepschnur bzw. Band.

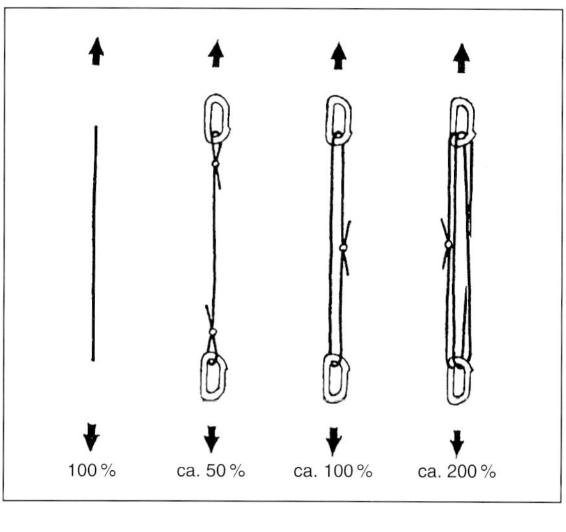

Knoten: Aus Sicherheitsgründen werden für die Reißkraftreduzierung generell 50 % angenommen (Begründung S. 55, 56). So hält eine geknüpfte Schlinge nur so viel wie der einfache Strang. Erst die doppelte Schlinge erreicht eine höhere Reißkraft (doppelte Reißkraft des einfachen Strangs), siehe Zeichnung unten links.

Felskanten: Zur reinen Zugbelastung kommen noch Biege-, Druck- und Scherbelastung hinzu. Die Reißkraft von Textilfasern an Kanten (= Kantenreißkraft) hängt von der Kantenform ab. Je schärfer die Kante, desto niedriger die Kantenreißkraft. Da es in der Praxis nahezu unendlich viele Kantenformen gibt, ist es praktisch nicht möglich, für jede Kantenbelastung eine entsprechende Kantenreißkraft anzugeben. Angaben über Kantenreißkraftwerte sind deshalb in der Fachliteratur nicht üblich.

Band besitzt aufgrund seiner breiteren Auflage eine höhere Kantenfestigkeit als Reepschnur.

Band besitzt gegenüber Reepschnur mit gleich großem Querschnitt eine wesentlich höhere Kantenreißkraft, da sich der Bandquerschnitt der Kante besser anpassen kann und so die einzelnen Textilfasern weniger ungünstig belastet werden (geringe Druck- und Scherbelastung). Überall, wo Schlingen bei größerer Belastung auf Felskanten aufliegen können (Verlängerungs-, Zacken-, Köpfel-, Sanduhrschlingen), empfiehlt sich deshalb die Verwendung von Band statt Reepschnur.

Klimatische Einflüsse: Die Festigkeit textiler Schlingen lässt bei Nässe und Kälte nach; genauere Angaben können nicht gemacht werden, weil noch nicht gründlich untersucht. Der UV-Strahleneinfluss ist (wie bei Seilen) unwesentlich. Sofern Schlingen nicht mechanisch beschädigt sind (Sichtkontrolle), können sie weiterverwendet werden.

Genähte Schlingen

Genähte Schlingen sind genormt (EN 566 bzw. UIAA-Norm) und dienen als Verlängerungsschlingen für vielerlei Zwecke, insbesondere an Zwischensicherungen (Expressschlingen). Die Normen schreiben unabhängig vom Querschnitt, von Länge und Form eine Mindestreißkraft von 22 kN (ca. 2200 kp) vor. Die Festigkeitskennzeichnung mittels Kennfäden gilt nicht für genähte Schlingen. Da diese aus dem gleichen Bandmaterial gefertigt werden, wie es von der Trommel angeboten wird, können genähte Schlingen Kennfäden aufweisen, die jedoch keine Bedeutung haben. Die Naht muss eine Kontrastfarbe aufweisen, um eine mögliche Aufscheuerung oder sonstige Beschädigung besser sichtbar zu machen.

Zwei Formen werden angeboten:
- Ringform, Schlingenlänge 30 bis 130 cm
- Schlaufenform (mittig zusammengenäht, die Karabiner bleiben getrennt), als Expressschlinge, symmetrisch oder asymmetrisch, Schlingenlänge 8 bis 22 cm; die asymmetrische Form erlaubt das Umdrehen eines Karabiners (der sich z. B. im Haken befindet).

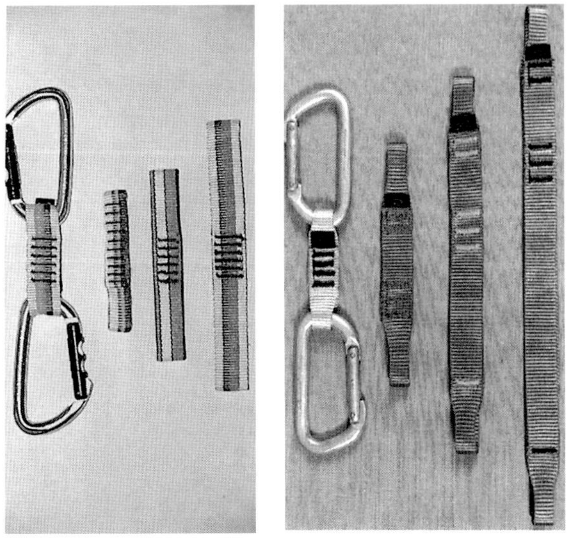

Expressschlingen in Schlaufenform: links in Normalbreite, rechts mit schmalen Schlaufen, die durch ihre geringere Breite die Karabiner weniger ungünstig belasten.

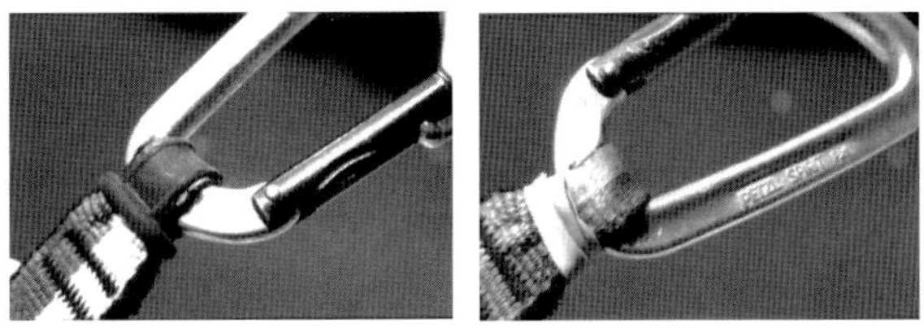

Elastics: links von der Industrie passend zur Expressschlinge gleichen Fabrikats angeboten, rechts Notbehelf mit Ringgummi.

Zwecks leichterer Handhabung (und Vermeidung von Karabinerquerbelastung) empfiehlt es sich, die Expressschlingen an den Karabinern zu fixieren. Dazu werden passende Elastics angeboten, notfalls tut es ein gewöhnlicher Ringgummi (Klebeband eignet sich, insbesondere bei kurzen Schlingenlängen, nicht, da die Flexibilität der Expressschlinge beachtlich nachlässt).

Die symmetrische Form dient zur Fixierung beider Karabiner, die asymmetrische nur eines Karabiners, nämlich des unteren, in den das Seil eingehängt wird (so kann der obere, der im Haken, umgedreht werden, was von Vorteil sein kann).

Expressschlingen sollen so kurz wie möglich und nur so lang wie nötig sein. Zu lange Schlingen vergrößern die mögliche Sturzhöhe unnötig (um das doppelte Schlingenmaß). Bei geradem Seilverlauf empfehlen sich die kürzesten Expressschlingen. Nur bei ungeradem Seilverlauf müssen an den richtungsändernden Zwischensicherungen längere Schlingen platziert werden, um den Seilverlauf zu begradigen und die Seilreibung zu reduzieren.

Genähte Schlingen in Ringform (Ringschlingen).

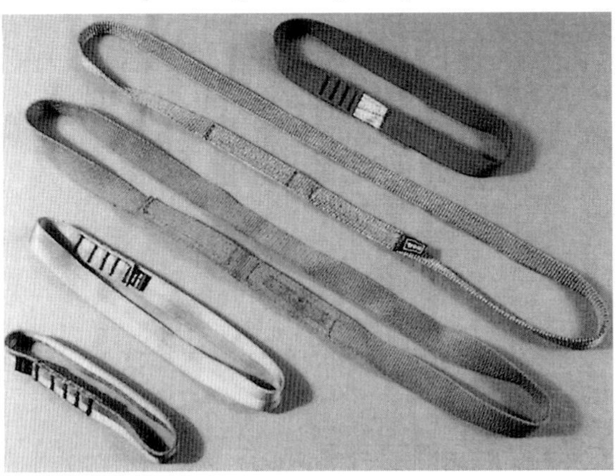

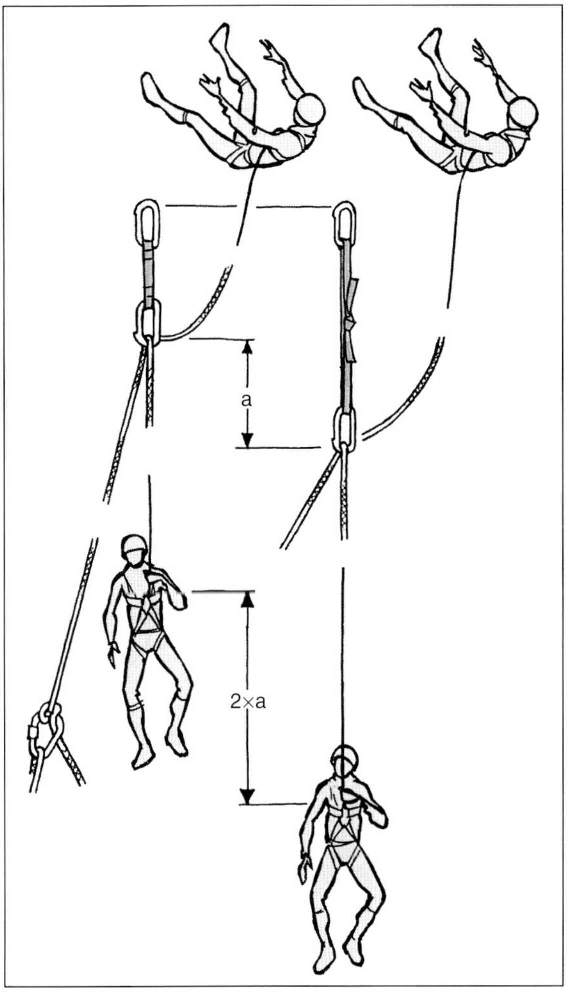

Sturzstreckenverlängerung durch Expressschlingen.

Die Expressschlingen sollten nicht länger als 10 bis 15 cm sein (für die gelegentliche Verwendung längerer Expressschlingen sollten 60 oder 120 cm lange Rundschlingen mitgeführt werden; auch zwei Expressschlingen hintereinander sind möglich, bieten aber ein erhöhtes Risiko: je mehr Karabiner, desto eher eine Schnapper-offen-Belastung und damit Bruchgefahr des Karabiners).

Sonderreepschnur

Reepschnur aus Aramid (Markennamen »Kevlar« und »Twaron«) hat gegenüber Perlonreepschnur eine Reihe von Vorteilen. Aramidreepschnur (im Volksmund »Kevlarreepschnur«) besitzt gegenüber der ebenso dicken Perlonreepschnur eine um über 100 % höhere Knotenbruchkraft sowie eine um ebenso viel höhere Kanten- bzw. Scherfestigkeit. Aramidreepschnur eignet sich deshalb für alle Anwendungsbereiche mit Felsauflage, insbesondere für Zacken-, Köpfel- und Sanduhrschlingen.

Trennen und Verschmelzen von Aramid- (Kevlar-) reepschnur

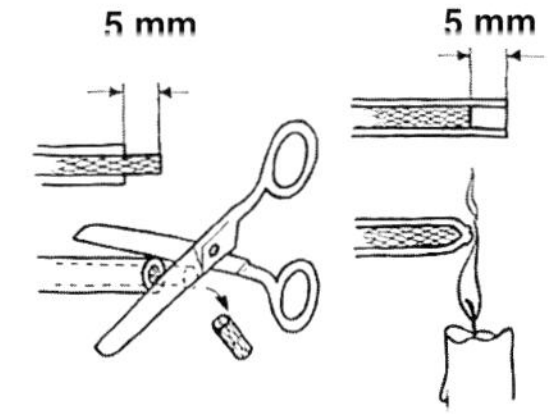

Durch ihre gegenüber Perlonreepschnur wesentlich größere Steifigkeit (»indischer Seiltrick«) wird Aramidreepschnur auch besonders zum Fädeln von Sanduhrschlingen bevorzugt. Die größere Steifigkeit hat aber auch einen Nachteil: Knoten lockern sich leichter, deshalb Knoten kräftig festziehen.
Nur der Kern besteht aus Aramidfasern, der Mantel (Kernmantelkonstruktion) ist aus Perlon. Aramidreepschnur lässt sich nur schwierig mit Messer oder Schere durchtrennen (höhere Kanten- bzw. Scherfestigkeit!). Kern und Mantel lassen sich nicht gemeinsam mit einer kleinen Flamme verschweißen. Der Mantel muss über den Kern hinausragen, damit dieser (Perlon) verschweißt werden kann (siehe Zeichnung). Aramidreepschnur wird nur noch von wenigen Herstellern angeboten, und zwar nur im Durchmesser von ca. 5 mm. Die Alterung durch Gebrauch ist wider Erwarten gering. Innerhalb der ersten zwei Jahre nimmt die Festigkeit um etwa 10 % (wenig gebraucht) bis 20 % (häufig gebraucht) ab. Ergebnisse weiterführender Untersuchungen liegen noch nicht vor. Allgemein gilt: Aramidreepschnur ist biegeempfindlich, ein Riss jedoch noch nicht bekannt geworden.

Knoten

Die im Alpin-Lehrplan aufgeführten Knoten sind für alle in der Praxis auftretenden Situationen ausreichend. Alle weiteren Knoten bieten keine Vorteile.

Zur sicheren Beherrschung ist auf Folgendes zu achten:

- Alle Knoten auch unter Zeitdruck knüpfen und anhand des Knotenbildes beurteilen können.

- Für Band nur den Bandknoten verwenden; andere Knoten wie Sackstich, Achterknoten und Spierenstich ziehen sich unter größerer Dauerbelastung auf (nicht bei kurzzeitiger Fangstoßeinwirkung).
- Alle Knoten nach dem Knüpfen sofort an allen Strängen (auch an den Enden) festziehen. Freie Enden bei Reepschnur und Seilen sollten in Zentimetern so lang wie der Durchmesser in Millimetern sein; bei Bandenden etwa vier- bis fünffache Bandbreite (bei schmaleren Bändern eher fünffache, bei breiteren eher vierfache).

Knotenreißkraft

Im Knoten erfahren Reepschnur, Bänder und Seile zur reinen Zugbelastung noch eine Biege-, Druck- und Scherbelastung, die die Festigkeit aller Textilfasern schwächt. Die Reißkraft im Knoten (= Knotenreißkraft) ist deshalb immer niedriger als die Reißkraft ohne Knoten. Die Reißkraftreduzierung hängt vom Knoten ab sowie von Art und Querschnitt des textilen Materials.

Da Reepschnur immer nur mithilfe von Knoten belastet werden kann, kann der Riss auch immer nur im

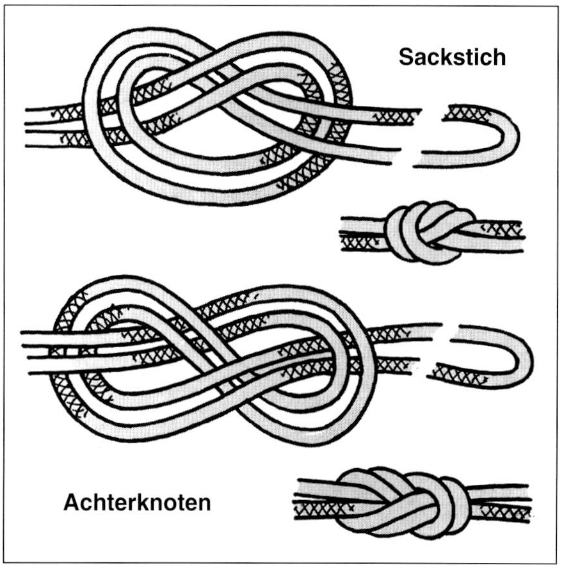

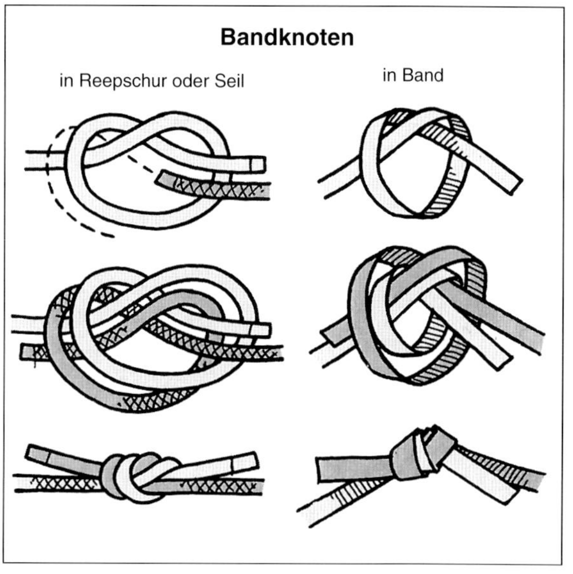

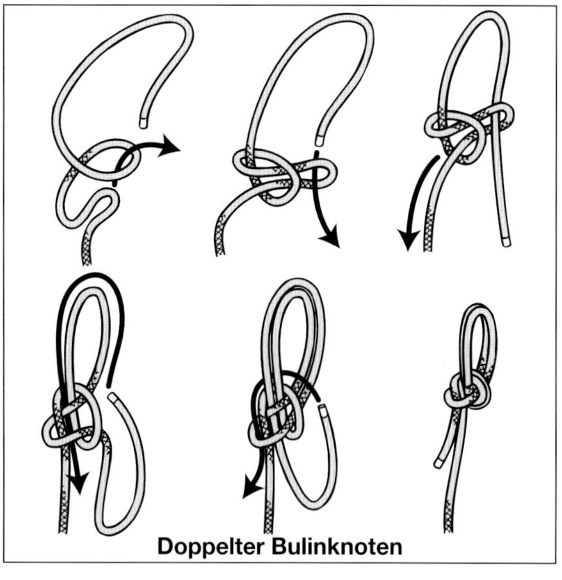

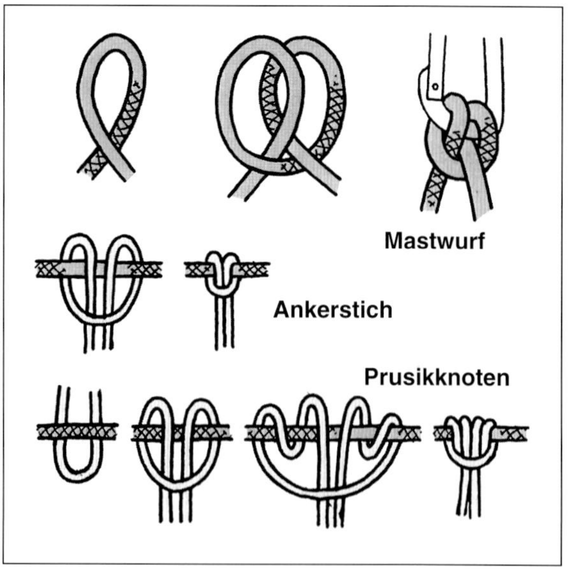

Knotenart	Knotenreißkraft in % der Reißkraft ohne Knoten (ca.)
Sackstich	60 bis 70 %
Achterknoten	65 bis 75 %
Spierenstich	55 bis 65 %
Doppelter (engl.) Spierenstich	70 bis 75 %
Bandknoten	55 bis 65 %
Mastwurf im Karabiner	55 bis 60 %

Knoten auftreten, sofern keine anderen schädigenden Einflüsse wie Haken-, Fels- , Karabiner- und sonstige Kanten vorhanden sind. Das Gleiche gilt für Bänder, soweit sie Knoten aufweisen.
Die Knotenreißkraft wird in % der Reißkraft ohne Knoten angegeben. Die Tabelle oben zeigt verschiedene Knotenreißkraftwerte.
Die Vielzahl der unterschiedlichen Knotenreißkraftwerte ist für eine überschlägige Berechnung in der Praxis nicht brauchbar. Man geht deshalb einfachheitshalber immer vom Wert 50 % aus und liegt damit jederzeit auf der sicheren Seite.
Also: Reißkraft einer Reepschnur oder eines Bandes mit Knoten = halbe Reißkraft ohne Knoten (siehe auch S. 53 unten).

Anseilknoten

Als Anseilknoten eignen sich drei Knoten: Sackstich und Achterknoten, beide zur Schlinge geknüpft bzw. gesteckt, wobei sich Letzterer nach Sturzbelastung leichter lösen lässt als Ersterer. Zum Sportklettern eignet sich insbesondere der doppelte Bulinknoten (nicht der einfache), der sich nach häufigen Sturzbelastungen am leichtesten lösen lässt. Die Gefahr, dass sich der doppelte Bulinknoten bei Ringbelastung aufzieht bzw. löst (wie der einfache Bulinknoten), besteht nicht.
Die Knotenreißkraft von Anseilknoten im Seil (Einfachseil, Halbseil, Zwillingsseil) liegt weit über der beim größtmöglichen Sturz eines Menschen auftretenden Belastung (Seile können nicht im Anseilknoten reißen). Die Knotenreißkraft von Anseilknoten ist deshalb für die Praxis unwichtig. Seilrisse können sich nur bei Sturzbelastung unter Scharfkanteneinfluss (Abscherung) ereignen.

Anseilgurte

Anseilgurte sollen verschiedene, bei Sturz und freiem Hängen lebenswichtige Funktionen übernehmen:

- Der Fangstoß und die Belastung beim Hängen sollen auf die stabilsten Körperpartien übertragen werden. Dies sind der Beckenbereich, der obere Bereich der Oberschenkel und der Brustkorb.
- Der Fangstoß soll beim Sturzabfangen etwas oberhalb des Körperschwerpunktes in den Anseilgurt eingeleitet werden. Damit wird der Körper bei einem unkontrollierten Sturz von allein aufgerichtet.
- Beim Hängen soll die Belastung zum größten Teil vom Sitzgurt auf den Körper übertragen werden. Nur so treten bei längerem Hängen keine wesentlichen Schmerzen und gesundheitlichen Schäden auf. Der Brustgurt soll den Oberkörper dabei in aufrechter Lage halten, praktisch nur sein Abkippen nach hinten verhindern.

Um diese Anforderungen erfüllen zu können, müssen Anseilgurte bestimmte Formen und ausreichende Festigkeit besitzen, die nach EN 12277 (bzw. UIAA-Norm) geprüft werden.

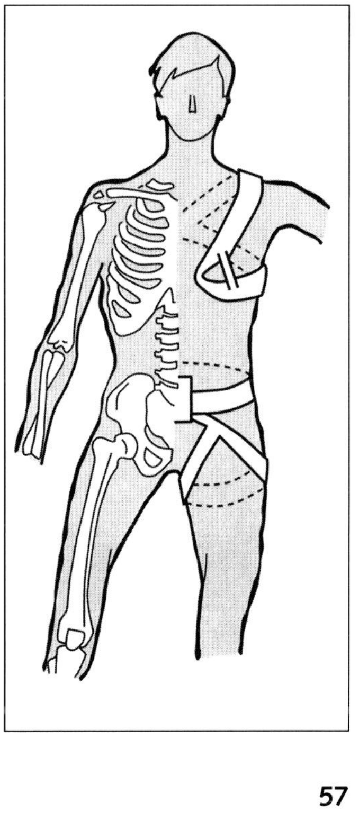

Die Fangstoßbelastung und die Belastung beim Hängen am Seil sind physiologisch nur verträglich, wenn sie auf den stabilsten Teil des Knochengerüsts übertragen werden.

Formen, Größen, Angebot

Anseilgurte werden in drei verschiedenen Grundformen angeboten:

- Brustgurt: Er umschließt den Brustkorb und wird durch Träger auf den Schultern gehalten.
- Hüftgurt: Er umschließt Teile des Beckens und den oberen Teil der Oberschenkel und wird mit einem Hüftband an der Hüfte gehalten.
- Anseilkomplettgurt: Er ist die zu einer Einheit zusammengefasste Kombination von Brust- und Sitzgurt. Dabei sind unterschiedliche Farben von Brust- und Sitzgurt zum leichteren Zurechtfinden vorteilhaft.

Anseilgurte gibt es in verstellbarer (besonders geeignet für die Kursausleihe) und in nicht verstellbarer Ausführung (dann in verschiedenen Größen). Die Verstellung erfolgt durch Metallschnallen (aus Gewichtsgründen möglichst aus Aluminium). Schnallen können hinsichtlich des Tragekomforts nachteilig sein.
Für unterschiedlich dicke Beinbekleidung sind Schnallen zum Verstellen und Lösen der Oberschenkelbänder empfehlenswert. Das Lösen hat auch den Vorteil, dass man sich leichter mit angelegten Steigeisen anseilen kann und sich nicht auszuseilen braucht, wenn die Hosen im Steilgelände einmal »umgedreht« werden müssen.
Hüftgurte sind Sitzgurte mit Aufhängung der Beinschlaufen auf den Oberschenkeln; dadurch ergibt sich eine physiologisch* günstige Hängelage. Am Hüftband lassen sich Kletterutensilien am besten tragen (weil nahe am Körperschwerpunkt). Die (frontale) Anseilschlaufe wird in die Festigkeitsprüfung mit einbezogen, sodass ihre ausreichende Festigkeit nachgewiesen ist (sie kann auch beim größtmöglichen Sturz nicht reißen).
Komplettgurte sind der Körpergröße schwieriger anzupassen, da sie nur anhand von oftmals vielen Schnallen zu verstellen sind. Komplettgurte besitzen meist eine seitliche Aufhängung der Beinschlaufen, die in der Regel zu einer physiologisch* ungünstigen Hängelage führt (im Gegensatz zum Hüftgurt mit Aufhängung auf den Oberschenkeln, siehe Grafik unten).

Wichtige Normforderungen

Die Festigkeit wird mit einem Zerreißversuch an einer Holzpuppe geprüft.

Die wichtigsten Forderungen sind:

- Bei aufrechter Position wird die Belastung von 15 kN (ca. 1500 kp), bei Kopfüberposition von 10 kN (ca. 1000 kp) zweimal hintereinander aufgebracht, ohne dass sich der Anseilgurt von der Puppe lösen darf.
- Alle Nähte müssen in Kontrastfarbe ausgeführt sein, um eine eventuelle Aufscheuerung oder sonstige Nahtbeschädigung besser sichtbar zu machen.

Die drei verschiedenen Arten von Anseilgurten.

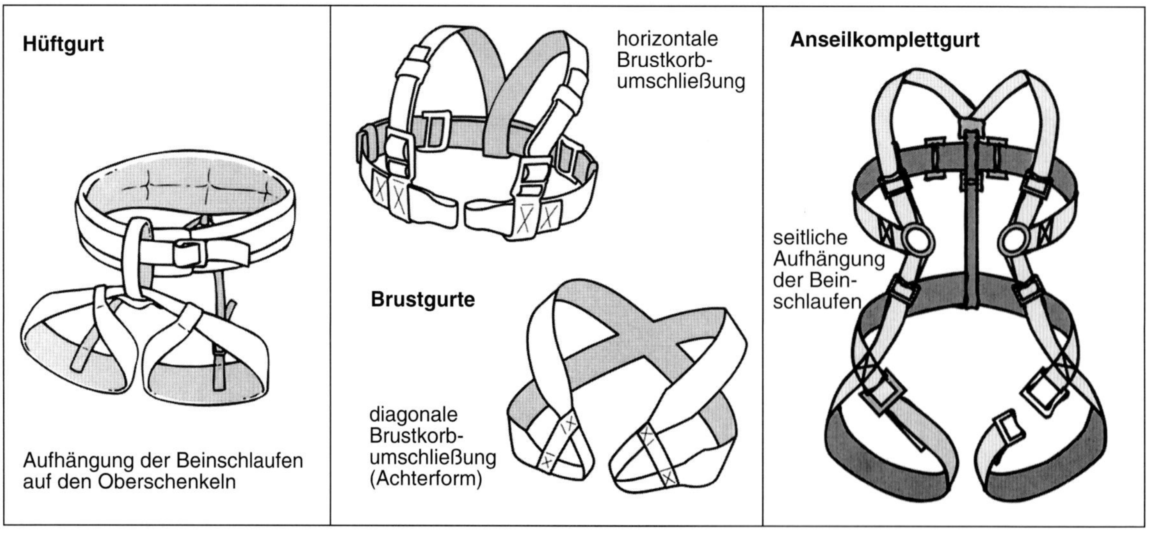

Hängetest im Sporthaus beim Kauf eines Anseilgurtes.

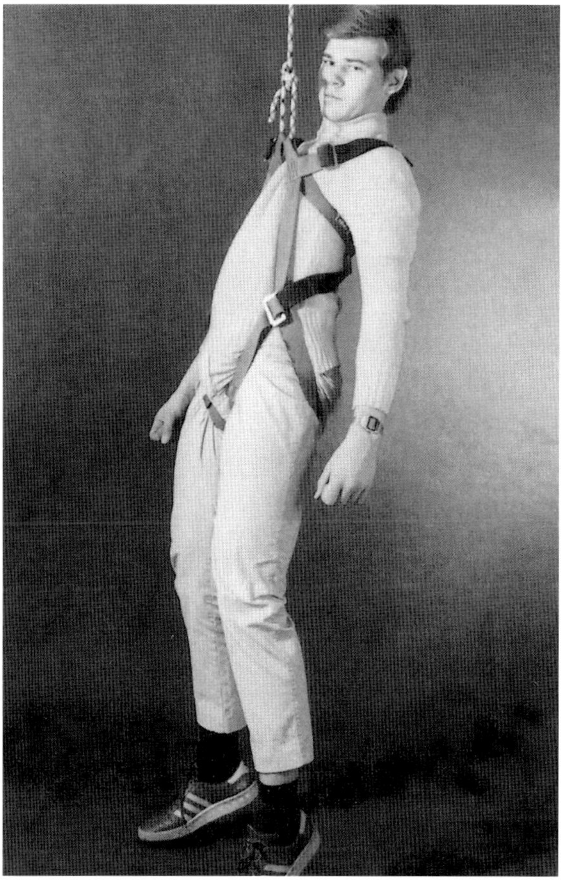

Falsch angelegter Anseilkomplettgurt. Brustgurt und Anseilpunkt sind zu hoch. Dadurch muss der Brustgurt den Großteil des Körpergewichts übertragen. Auf diese Weise entsteht beim Hängen das deutlich erkennbare, schmerzhafte Hohlkreuz und die Abschnürung unter den Armen. Der Hängende gerät schon nach kurzer Zeit in die Anfänge des orthostatischen* Schocks, was bei längerem Hängen zum Herz-Nieren-Versagen führt.

Auswahl und Anpassen

Nur ein Hängetest[1]) am eigenen Körper kann zu einer sachgerechten Auswahl führen. Für alle vier Situationen in der Praxis – das Tragen, das Klettern, das Stürzen und das freie Hängen – gilt hinsichtlich Passform, Gewicht und Komfort die Kombination eines Brustgurtes in Achterform mit einem Hüftgurt als die derzeit sicherste Anseilmethode.
Allen Anseilgurten liegt eine Gebrauchsanleitung bei, aus der hervorgeht, wie der betreffende Anseilgurt anzulegen, gegebenenfalls anzupassen und wie mit ihm anzuseilen ist.

[1]) Beim Kauf im Sporthaus können ein Hängepunkt und ein Stück Seil oder Reepschnur erwartet werden. Hängedauer mehrere Minuten – erst danach lässt sich eine Aussage treffen.

Darüber hinaus auf Folgendes achten:

- Brustgurt beim Anprobieren (ohne Belastung) so wählen bzw. so einstellen, dass die beiden Anseilschlaufen vor der Brust etwa drei Finger breit voneinander entfernt sind. Länge der Schulterbänder so wählen bzw. so einstellen, dass das brustumschließende Band gut eine Hand breit unter den Achselhöhlen liegt und die Anseilschlaufen schräg nach vorn herabführen, sodass sie sich im Bereich zwischen Bauchnabel und Brustbein (also unterhalb der Brustwarzen) treffen.
- Hüftgurt so wählen bzw. so einstellen, dass die Beinschlaufen beim Stehen (ohne Bewegung und ohne angelegtes Hüftband) von allein auf den Oberschenkeln halten.

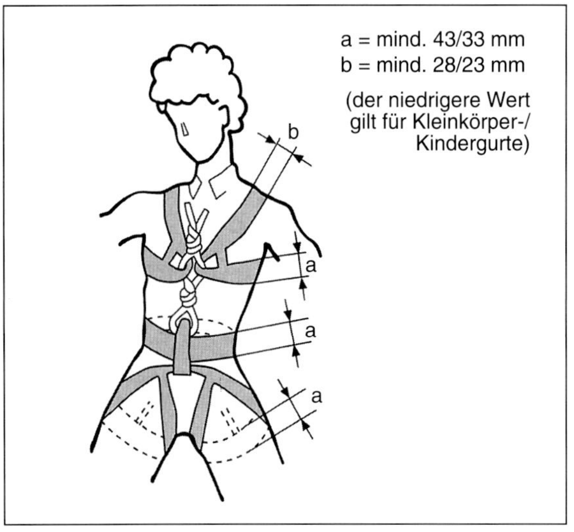

Mindestbreiten der Bänder von Anseilgurten.

- Beim Hängeversuch sollen sich die Oberschenkel in leicht abgewinkelter, sitzähnlicher Lage befinden. Die Oberschenkel sollen nicht senkrecht herabhängen. Das Hängen soll nicht unangenehm sein.

Anseilen nur mit einem Hüftgurt (ohne Brustgurt) ist inzwischen weit verbreitet, birgt bei unkontrollierten Stürzen aber Gefahren; hierzu siehe unter Kapitel »Gefahren alternativer Anseilmethoden« S. 144–146).

Anseilgurte für Kinder

Die Normen (EN 12277 und UIAA-Norm) sehen Anseilgurte für kleinere Körpergrößen, so genannte Kleinkörpergurte (bis Körpergewicht von 40 kg), und damit Kindergrößen vor. Besonders vorteilhaft sind verstellbare Anseilgurte; sie können der sich ändernden Körpergröße angepasst werden.
Für Kinder ist das Anseilen mit Brust- und Hüftgurt notwendig. Ein Brustgurt allein reicht nicht. Denn gerade Kinder greifen in Gefahrensituationen zuallererst nach oben, wo das Seil zum Erwachsenen führt (um sich daran festzuhalten), und können so aufgrund der noch schmalen und weichen Schultern aus dem Brustgurt rutschen.
Für den Vorstieg reicht ein Hüftgurt allein nicht. Denn gerade von einem Kind wird man nicht erwarten können, dass es einen Sturz immer wird kontrollieren können. Nur beim Toprope-Klettern (u. a. Schulsportklettern) kann ein Hüftgurt allein als ausreichend sicher angesehen werden.

Gebrauchsdauer

Anseilgurte besitzen eine große Sicherheitsreserve. Ihre Gebrauchsdauer ist bei weitem nicht so kritisch wie die von Seilen. Die Hersteller müssen eine Gebrauchsdauer angeben. Im Gegensatz zu der von Seilen ist die Angabe bei Anseilgurten nicht fragwürdig, weil keine extremen Belastungsbedingungen (wie scharfe Felskanten bei Seilen) auftreten können.
Sofern Bänder und Nähte nicht durch Scheuerung, Sturz oder andere mechanische oder durch chemische (säurehaltige) Einflüsse beschädigt sind, können normgerechte Anseilgurte auch beim größtmöglichen Sturz nicht reißen. Eine nennenswerte Scheuerung durch Gebrauch tritt nur an der Beinschlaufenverbindung bei Hüftgurten auf (insbesondere durch häufige Sturzbelastung); deshalb hierauf besonderes Augenmerk richten. Eine nennenswerte Schädigung durch UV-Strahleneinflüsse tritt nicht auf, da das verwendete Polyamid UV-stabilisiert ist.
Nach einem größeren Sturz müssen die Anseilschlaufen und alle tragenden Nähte auf mögliche Beschädigung überprüft werden. Bei Nahtanrissen müssen Anseilgurte ausgesondert werden. Anseilgurtpflege wie Seilpflege (siehe S. 49, 50).
Es ist ratsam, die Materialschlaufen und deren Befestigung von Zeit zu Zeit zu überprüfen; verlorene Expressschlingen, Klemmkeile und Klemmgeräte sind nicht nur eine Kostenfrage, ein Verlust kann eine Seilschaft in arge Schwierigkeiten bringen. Materialschlaufen werden normenseitig noch nicht geprüft.

Karabiner

Aus Leichtmetall (Aluminium) mit Schnappverschluss, dienen sie als Verbindungsöse zur Seilsicherung.

Es stehen zur Verfügung:
- Normalkarabiner (kurz: Karabiner) für alle gewöhnlichen Bedarfsfälle
- Karabiner mit Verschlusssicherung (Schraub- oder selbsttätiger Dreh- und Schiebverschluss) für alle Bedarfsfälle, wo ein unbeabsichtigtes Öffnen des Schnappers Gefahr bedeutet
- Klettersteigkarabiner mit selbsttätiger Verschlusssicherung und höherer Bruchkraft für die Sicherung auf Klettersteigen
- HMS-Karabiner für die Sicherung mit HMS*

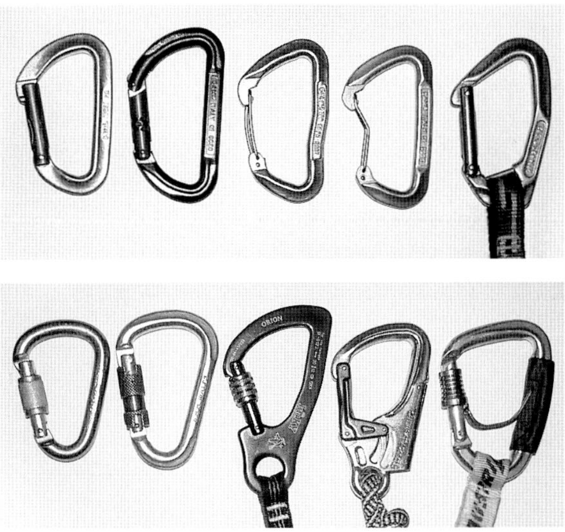

Verschiedene Karabiner, jeweils von links nach rechts. Oben: vier Normalkarabiner (die beiden rechten mit Drahtschnapper), ein weiterer Normalkarabiner mit fixierter Expressschlinge. Unten: zwei HMS-Karabiner, drei Klettersteigkarabiner (der linke und der rechte mit eingenähter Sicherungsschlinge des Klettersteigsets).

Normalkarabiner

Zwei Gewichtsklassen sind im Handel. Die etwas kleineren, »besonders leichten« Leichtkarabiner (Gewicht etwa 40 g) mit dünnerem Schenkelquerschnitt erreichen die genormten Festigkeitswerte gerade. Die etwas schwereren mit wenig dickerem Schenkelquerschnitt (Gewicht etwa 50 g) weisen meist höhere Festigkeitswerte, insbesondere bei Belastung mit offenem Schnapper (siehe rechts unten und S. 62), auf. Drahtschnapper haben Vorteile: Eine beweglichkeitshemmende Vereisung ist nicht möglich, und der Schnapper kann sich bei Sturzbelastungen (Anschlag an Fels, Vibration, Radialschwingungen) nicht so leicht öffnen.

Karabiner mit Verschlusssicherung

Alle für die Praxis notwendigen Karabinerformen werden auch mit Verschlusssicherung angeboten.

Die Verschlusssicherung kann sein:

- ein Schraubverschluss (Schraubkarabiner), der von Hand auf- und zugeschraubt werden muss (umständlich)
- ein Schiebeverschluss, der durch Zurückschieben geöffnet wird und selbsttätig schließt
- ein Drehverschluss (Twistlock), der durch eine Vierteldrehung geöffnet wird und selbsttätig schließt
- ein kombinierter Dreh- und Schiebeverschluss, der selbsttätig schließt (sicherster Verschluss)

Alle Verschlusssicherungen können sich unter ungünstigen Bedingungen (Seilbelastung, Vibration) öffnen. Am sichersten ist der kombinierte Dreh- und Schiebeverschluss.

Klettersteigkarabiner

Dreieckförmiger Karabiner mit großer Schnappöffnung (mindestens 21 mm) und selbsttätiger Verschlusssicherung zur Verwendung auf Klettersteigen, wo Metallösen, -bügel, -leitern usw. eine größere Schnapperöffnung erforderlich machen. Die Handhabung der Verschlusssicherung ist gewöhnungsbedürftig (im Sporthaus ausprobieren). Da sich bei eingeknoteten Karabinern der Knoten lösen kann, empfehlen sich eingenähte Karabiner (die mit der Klettersteigbremse als Einheit angeboten werden).

HMS-Karabiner

Birnenförmiger Karabiner mit Verschlusssicherung zur Benutzung der HMS*. Die Birnenform bewirkt die freie Beweglichkeit der HMS-Bremsschlinge nach beiden Karabinerseiten.

Wichtige Normforderungen

Praxisgerechte Karabiner müssen ausreichende Festigkeit und andere bestimmte Eigenschaften besitzen, die nach EN 12275 (bzw. UIAA-Norm) gemäß Grafik (S. 62 links) geprüft werden.
In Längsrichtung belastet und geschlossenen Schnapper vorausgesetzt, sind alle erhältlichen Karabiner jeder Sturzbelastung, die in der Praxis auftreten kann, gewachsen.
Bei offenem Schnapper (durch Felsanlage, Anschlag an Fels, Vibration, Radialschwingungen) dagegen reicht ein Zwei-Meter-Sturz, und der Karabiner, insbesondere der »leichte« Leichtkarabiner, kann zu Bruch gehen.
Die Schnapper-offen-Bruchkraft ist deshalb das wichtigste Sicherheitskriterium für Karabiner; nach Möglichkeit sollten nur Karabiner mit mindestens 10 kN

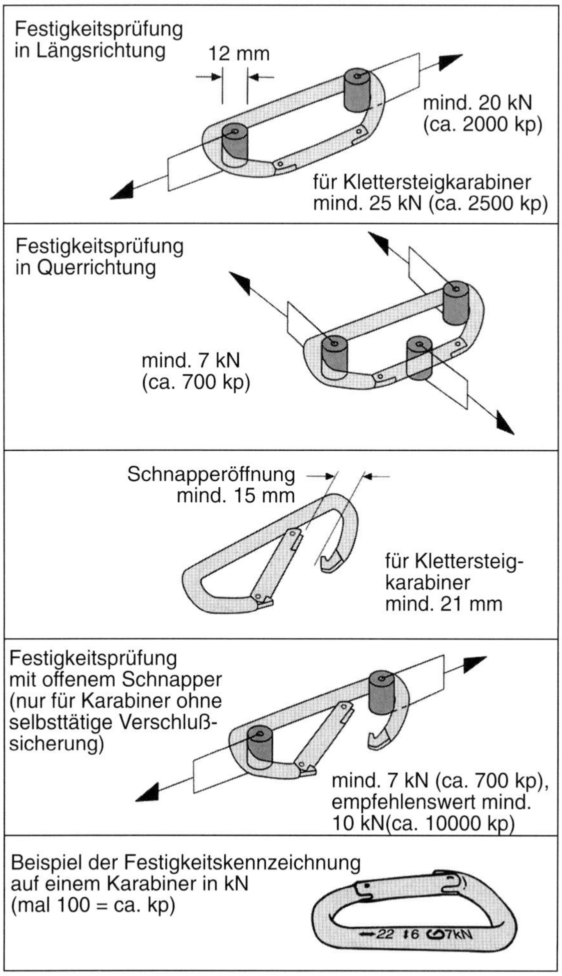

Normprüfung von Karabinern.

(ca. 1000 kp) Schnapper-offen-Bruchkraft verwendet werden; die derzeit höchsten Werte liegen bei 12 kN (ca. 1200 kp).

Querbelastungen sind seltener; doch auch sie können Werte erreichen, bei denen jeder Karabiner bricht. Um Querbelastungen zu vermeiden, kann die Expressschlinge mit Elastics im Karabiner befestigt werden (siehe S. 54). Auch Karabiner mit fixierter (unverrückbarer) Expressschlinge sind auf dem Markt.

Der Karabinerquerschnitt ist nicht genormt, auch nicht im Seilauflagebereich. Waren bisher Karabinerschenkelbreiten von 8 bis 10 mm üblich, so sind jetzt Karabiner mit Schenkelbreiten von nur noch 6 mm auf dem Markt aufgetaucht. Da die Seilprüfung über eine Schenkelbreite von 10 mm erfolgt (5 mm Radius, siehe Seite 44), tritt eine auffallende Diskrepanz zwischen diesen besonders schmalen Karabinern und der Seilprüfung auf. Diese Karabinerbreite führt im Sportkletterbereich (viele Stürze) zu auffallend schnellem Mantelverschleiß. Deshalb kann es zwar nicht zu einem Seilriss kommen, doch wird der Mantel etwa dreimal so stark strapaziert[1]), sodass das Seil entsprechend früher ausgesondert werden muss.

Karabinerplatzierung

- Expressschlingen so platzieren, dass der Karabiner quer zur Seilrichtung hängt; dadurch geringste Seilreibung.

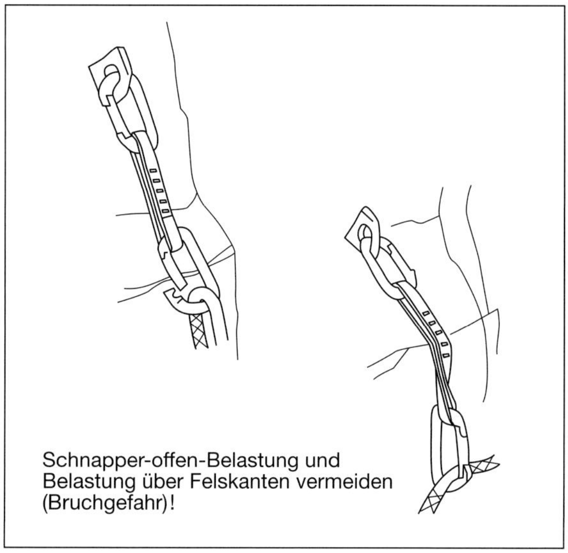

Karabinerplatzierung.

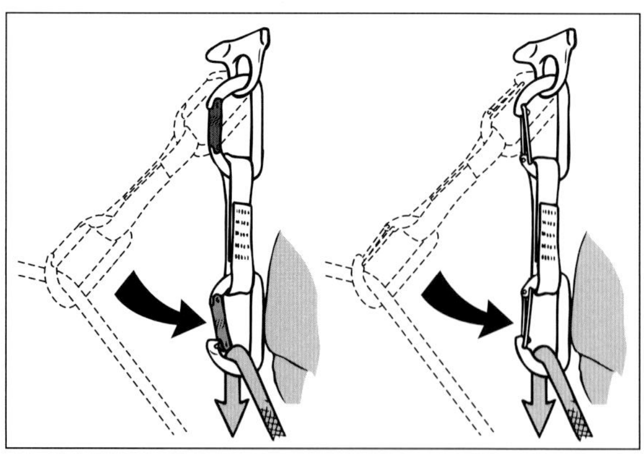

Bei Karabinern mit Drahtschnapper werden Radialschwingungen auf ein Minimum begrenzt.

1) lt. Untersuchungen der UIAA-Sicherheitskommission, die für die Normen verantwortlich zeichnet; es ist damit zu rechnen, dass eine Mindestschenkelbreite in den Normen vorgeschrieben wird.

- Bei möglicher Sturzbelastung soll sich der Schnapper nicht am Fels aufdrücken können (Bruchgefahr schon bei einem Zwei-Meter-Sturz).
- Auch bei rückwärtigem Anschlag an den Fels kann sich der Schnapper öffnen, und zwar durch Radialschwingungen. Deshalb Karabiner mit Drahtschnapper verwenden; bei diesen ist diese Gefahr am geringsten.
- Kantenbelastung vermeiden, da alle Karabiner eine geringe Biegefestigkeit bei Belastung über ihre Breitseite aufweisen.

Beschädigungen an Karabinern

Wenn Karabiner fallen gelassen werden und auch hart, auf Fels, aufschlagen, können sie keine Risse (Haarrisse) bekommen. Wenn Karabiner Risse aufweisen, stammen diese von der Fertigung (wie bei Abseilachtern, S. 84, unzureichende Qualitätskontrolle im Herstellerwerk). Solange der Schnapper und gegebenenfalls die Verschlusssicherung noch einwandfrei funktionieren, kann der Karabiner weiterverwendet werden.
Scharfkantige Hänger von Bohrhaken führen bei häufiger Sturzbelastung zu Kerben in den Karabinerrundungen. Diese Kerben schaden trotz ihrer Kerbwirkung* den Karabinern nicht, weil die Schwachstelle (bei offenem Schnapper, nur diese Belastungsart ist kritisch) sich nicht in den Rundungen befindet. Die Kerben können aber das Seil beschädigen. Es empfiehlt sich deshalb, die Expressschlingen mit zwei unterschiedlichen Karabinern auszustatten: mit einem geraden und einem gebogenen Schnapper; der gerade sollte immer im Hänger (Bohrhaken) eingehängt werden, in den gebogenen immer das Seil (dies erleichtert auch das Seileinhängen).

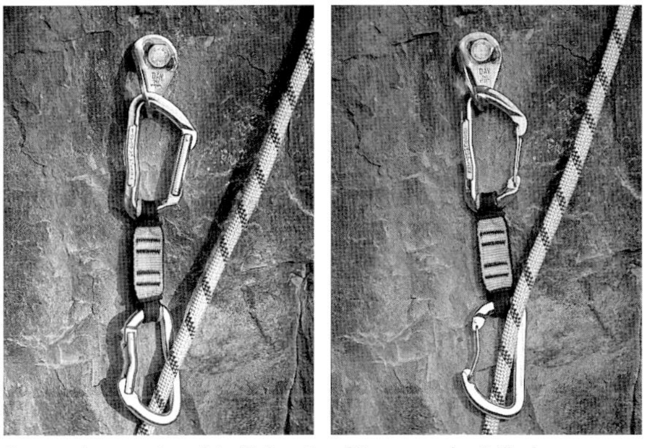

Verwendung unterschiedlicher Karabiner zwecks Seilschonung.

Klemmkeile

Sie werden in sich verengenden Felsrissen und Erosionslöchern platziert und können so aufgrund ihrer Keilform einer Kraft in der dafür vorgesehenen Belastungsrichtung widerstehen.

Formen und Größen

Klemmkeile sind in mindestens zwei unterschiedlichen Breiten (längs und quer) verwendbar und alle Sorten in verschiedenen Größen (nummeriert) erhältlich. Die Nummerierung ist je nach Fabrikat unterschiedlich und deshalb nicht vergleichbar. Einige

Klemmkeile sind heute das bevorzugte Sicherungsmittel im Fels. Eine Vielzahl von Formen und Größen für unterschiedliche Rissbreiten und Rissformen sind im Handel. Nicht jeder Klemmkeil hält einem größeren Sturz stand.

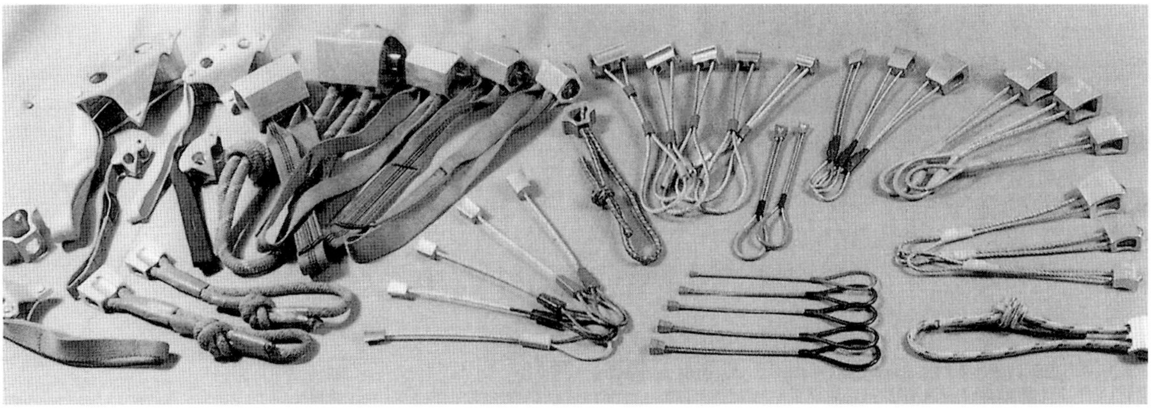

Fabrikate besitzen zur leichteren Unterscheidung zusätzlich eine Farbmarkierung.
Kleinere Klemmkeile besitzen eine Drahtkabelschlinge zum leichteren Platzieren in engen Rissen. Größere Klemmkeile werden mit Drahtkabel- oder mit eingenähter Bandschlinge angeboten. Mittlere und größere Klemmkeile sind auch ohne Schlinge erhältlich. Auswahl und Anbringung der Schlinge obliegen dann dem Benutzer. Die Klemmkeilbohrungen sind so ausgelegt, dass ihr Durchmesser auf den richtigen Schlingenquerschnitt hinweist. Es muss stets der stärkste Querschnitt verwendet werden, der sich durchfädeln lässt. Auf richtigen Knoten und ausreichend lange Enden achten.

Normale Keilform

Doppelkonische Keilform (Urform des Klemmkeils). Die kleinsten Größen (aus Messing mit eingelöteter Drahtkabelschlinge) nur mit den Breitseiten verklemmen (die Schmalseiten haben weniger Anlagefläche, bieten folglich weniger Halt und können schon bei geringer Belastung durchgerissen werden).

Halbmondform (Rock)

Bananenförmige, doppelkonische Keile; die Bananenform bewirkt ein besseres Klemmen im Riss (Dreipunktauflage) als die normale Keilform.

Links normale Keilform, rechts Halbmondform.

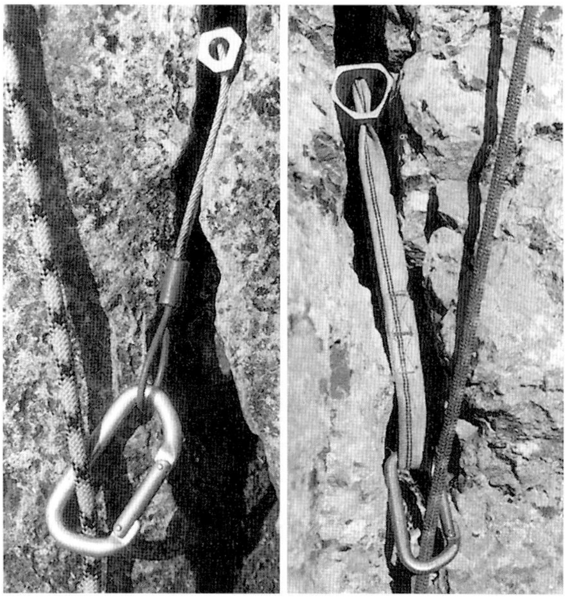

Hexentrics (abgekürzt Hex).

Hexentric

Unregelmäßige Sechseckform, die mehrere Rissbreiten abdeckt und bei Belastung ein besseres Klemmen bewirken kann; auch eine sichere Platzierung quer im Riss ist möglich.

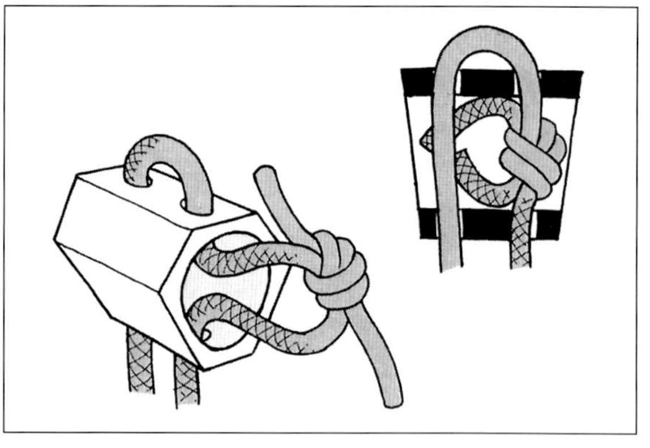

In großen Hexentrics lässt sich der Knoten im Inneren verstauen.

Tricam

Segmentähnlicher Klemmkeil, gute Platzierungsmöglichkeit in Felslöchern und Rissen. Voraussetzung: Die Nase findet ausreichend Halt an einer Loch- oder Risswand. Tricams kräftig festziehen, größere mit dem Hammer festklopfen (sie können sich leicht lockern).

Tricams.

Verlängerung der Klemmkeilschlinge

Um nach der Platzierung einem ungewollten Lockern der Klemmkeile vorzubeugen, wird gewöhnlich eine Expressschlinge als so genannte Gelenkschlinge verwendet. Damit ist aber eine Sturzstreckenverlängerung verbunden (siehe Seite 55). Deshalb empfiehlt sich die Verwendung von Expressschlingen nur bei Klemmkeilen mit steifen Drahtkabelschlingen; bei allen textilen Schlingen ist (weil beweglicher) die Verwendung nur eines Karabiners anzuraten, dies insbesondere bei günstigem Seilverlauf.

Festigkeit, Bruchkraft

Klemmkeile sind genormt (EN 12270 und UIAA-Norm). Die Normen schreiben keine bestimmten Klemmkeilformen und -größen vor.
Alle Klemmkeile müssen eine Festigkeitskennzeichnung in kN (mal 100 = ca. in kp) aufweisen, z. B. »7 kN« (= ca. 700 kp). Beim angegebenen Wert auf die kN-Angabe achten, um eine Verwechslung mit der Größenangabe zu vermeiden.
Die Normprüfung der Bruch- bzw. Ausziehkraft* ist eine idealisierte Prüfung mit relativ viel Anlagefläche und ausreichender Keilbreite über den Anlageflächen. Im Fels können die Anlageflächen und die Keilbreite darüber wesentlich kleiner sein, was (trotz ausreichender Bruchkraft des Klemmkeils) dazu führen

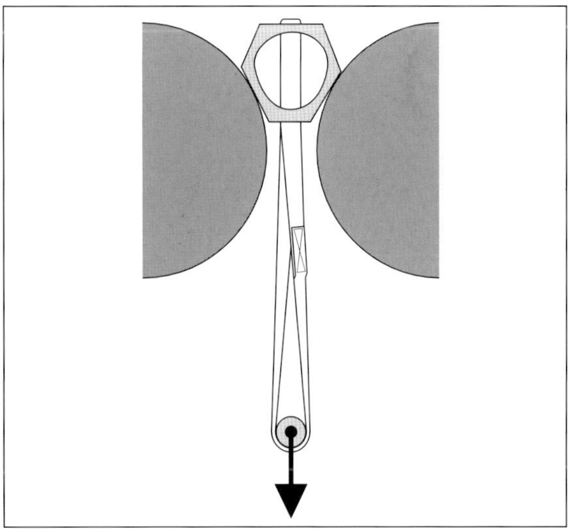

Normprüfung von Klemmkeilen.

Umwicklung von Klemmkeilschlingen mit Klebeband.

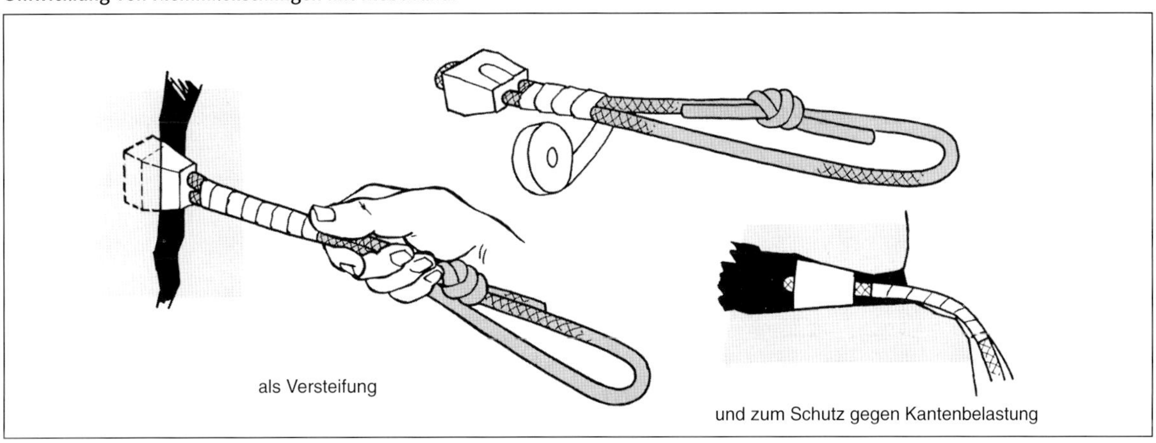

kann, dass er bei Sturzbelastung durch den Felsriss hindurch und damit herausgerissen wird.

Bei Klemmkeilen, die ohne Schlinge angeboten werden, muss der Hersteller in der Gebrauchsanleitung, die jedem Klemmkeil beigegeben sein muss, Angaben zum Selbsteinknüpfen (Länge, Durchmesser bzw. Querschnitt, Knoten usw.) machen.

Da die Normen erst vor wenigen Jahren erschienen sind, greifen sie noch nicht. Es ist deshalb damit zu rechnen, dass die Mehrzahl aller in Gebrauch befindlichen Klemmkeile noch keine Festigkeitskennzeichnung aufweist. Aus diesem Grund nachfolgend einige Hinweise.

Klemmkeile mit Drahtkabelschlinge: Bei einwandfreier Fertigung hängt die Festigkeit vom Drahtkabel ab. Folgende Angaben können nur als grobe Richtwerte gelten:

Drahtkabeldurchmesser	Schlingenreißkraft (ca.)
1,2 mm	2 kN (200 kp)
2 mm	4 kN (400 kp)
2,5 mm	6 kN (600 kp)
3 mm	8–10 kN (800–1000 kp)
4 mm	12–14 kN (1200–1400 kp)

Einige Hersteller verwenden hochfeste Drahtkabel, die eine etwa um 25 % höhere Bruchkraft als die hier angegebene besitzen. Dies lässt sich dem Drahtkabel von außen nicht ansehen.

Klemmkeile mit Textilschlingen: Von der Größe des Klemmkeils und seiner Schlingenstärke kann nicht ohne weiteres auf seine Festigkeit geschlossen werden. Das Hohlprofil größerer Klemmkeile mit dünner Wandstärke knickt weit unterhalb der Schlingenbruchkraft ein. Die Schlingenstärke und die Klemmkeilgröße täuschen eine höhere Festigkeit vor. Folgende Tabelle verdeutlicht dies:

Hexentric	Schlingendurchmesser	Bruchkraft (ca.)
Größe 3	6 mm	7 kN (700 kp)
Größe 4	7 mm	13 kN (1300 kp)
Größe 5	8 mm	10 kN (1000 kp)
Größe 6 bis 9	9 mm	12 kN (1200 kp)
Größe 10	11 mm	10 kN (1000 kp)
Größe 11	11 mm	9 kN (900 kp)

Für die kleinsten Ausführungen schreiben die Normen eine Mindestbruch- bzw. -ausziehkraft* von nur 2 kN (ca. 200 kp) vor, was nur zur Fortbewegung reicht; beim kleinsten Sturz in eine Zwischensicherung (wenn das Seil gerade eingehängt ist), wird die Zwischensicherung bereits mit 3 kN (ca. 300 kp) belastet.

Anbringen von Klemmkeilen

Erst wenn der für die Belastung ausreichend stabile Klemmkeil richtig platziert ist, kann sichere Haltekraft vom Klemmkeil im Fels erwartet werden.

Zum sicheren Anbringen ist zu beachten:

- Klemmkeile so platzieren, dass ein möglichst großer Teil der Klemmflächen den Fels berührt; nicht so platzieren, dass nur wenige Millimeter des oberen Klemmkeilrandes den Fels tangieren (bei Belastung können sie durchgerissen werden).
- Klemmkeile so platzieren, dass ihre Schlinge bei möglicher Sturzbelastung nicht über eine scharfe Felskante zu liegen kommt (bei textilen Schlingen Abschergefahr).
- Nach Platzierung müssen die Klemmkeile in der vorgesehenen Belastungsrichtung kräftig festgezogen werden. Beim Seilnachziehen, das die Klemmkeilschlinge bewegt, dürfen sie sich nicht lockern und lösen können. Sofern Platz im Riss, können die Klemmkeile mit dem Hammer etwas festgeklopft werden.

Anbringen von Klemmkeilen.

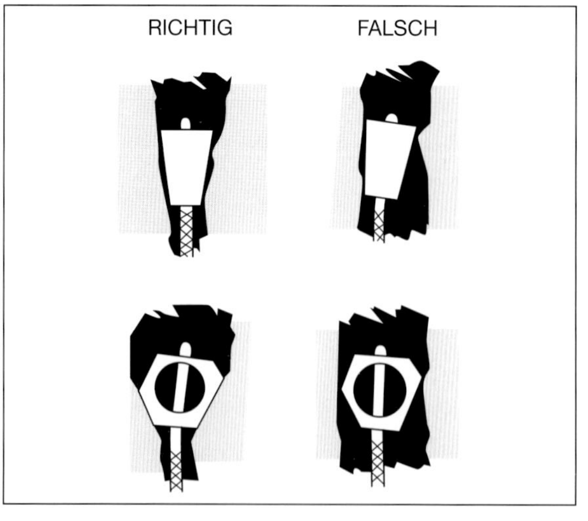

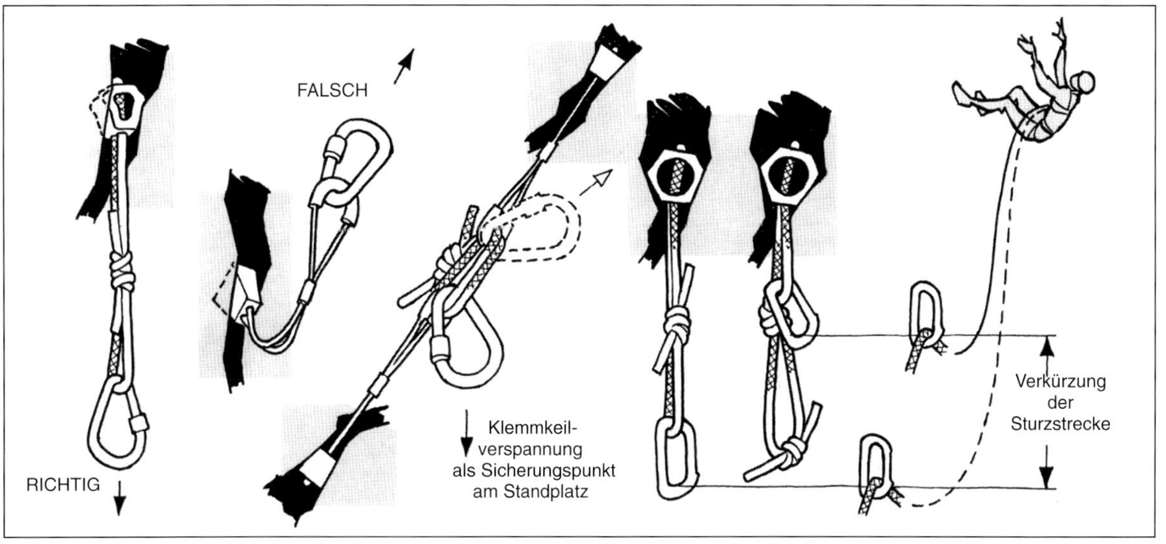

Beim Anbringen von Klemmkeilen müssen die Belastungsrichtung und die mögliche Sturzstreckenverlängerung beachtet werden.

- Zu lange Schlingen größerer Klemmkeile am besten durch Knoten (Sackstich, Achterknoten) kürzen. Unnötige Schlingenlänge vergrößert die mögliche Sturzhöhe (siehe Grafik S. 55 unten).

Klemmkeile sind nur in Richtung der Rissverengung belastbar. Bei Belastung in anderer, insbesondere in entgegengesetzter Richtung, verlieren Klemmkeile ihren Halt und werden herausgerissen. Deshalb Klemmkeile in Horizontalrissen in Gegenzugposition anordnen.

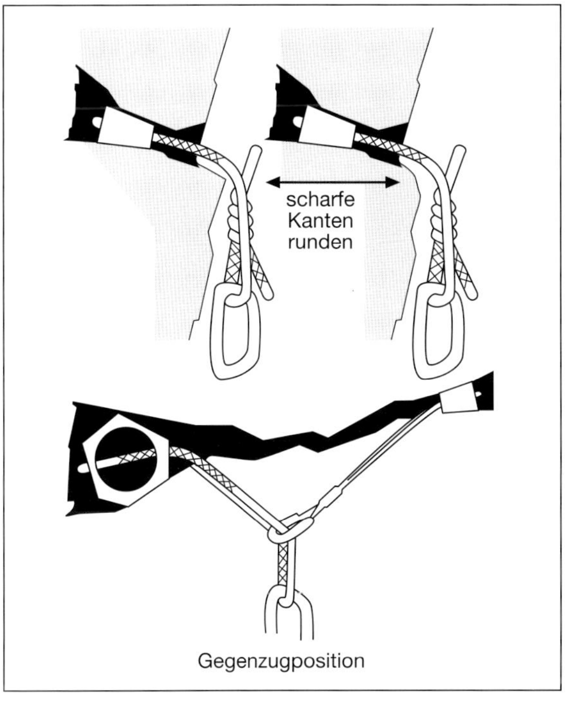

Haltekraft im Fels

Unter der Voraussetzung, dass der Klemmkeil selbst ausreichende Festigkeit besitzt und einwandfrei platziert ist, hängt seine Haltekraft im Fels noch von der den Klemmkeil umgebenden Gesteinsfestigkeit ab. Risse im kompakten Fels bieten ausreichende Festigkeit. Anders bei Rissen hinter Felsschuppen: Bei Belastung kann die Schuppe nachgeben oder ausbrechen. Je tiefer der Klemmkeil am Rissgrund platziert wird,

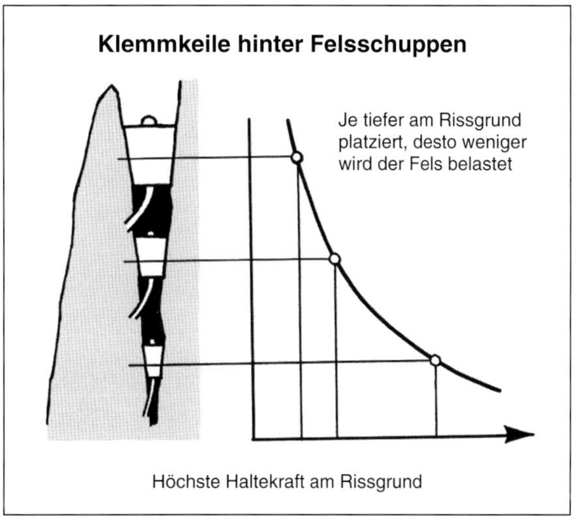

desto geringer die Belastung der Schuppe (kleinerer Hebelarm). Schuppen erkennt man durch Anklopfen mit dem Hammer (oder Klemmkeil); hoher Klang = unsichere Festigkeit.

Entfernen von Klemmkeilen

In engen, tiefen Rissen platzierte Klemmkeile lassen sich oft nur schwer entfernen. Einige Hersteller bieten entsprechende Hilfsgeräte (»Klemmkeilfieseler«) an. Auch durch Sturzbelastung fest verklemmte Keile lassen sich meist nur schwer entfernen. In der Regel muss mit dem Hammer nachgeholfen werden. Bei kleineren Klemmkeilen kann ein Haken zu Hilfe genommen werden, der wie ein Durchschlag zu benutzen ist (Achtung: Beschädigungsgefahr!).

Klemmkeile, die einer Sturzbelastung ausgesetzt wurden, müssen einer Sichtkontrolle unterzogen werden; bei folgenden Veränderungen sind sie auszusondern (Bruchgefahr):

- Beschädigung der Schlinge (Bandnaht angerissen, einzelne Drahtlitzen gerissen, Bandkante oder Reepschnur beschädigt)
- Klemmkeilkörper deformiert, angerissen oder gar eingeknickt
- Steg zwischen den Bohrungen merklich tiefer (Deformation)

Im Fels belassene Klemmkeile wurden von ihren Besitzern immer nur ungern zurückgelassen und deshalb mit Hammer und Haken meist schon arg malträtiert. Deshalb Vorsicht! Sofern der Klemmkeil noch in Ordnung ist und die Schlinge sicher genug erscheint, können sie weiterverwendet werden. Bei Klemmkeilen mit Drahtkabelschlinge ist besondere Vorsicht geboten: Das Drahtkabel kann angerostet sein, insbesondere in der Verpressung (von außen kaum sichtbar, nur am Übergang in die Verpresshülse).

Durch Sturz fest verkeilte Klemmkeile müssen mit dem Hammer gelöst werden.

Lösen verkeilter Klemmkeile

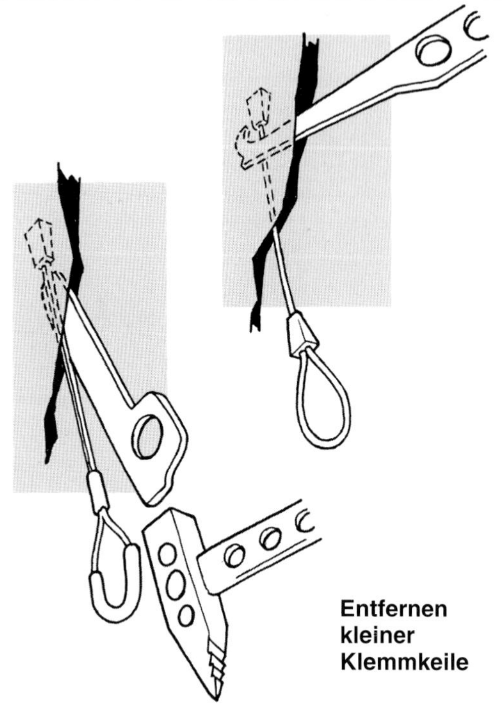

Entfernen kleiner Klemmkeile

Klemmkeilersatz

Die Knotenschlinge (Vorläuferin des Klemmkeils) kann als Ersatz dienen. Vorsicht: Bei Belastung verjüngt sich der Knoten und kann durch die Rissverengung gerissen werden! Sollte der Sackstich (andere Knoten eignen sich nicht!) zu klein ausfallen, lässt sich über den ersten ein zweiter knüpfen, gegebenenfalls auch ein dritter. Auch Bandmaterial eignet sich, vor allem für enge Risse (der Sackstich zieht sich bei Belastung nicht auf, da er zwischen den Rissflanken verklemmt wird). Sicher platzierte Knotenschlingen können Haltekräfte bis zur Knotenbruchkraft des verwendeten Schlingenmaterials erreichen.
Auch Klemmblöcke oder sicher im Riss verklemmte Steine können als Klemmkeilersatz dienen (mit einigen Hammerschlägen auf festen Sitz prüfen). Reepschnur bzw. Bandschlinge nicht zu schwach wählen (Felskanten!) und zwischen Klemmblock und Risswand zur Anlage bringen (günstigste Belastung).

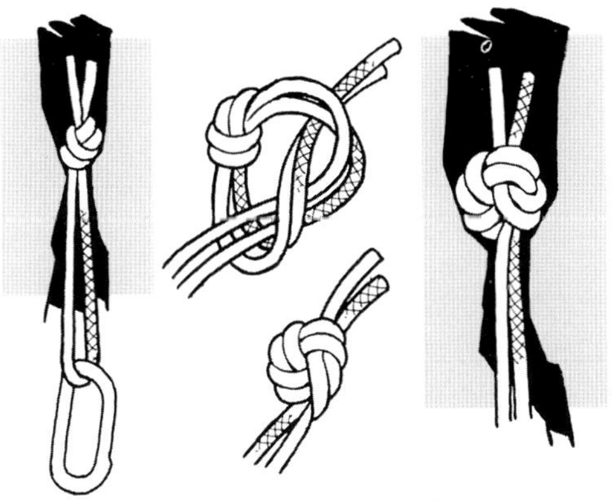

Sächsische Knotenschlinge

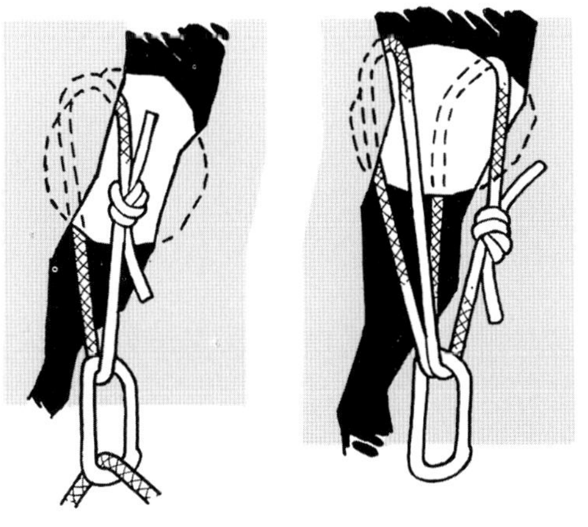

Klemmsteine

Formen und Größen

Alle Klemmgeräte werden in unterschiedlichen Größen angeboten. Einige Fabrikate weisen größenorientierte Farbmarkierungen der Schlingen auf, was das schnellere Auswählen am Anseilgurt erleichtert. Ist der Federmechanismus defekt, bieten die meisten Hersteller einen Reparaturservice über den Sportfachhandel an.
Klemmgeräte vom System Friend: Durch ihre vier beweglichen, federgestützten Segmente passen sie sich ungleichen Rissflanken an; sie finden Platz in breiten Fingerrissen, in Hand- und großen Faustrissen, und zwar für Rissbreiten je nach Fabrikat von 10 bis 180 mm. Gewicht je nach Größe und Fabrikat von etwa 60 bis 500 g. Klemmgeräte mit flexiblem Belastungselement lassen sich auch in Horizontalrissen und Löchern ohne zusätzlichen Aufwand platzieren.

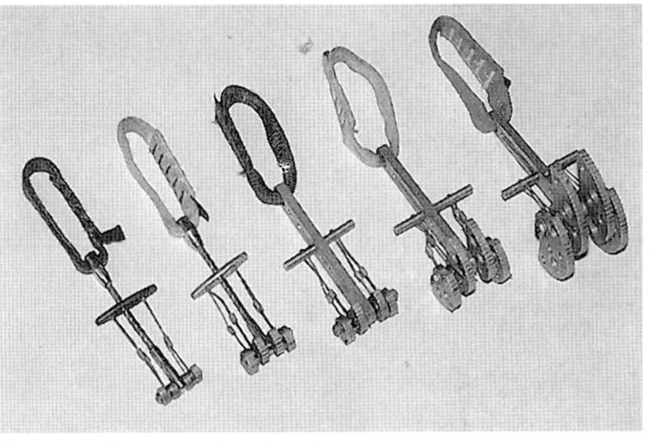

Klemmgeräte vom System Friend.

Klemmgeräte

Sie passen sich unterschiedlichen Rissbreiten stufenlos an. Ein Federmechanismus bewirkt den Anpressdruck an die Rissflanken. Klemmgeräte können auch an Rissstellen mit parallelen Flanken klemmen (der Riss muss sich nicht wie bei Klemmkeilen in Belastungsrichtung verengen). Voraussetzung ist ausreichende Haftreibung zwischen Fels und Klemmgerät.

Derzeit sind zwei unterschiedliche Systeme auf dem Markt:

- System Friend mit vier beweglichen Segmenten
- System Slider mit einem beweglichen, längs geführten Keilpaar

Klemmgeräte vom System Slider.

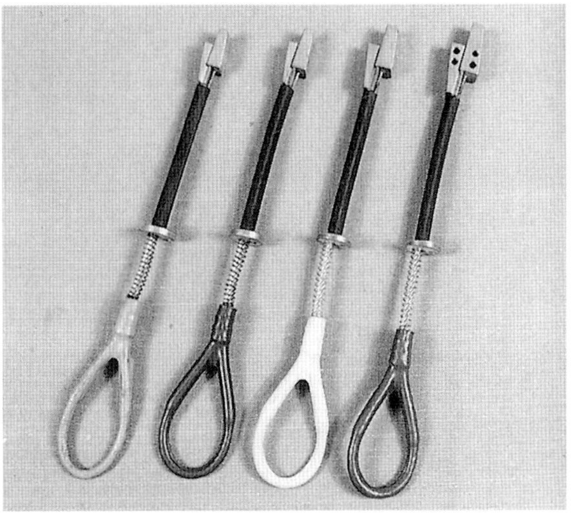

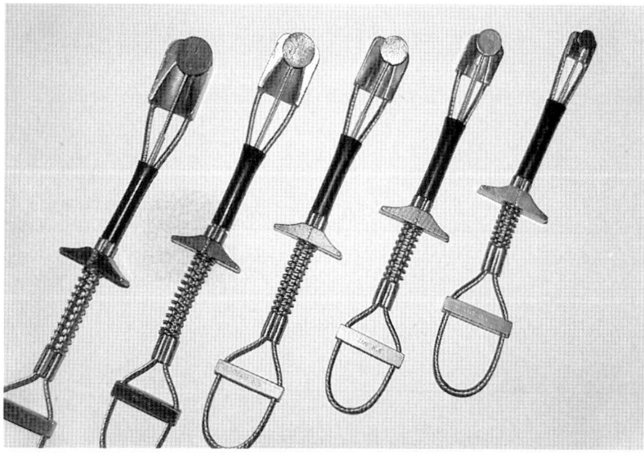

Ball nuts, Klemmgeräte vom System Slider für schmalste Risse.

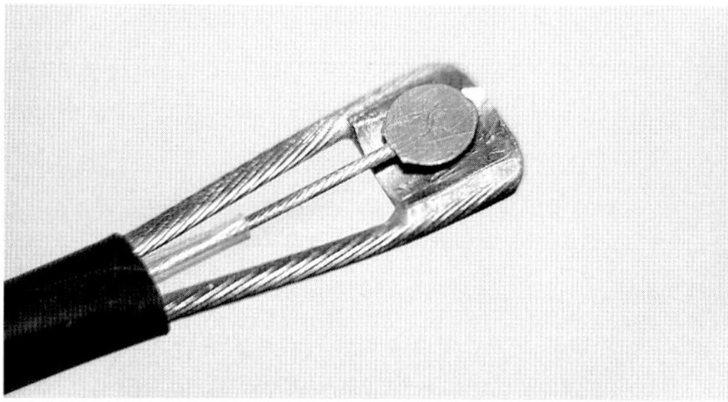

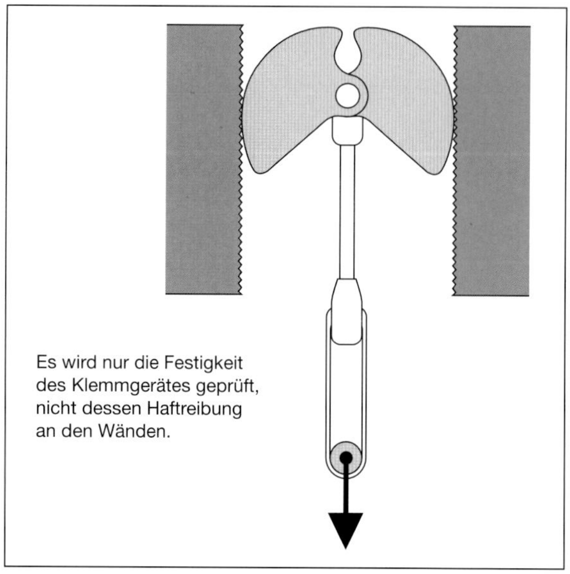

Normprüfung von Klemmgeräten.

Klemmgeräte vom System Slider: Durch Verschieben der beiden federgestützten Keilkörper zueinander passen sich diese den Rissflanken an; sie finden Platz in Haken- bis breiten Fingerrissen, und zwar in Rissbreiten von etwa 3 bis 30 mm. Durch die geringere Gerätetiefe eignen sie sich vor allem für weniger tiefe Risse, wie sie im Kalk häufiger vorkommen als im Urgestein. Gewichte je nach Größe und Fabrikat etwa 20 bis 80 g. Beim Platzieren gibt es weniger Fehlerquellen als bei Verwendung des Systems Friend.

Festigkeit, Bruchkraft

Klemmgeräte sind genormt (EN 12276 und UIAA). Die Normen schreiben wie bei Klemmkeilen keine bestimmte Form vor.
Klemmgeräte müssen eine Festigkeitskennzeichnung in kN (mal 100 = ca. in kp) aufweisen, z. B. »10 kN« (= ca. 1000 kp). Für die kleinsten Ausführungen beträgt die Mindestbruch- bzw. -ausziehkraft* 5 kN (ca. 500 kp).
Die Normprüfung der Bruch- bzw. Ausziehkraft* ist (wie bei Klemmkeilen) eine idealisierte Prüfung, bei der nicht die Reibkraft (Reibung) zwischen den Anlageflächen des Gerätes und der Prüfvorrichtung (bzw. dem Fels) geprüft wird (deshalb die übernatürlich raue Oberfläche der Prüfbacken). Im Fels können die Anlageflächen erheblich glatter sein, das Gerät kann weit weniger Halt finden und bei Sturzbelastung herausgerissen werden.
Beim angegebenen Wert auf die kN-Angabe achten, um eine Verwechslung mit einer möglicherweise vorhandenen Größenangabe zu vermeiden.
Da die Normen erst vor wenigen Jahren erschienen sind, greifen sie noch nicht. Es ist deshalb wie bei Klemmkeilen damit zu rechnen, dass die Mehrzahl aller in Gebrauch befindlichen Klemmgeräte noch keine Festigkeitskennzeichnung aufweist.

Anbringung von Klemmgeräten

Die Haftreibung zwischen Klemmgerät und Rissflanken muss ausreichend groß sein, um die Klemmwirkung auch bei Sturzbelastung zu erreichen. Raue Rissflanken wie im Urgestein bieten immer mehr Haftreibung als die meist glatteren Risse im Kalk. Die Rissflanken sollen möglichst trocken sein; sie müssen immer frei sein von Sand, Erde, Algen und Flechten. Andernfalls erfahren die Haftflächen der Klemmgeräte nicht genügend Haftreibung, und das Klemmgerät wird bei Sturzbelastung herausgerissen.
Die beiden unterschiedlichen Klemmsysteme besitzen noch besondere Eigenschaften, die es beim Platzieren zu beachten gilt.

Friend in einem Vertikalriss.

Maximaler Öffnungswinkel der Segmente für Friends der alten Generation (mit zu schwachen Segmentanschlägen für die Platzierung mit vollem Öffnungswinkel).

Friends sind die am schwierigsten sicher anzubringenden Klemmgeräte (siehe auch Grafik S. 72):

- Alle vier Segmente müssen an den Rissflanken anliegen. Ist das auch nur bei einem Segment nicht der Fall, wird der Friend bei Sturzbelastung herausgerissen.
- Die meisten Modelle dürfen nicht in der größten Stellung platziert werden (da sie zu schwache Segmentanschläge besitzen, die schon bei geringer Belastung brechen und so zum Versagen des Klemmgerätes führen). Eine neue Generation ist in diesem Punkt stabiler, sodass auch eine Platzierung mit vollem Öffnungswinkel möglich ist, siehe Bild unten rechts (auf Gebrauchsanleitung achten).
- Alle Segmente besitzen kleine Zähne. Die Vertiefung zwischen den Zähnen dient zur Erhöhung der Haftreibung am Fels. Durch häufiges Benutzen und durch Sturzbelastung werden die Zähne (Aluminium) deformiert und die Vertiefungen zugequetscht. Mit Schlüsselfeile nachfeilen, auf scharfe Kanten achten. Friends mit stark deformierten Zähnen aussondern (der unten links abgebildete sollte nicht mehr nachgefeilt, sondern ausgesondert werden).
- Das Belastungselement (Stange, Kabel) muss in die voraussichtliche Belastungsrichtung zeigen, in der Regel nach unten. Zeigt das Belastungselement in eine andere Richtung, wird es bei Sturzbelastung in die Sturzzugrichtung gerissen. Dabei erfährt der Friend im Riss eine Drehung, die Segmente können ihren Halt verlieren, und der Friend kann herausgezogen werden (häufigste Ursache bei herausgerissenen Friends).
- Beim Seilnachziehen wandert der Friend in den Riss hinein. Weitet sich der Riss, verliert der Friend seinen Halt. Steht der Friend am Rissgrund an, lässt er sich nur sehr schwer entfernen, ohne Felszerstörung meist nicht.

Deformierte Segmentzähne: Friend ist unbrauchbar, da die Haftreibung am Fels nicht mehr gewährleistet ist.

Stabile Segmentanschläge der neuen Generation von Friends für die Platzierung mit vollem Öffnungswinkel.

Falsch platzierte Friends

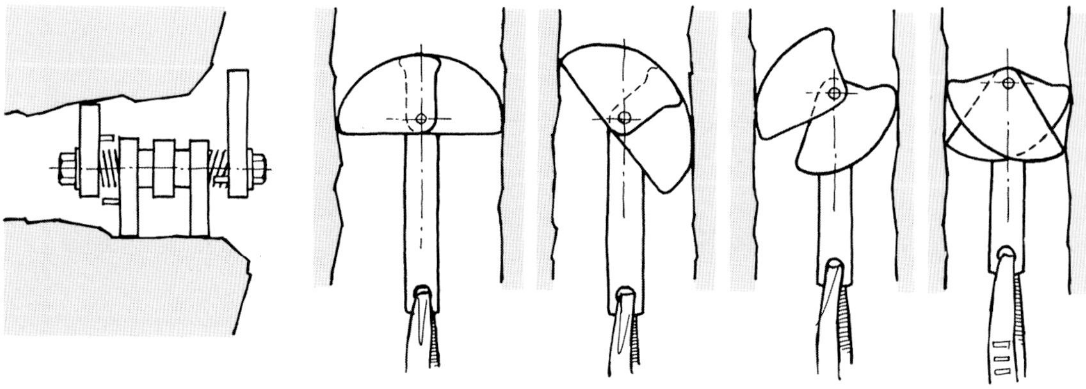

FALSCH:
Nicht alle vier Segmente liegen am Fels an. Friend wird einseitig belastet und herausgerissen.

Für die meisten Modelle noch FALSCH:
Segmentwinkel zu groß (180°), Friend wird bei Belastung herausgerissen (nur bei wenigen Modellen schon zulässig, Gebrauchsanleitung beachten).

FALSCH:
Keine Kniehebelwirkung, Friend wird bei Belastung herausgerissen.

FALSCH:
Ungleichmäßige Kniehebelwirkung, Friend kann bei Belastung herausgerissen werden.

FALSCH:
Friend könnte halten, aber sich nicht wieder lösen lassen.

- In Horizontalrissen und in Felslöchern muss die Belastungsstange bis zur Schlinge am Fels aufliegen. Ein Abbinden ist bei Friends meist problematisch. Besser Friends mit flexiblem Belastungselement (Kabel, flexible Friends) verwenden (siehe Bild unten).

Klemmgeräte vom System Slider: Es gelten die Voraussetzungen, wie auf S. 70 rechts unten aufgeführt: Felsbeschaffenheit, Reibung am Fels usw.

Flexibler Friend mit unter Belastung abgewinkeltem Kabel.

Darüber hinaus ist auf Folgendes zu achten:

- Die Felsanlagefläche für die Seite mit dem beweglichen Teil soll möglichst rau sein, damit die notwendige Haftreibung erreicht wird, vor allem bei parallelen Rissen.
- Klemmgerät ähnlich wie eine Injektionsspritze fassen, im Riss platzieren und kräftig festziehen.
- Die Schlinge muss, wie beim Friend, in die voraussichtliche Belastungsrichtung zeigen, andernfalls wird das Klemmgerät ungünstig belastet und kann herausgerissen werden. Abwinkelung der Drahtkabelschlinge an der Felskante (wie bei Friends) zulässig.

Verlängerung der Klemmgeräteschlinge

Das zur Schlingenverlängerung von Klemmkeilen Gesagte (siehe S.65 links) gilt im übertragenen Sinn auch für Klemmgeräte: Jede Schlingenverlängerung durch Expressschlingen bedeutet eine Sturzstreckenverlängerung; deshalb bei längeren textilen Klemmgeräteschlingen prüfen, ob statt einer Expressschlinge, insbesondere bei günstigem Seilverlauf, nicht ein einzelner Karabiner ausreicht.

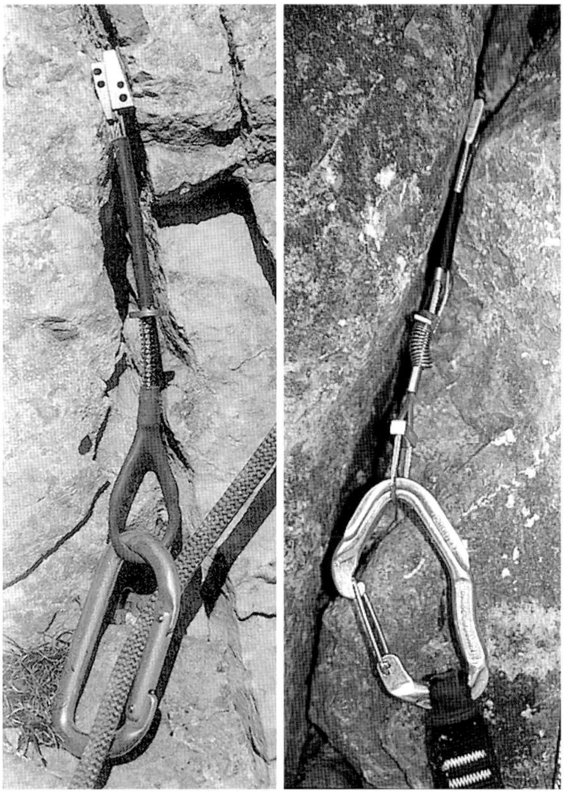

Zwei verschiedene Klemmgeräte vom System Slider.

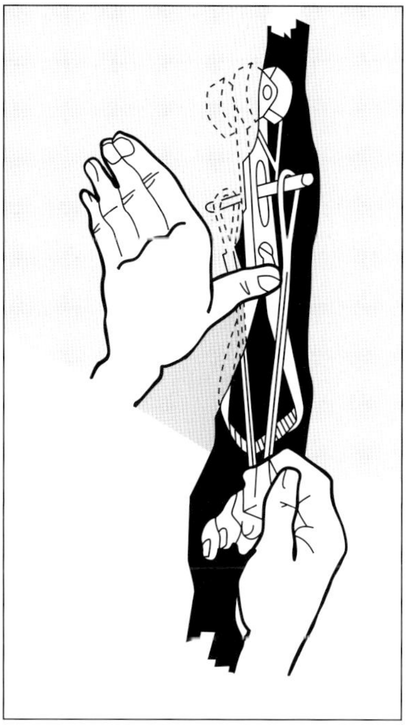

Lösen von Friends aus engen Rissen (in die Finger nicht hineinpassen).

Lösen von Klemmgeräten

System Friend: Sie werden durch Zug mit zwei Fingern am Zuggriff bei gleichzeitigem Druck gegen das Belastungselement (Stange, Kabel) gelöst. Ist das Klemmgerät zu tief in den Riss gewandert, sodass der Zuggriff mit den Fingern nicht mehr erreichbar ist, Drahtschlingen zweier Klemmkeile oder den von einigen Herstellern eigens dazu entwickelten Remover (Nachteil: Mehrgewicht) zu Hilfe nehmen. Steht das Klemmgerät am Rissgrund an, kann ein leichter Hammerschlag gegen das Belastungselement bei gleichzeitig kräftigem Ruck am Zuggriff helfen. Es können durchaus Situationen auftreten, in denen ein Lösen ohne Felszerstörung und ohne Deformation des Klemmgeräts nicht möglich ist.
System Slider: Sie werden durch Zug am beweglichen Teil gelöst. Fest verkeilte Klemmgeräte müssen mit dem Hammer und einem Haken, der wie ein Durchschlag zu benutzen ist, gelöst werden. Vorsicht: Beschädigungsgefahr des Klemmgerätekörpers sowie der Kabel!

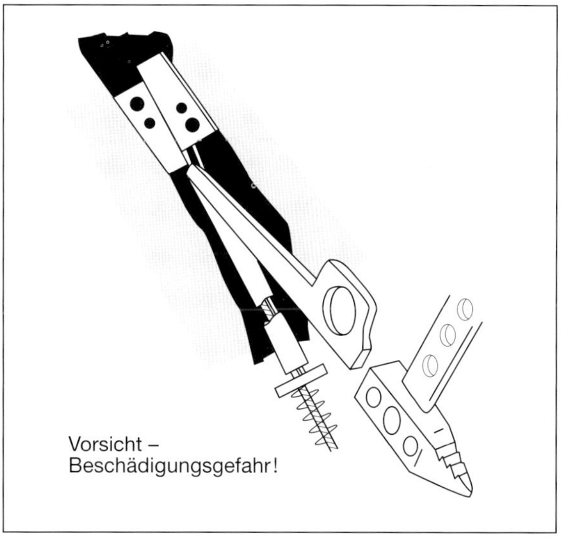

Lösen eines festsitzenden Sliders.

Normalhaken

Normalhaken sind genormt (EN 569 und UIAA). Aufgrund des erst kurz zurückliegenden Erscheinungstermins greift die Norm noch nicht. Es muss deshalb davon ausgegangen werden, dass die Mehrzahl aller Haken, insbesondere die im Fels befindlichen, noch nicht normgerecht ist.

Hakenformen und -längen

Unterschiedliche Rissformen im Fels machen unterschiedliche Hakenformen und -längen erforderlich:

- Längs- und Querhaken sind Grundformen, wovon nur noch Querhaken benutzt werden. Sie sind vielseitiger verwendbar, ihre Haltekraft im Fels ist höher, und sie lassen sich leichter wieder herausschlagen. Längshaken werden nur noch im Fels vorgefunden.
- Drehmomenthaken erreichen durch die »verdrehte« Hakenöse bei Belastung einen Verdreheffekt und dadurch eine höhere Haltekraft im Fels. Sie lassen sich jedoch nur schlecht wieder herausschlagen.
- Ringhaken sind als Stand- und Abseilhaken gedacht. Die Schweißnaht kann ein Sicherheitsrisiko sein. Ringhaken lassen sich nur schlecht wieder entfernen, der Ring stört beim Herausschlagen und wird dabei immer deformiert.
- Spachtelhaken sind für sehr schmale, weniger tiefe Risse bestimmt. Geringe Haltekraft im Fels, nur zur Fortbewegung.
- Winkelhaken sind eine Sonderform des Querhakens. Sie besitzen am Übergang vom Kopf zum Schaft eine Schwachstelle, wo sich der Haken beim Eintreiben leicht verbiegt.
- Profilhaken werden in breiteren Rissen verwendet. U-Profilhaken eignen sich auch für weicheres Gestein wie Porphyr und Sandstein.
- Bong-Haken sind breite V-Profilhaken für entsprechend breite Risse, falls nicht Klemmkeile und Klemmgeräte Verwendung finden. Die Erleichterungsbohrungen dienen auch zum Durchfädeln von Reepschnur- oder Bandschlingen an solchen Rissstellen, wo sich der Haken nicht tief genug in den Felsriss eintreiben lässt.

Die meisten Hakenformen sind zur Platzierung in unterschiedlich tiefen Rissen in unterschiedlichen

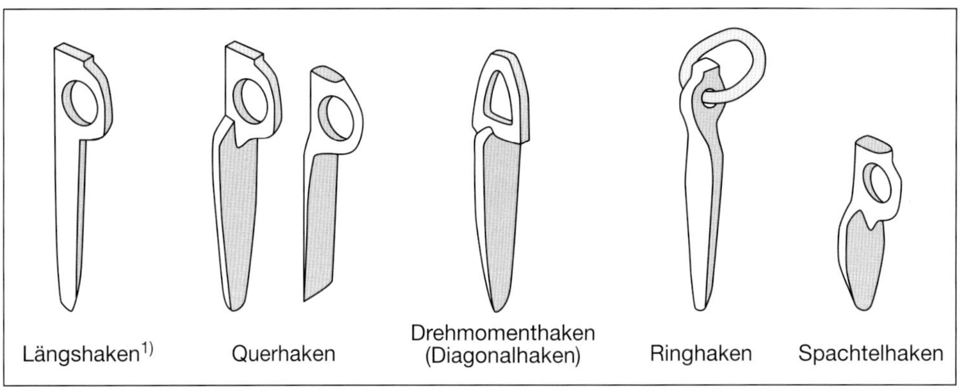

Felshaken gibt es in zahlreichen unterschiedlichen Formen und Längen.

1) veraltet, werden nur noch im Fels angetroffen (häufig vor Jahrzehnten gesetzt)

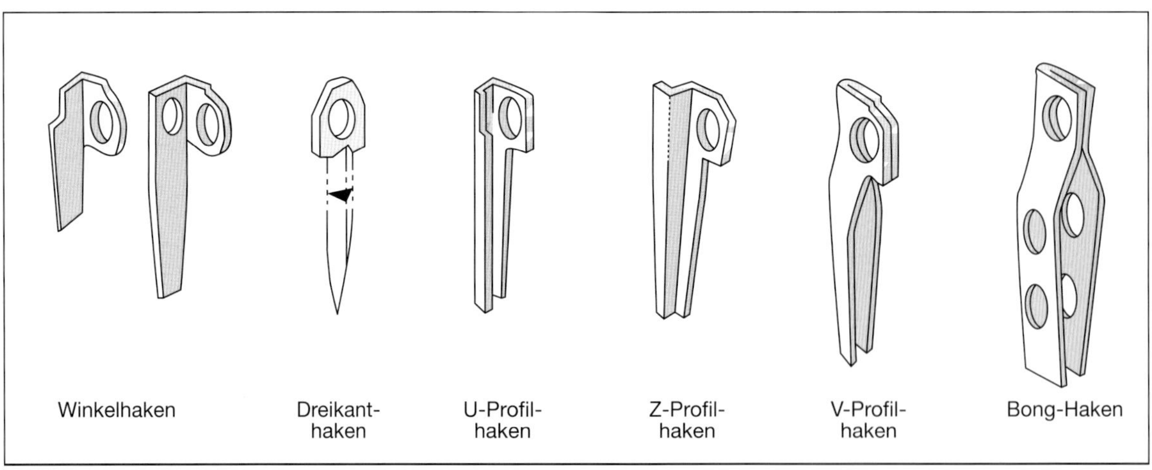

Längen erhältlich. Die Normen sehen die Angabe der Nutzlänge in cm auf dem Hakenkopf vor.
Haken mit schlanker Schaftspitze lassen sich meist leichter eintreiben als solche mit runder oder breiter, da die Felsrisse (besonders im Kalk) häufig verwachsen sind.

Hakenmaterial

Die unterschiedliche Gesteinsfestigkeit erfordert unterschiedlich harten Hakenstahl. Weiches Gestein verlangt häufig weichere Haken, die sich dem Rissverlauf besser anpassen. Härteres Gestein verträgt härtere Haken, die auch höhere Haltekräfte erreichen.

Es werden deshalb Haken aus Weichstahl und aus Hartstahl gebraucht:

- Weichstahl ist ein niedrig legierter, zähharter, aber doch noch etwas »weicher« Schmiedestahl.
- Hartstahl ist ein höher legierter, sehr zähharter, vergüteter* Stahl mit höherer Festigkeit.

Aus den Angaben in Katalogen ist meist nicht ersichtlich, ob es sich um Weichstahl- oder Hartstahlhaken handelt. Häufig werden Legierungsbestandteile angegeben, die nur dem Fachmann verständlich sind. Da die Anzahl der Legierungen in die Hunderte geht, lassen sich keine kurzen, übersichtlichen Angaben machen (beim Kauf erfragen). Eindeutige Hinweise auf Hartstahl sind noch Angaben wie »gehärtet« oder »vergütet«. Einige wenige Hersteller bieten Hart- und Weichstahlhaken in unterschiedlichen Farben an: dunkel/schwarz = Hartstahl; alle anderen Farben = Weichstahl (auf Katalogangaben achten).
Hartstahlhaken sind teurer als Weichstahlhaken. Die Verschleißfestigkeit bzw. Wiederverwendbarkeit von Hartstahlhaken ist größer als die von Weichstahlhaken. Sofern Hartstahlhaken nicht im Fels belassen werden oder verloren gehen, ist ihre Verwendung letztlich nicht teurer.

Hakenfestigkeit

Normalhaken sind genormt (EN 569 und UIAA); die Norm schreibt für zwei unterschiedliche Hakentypen Mindestbruchkraftwerte in allen drei Belastungsrichtungen (N, R, S, siehe Zeichnung) vor, unabhängig von Hakenform, Schaftlänge und Material (Hartstahl, Weichstahl).

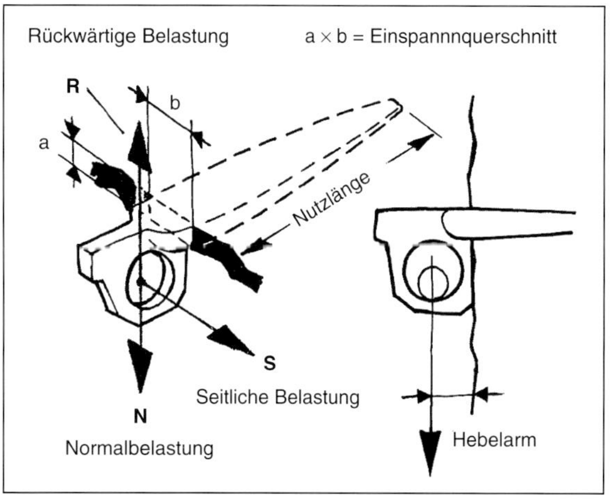

Belastungsrichtungen bei der Normprüfung.

- Sicherheitshaken: Haken mit hoher Bruchkraft für Standplätze und zur Sicherung bei größerer Belastung. Kennzeichnung auf dem Hakenkopf mit einem »S« im Kreis (S = Sicherheit, Safety), Bruchkraftwerte siehe Tabelle.
- Andere Haken: Haken mit niedriger Bruchkraft, zur Sicherung bei geringer Belastung und zur Fortbewegung. Keine Kennzeichnung, Bruchkraftwerte siehe Tabelle.

Die Bruchkraftwerte beziehen sich nur auf die Festigkeit des Hakens selbst, sie besagen noch nichts über dessen Haltekraft (Klemmkraft) im Fels.

	Mindestbruchkraft nach Norm in den Belastungsrichtungen N	R	S
Sicherheitshaken	25,0 kN (ca. 2500 kp)	10,0 kN (ca. 1000 kp)	15,0 kN (ca. 1500 kp)
Andere Haken	12,5 kN (ca. 1250 kp)	5,0 kN (ca. 500 kp)	7,5 kN (ca. 750 kp)

Haltekraft im Fels

Das Sicherheitskriterium aller Felshaken ist ihre Platzierung im Fels.

Folgende Angaben können dienlich sein:

- Stahlfestigkeit: Je höher (Hartstahl), desto höher die mögliche Klemmwirkung. Hartstahl hat eine etwa doppelt so hohe Festigkeit wie Weichstahl.

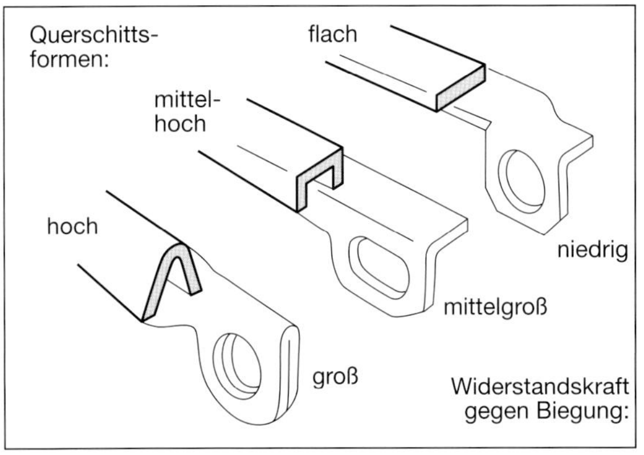

Zusammenhang von Querschnittsform und Widerstandskraft gegen Biegung.

- Widerstandkraft gegen Biegung: Je größer die Widerstandskraft (siehe Grafik oben), desto größer ist die mögliche Klemmwirkung.
- Hebelarm: Je kleiner der Hebelarm (siehe Grafik unten), desto weniger ungünstig ist die Belastung.

Hebelarm und Verbiegung verschiedener Ösenformen.

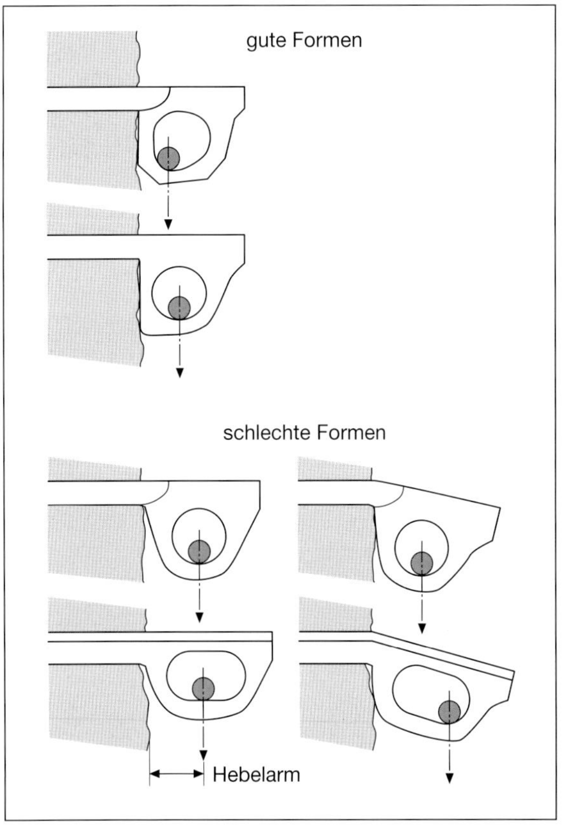

- Äußere Ösenform an der Felsanlage: Je weniger sich der Schaft bei Belastung am Übergang zum Kopf verbiegen kann (siehe Grafik unten links), desto größer ist die Haltekraft.
- Gesteinsfestigkeit: Beim Hakeneinschlagen werden weichere Gesteine wie Sandstein usw. leichter verformt und bewirken deshalb eine niedrigere Klemmwirkung als härtere wie etwa Granit.
- Belastungsrichtung (siehe Grafik unten): Sie ist am günstigsten quer zur Schaftrichtung. So werden höhere Haltekräfte erzielt als bei Belastung in Schaftrichtung.

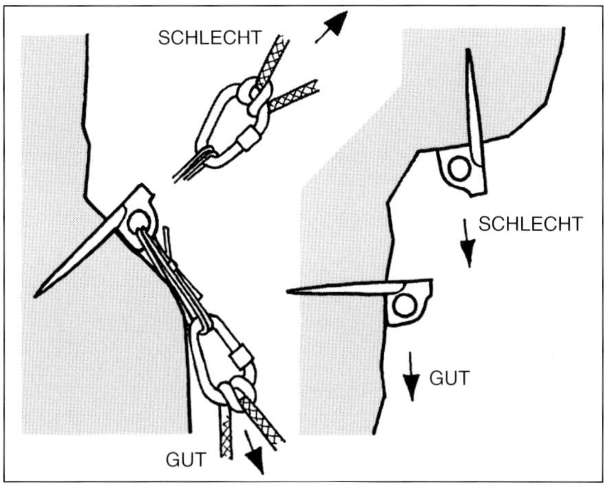

Belastungsrichtungen bei Haken.

Eine Sonderstellung nimmt der Ringhaken ein. Alle Ringe sind geschweißt. Die Schweißung kann schlecht ausgeführt (»gepappt«) sein. Ringhaken am besten vermeiden (sie lassen sich sowieso schlecht setzen und entfernen).

Für die Haltekräfte im Fels können keine verlässlichen Angaben hinsichtlich der Ausreißkraft gemacht werden, da diese von zu vielen Faktoren abhängig ist. Die Praxis hat gezeigt, dass die Haltekraft (Bruch- bzw. Ausziehkraft*) von 80 % aller im Fels befindlichen Haken falsch beurteilt wird, insbesondere, wenn sie schon vor längerer Zeit gesetzt wurden (Korrosion*, Erosion*).

Hakenauswahl

Die Verwendung von Klemmkeilen und Klemmgeräten reduziert die Anzahl mitzuführender Haken. An Standplätzen empfiehlt sich nach wie vor die Verwendung von Felshaken, da sie in mehrere Richtungen belastbar sind, im Gegensatz zu Klemmkeilen und Klemmgeräten. Anzahl und Auswahl richten sich nach der Ausstattung der Route (Auskunft einholen, Führerliteratur), nach dem Gestein und nach der Länge der geplanten Kletterroute.

Hakenform und -material

Die Auswahl ist abhängig von der Art des Gesteins. Weichere Gesteine verlangen mehr Weichstahlhaken und mehr Querhaken, härteres Gestein mehr Hartstahlhaken und mehr Profilhaken. Aufteilung etwa wie folgt:

Gestein	Hakenmaterial	Hakenform
Kalk und andere weiche Gesteine wie Porphyr, Sandstein usw.	2/3 Weichstahlhaken 1/3 Hartstahlhaken	2/3 Querhaken 1/3 Profilhaken
Granit und andere harte Gesteine wie Quarzit, Basalt usw.	1/3 Weichstahlhaken 2/3 Hartstahlhaken	1/3 Querhaken 2/3 Profilhaken

Nutzlänge im Wesentlichen nicht unter 8 cm, nur wenige kürzere für Sonderfälle und zur Fortbewegung, die sich wegen ihrer kurzen Schaftlänge auch leichter wieder herausschlagen lassen. Schaftlänge zur Sicherung am Standplatz über 8 cm.
Werden Drehmomenthaken mitgeführt, muss man sich darauf einstellen, sie möglicherweise im Fels belassen zu müssen (sie sind nur schwierig wieder herauszuschlagen).
Winkelhaken werden nur für feine Risse benötigt, auf Längs- und Ringhaken kann ganz verzichtet werden.

Hakensetzen

Der Haken soll sich von Hand schon teilweise in den Riss stecken lassen. Nur so ist auch das einhändige Einschlagen möglich. Der Weichstahlhaken folgt dem Rissverlauf leichter als der Hartstahlhaken; weiches Gestein passt sich eher dem Haken an als härteres.

Die Stecktiefe richtet sich deshalb nach Hakenmaterial und Gestein:
- bei Kalk und Weichstahlhaken: Stecktiefe etwa 1/3 Schaftlänge
- bei Granit und Hartstahlhaken: Stecktiefe etwa 2/3 Schaftlänge

Die Risstiefe und die innere Rissbreite können nur mit den ersten Hammerschlägen erfühlt werden. Zieht der Haken mit jedem Schlag zügig tiefer, beginnt er

Stecktiefe vor dem Einschlagen

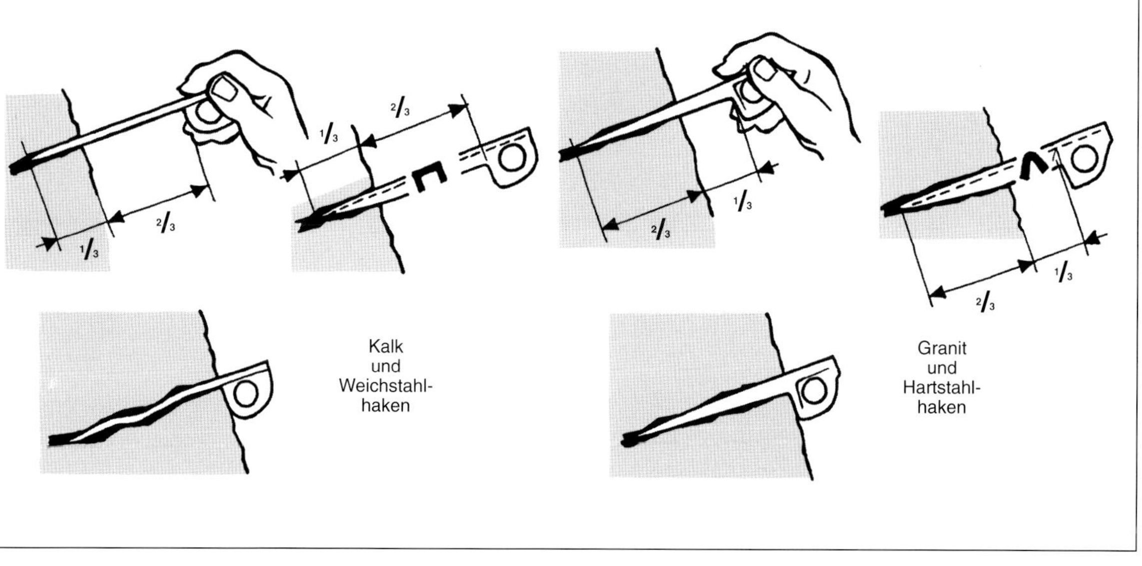

zu »singen« (hoher Ton), so ist der Haken hinsichtlich Schaftlänge und Schaftstärke offensichtlich richtig gewählt. Das restliche Einschlagen, bis die Öse aufsitzt, bewirkt dann meist ausreichenden Halt.
Je länger der Hakenschaft ist und je mehr Widerstand der Haken beim Einschlagen erfährt, desto höher ist seine Haltekraft bei Belastung. Nimmt der Widerstand beim Eintreiben ab, lässt der »singende« (hohe) Ton nach und wird tiefer, dann gibt der Fels nach, demzufolge lässt auch die Haltekraft des Hakens im Fels nach. Bricht der Fels aus, ist dies sichtbar.

Weitere Fehlerquellen sind:

- Sitzt der Haken schon nach wenigen Hammerschlägen mit der Öse am Fels auf, ist er zu kurz oder im Querschnitt zu schwach. Ein längerer und im Schaftquerschnitt etwas stärkerer Haken muss gewählt werden.
- Lässt sich der Haken auch mit kräftigen Hammerschlägen nicht weiter eintreiben, obwohl die Öse noch nicht am Fels aufsitzt, ist er zu lang oder im Querschnitt zu dick. Ein kürzerer und im Schaftquerschnitt schwächerer Haken passt dann besser.

Müssen Haken benutzt werden, die sich nicht bis zur Öse haben eintreiben lassen, muss der für Belastungen ungünstige Hebelarm verkürzt werden. Dünne Weichstahlhaken können umgeschlagen werden, Hartstahlhaken werden mit einer kurzen Bandschlinge (Reepschnurschlinge) abgebunden.
Bongs, die sich nicht weit genug in den Fels eintreiben lassen, können mit einer Schlinge, die durch die dem Fels am nächsten liegenden Erleichterungsbohrungen gefädelt wird, »abgebunden« werden.

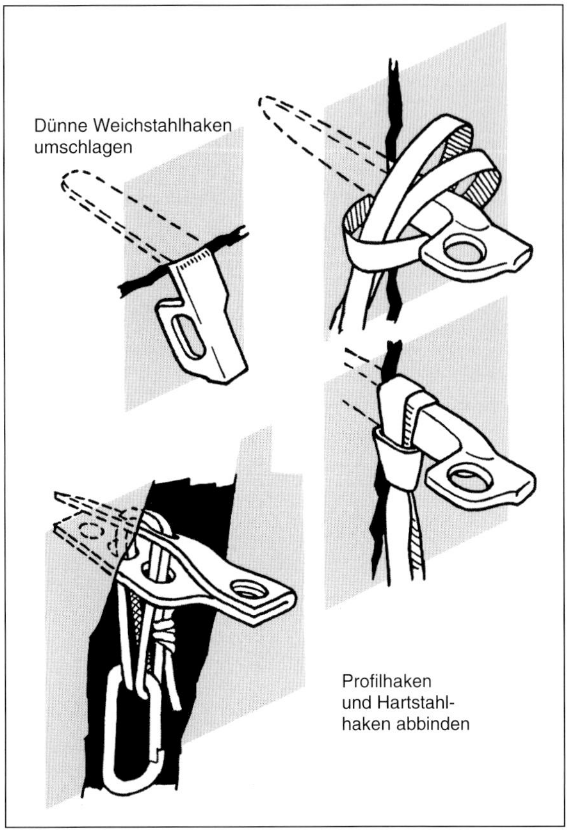

Zu lange Haken werden durch Umschlagen bzw. mithilfe einer Schlinge »gekürzt«.

Zwei sicher platzierte Felshaken: links ein Querhaken, rechts ein Drehmomenthaken.

Im Fels vorgefundene Haken

Witterungseinflüsse reduzieren durch Korrosion* und Erosion* die Haltekraft im Fels belassener Haken. Die Klemmwirkung lässt dadurch nach. Die Haltekraft vorgefundener Haken wird deshalb in vielen Fällen überschätzt.

Einige leichte Hammerschläge verraten, wie es um einen vorgefundenen Haken steht:

- Hoher, singender Ton lässt auf sicheren Sitz schließen.
- Weniger hoher, eher dumpfer Ton ist ein Zeichen für unsicheren Sitz.

Liegt die Öse noch nicht am Fels auf, so hilft oft ein Nachschlagen. Erscheint der vorgefundene Haken trotzdem nicht sicher genug, muss er durch einen im Schaft etwas stärkeren oder längeren Haken (am besten aus Hartstahl) ersetzt werden.

Unsachgemäß geschweißt.

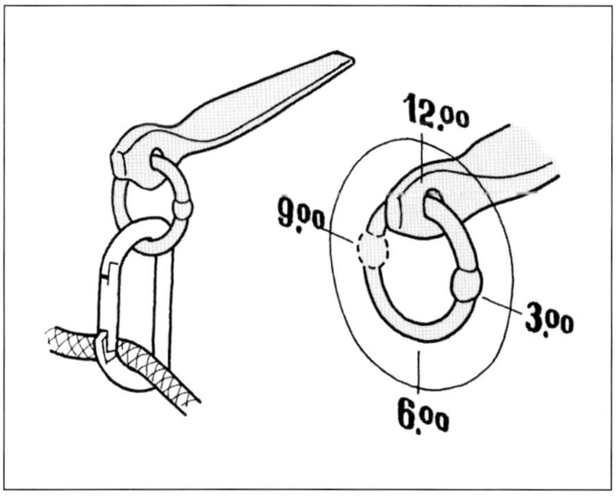

Die Schweißnaht von Ringhaken sollte auf eine der beiden Seiten gedreht werden.

An vorgefundenen Ringhaken die Schweißstelle, die unsachgemäß ausgeführt und korrodiert sein kann, in »3 Uhr«- oder »9 Uhr«-Position bringen. So kann sich eine Belastung weniger ungünstig auswirken.

Entfernen von Haken

Das Herausschlagen von Haken ist oft mühsam und zieht den Fels immer in Mitleidenschaft. Sicher gesetzte Stand- und Sicherungshaken sollten deshalb nicht um jeden Preis wieder entfernt werden.
Das Lockern erfolgt durch seitliche Hammerschläge gegen die Öse, abwechselnd in beide Richtungen, bis sich der Haken herausziehen oder mit geeignetem Hammer herausheben lässt. Weichstahlhaken lockern sich mit jedem Hammerschlag etwas mehr, Hartstahlhaken können von einem Hammerschlag zum anderen aus dem Riss fallen. Allgemein lassen sich Hartstahlhaken leichter wieder entfernen als Weichstahlhaken.

Hakenrichten

Weichstahlhaken verformen sich leichter als Hartstahlhaken, lassen sich folglich auch leichter wieder richten. Doch das Richten hat seine Grenzen. Nur dünnere und wenig verformte Weichstahlhaken lassen sich mit dem Hammer auf einer harten Unterlage gerade richten. Bei stärkerer Verformung ist dies nur mithilfe eines Schmiedefeuers möglich. Dies überlässt man besser dem Fachmann (Metallhandwerker). Gerichtete Haken gründlich auf mögliche Haarrisse an den Biegestellen untersuchen.
Hartstahlhaken lassen sich nur sehr wenig richten. Deshalb stark verformte Hartstahlhaken aussondern; man klopft sich die Finger wund (ein Schmiedefeuer nützt nichts, weil der gehärtete Stahl dadurch seine Härte verliert).

Bohrhaken

Bohrhaken lassen sich an jeder beliebigen Stelle setzen, sofern der Fels ausreichend fest ist. Mit dem Bohrmeißel wird unter ständigem Drehen ein Loch in den Fels getrieben (sehr zeitaufwändig und mühsam) oder mit Akku-Bohrmaschine gebohrt; Lochrichtung senkrecht (90°) zum Fels. Den Bohrstaub gründlich (!) entfernen. Bohrzeit von Hand im Kalk etwa 10 bis 15 Minuten, im Granit erheblich länger, mit Bohrmaschine nur Bruchteile von Minuten. Bohrerverschleiß im Granit größer.

Bohrhaken sind genormt (EN 959 und UIAA); sie müssen aus korrosionsbeständigem Werkstoff (NIRO-Stahl) gefertigt sein, bei Spreizhaken muss das Verspreizen ohne Mitwirkung des Bohrlochgrundes erfolgen (weil dies aus Unachtsamkeit zu tief sein kann), und sie müssen Mindestbruchkraftwerte wie folgt aufweisen:

- radial (Querzug) 25 kN (ca. 2500 kp)
- axial (Längszug) 15 kN (ca. 1500 kp)

Diese ermittelt in Beton B50, der in seiner Festigkeit einem wenig festen (nicht brüchigen) Kalk entspricht; man ist damit auf der sicheren Seite.
In ihrer Setzweise unterschiedliche Hakenarten stehen zur Wahl, zwei weitere aus Zeiten vor der Normung und deshalb nicht normgerechte Arten befinden sich noch vielfach im Fels, im Einzelnen wie folgt:

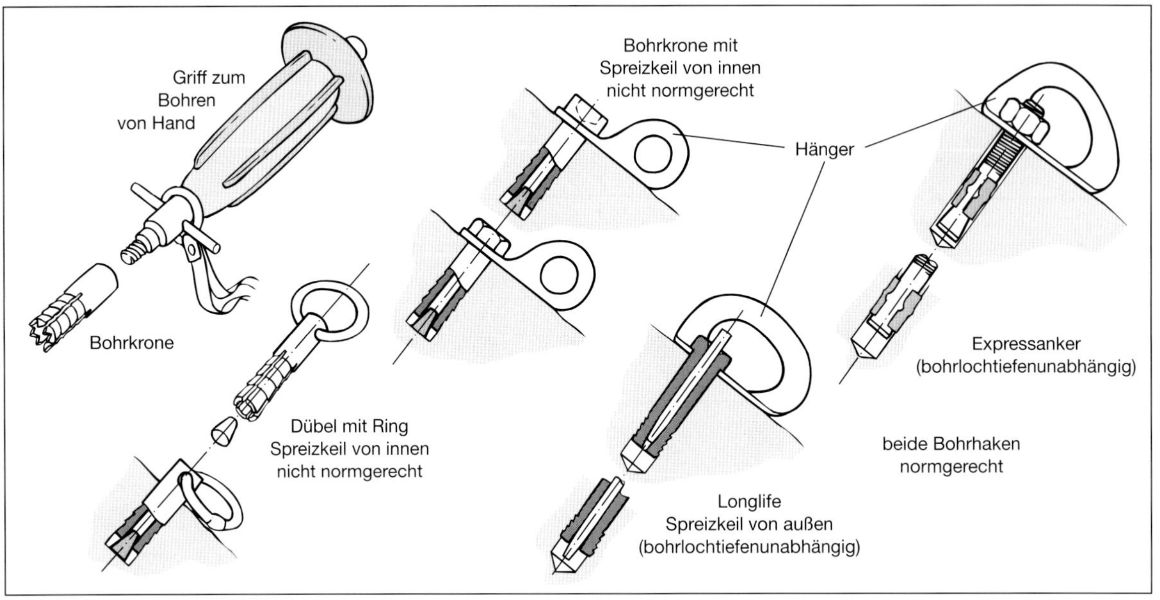

Bohrgriff zum Bohren von Hand und Bohrhaken mit Verankerung durch Spreizkeil.

Bohrhaken mit Spreizung von außen

Zwei unterschiedliche Hakenarten werden angeboten; beide sind normgerecht. Die Klemmwirkung erfolgt im hinteren Schaftbereich, ohne Mitwirkung des Bohrlochgrundes; dadurch werden Fehler beim Setzen durch ein zu tiefes Bohrloch vermieden. Ideal für Erstbegehungen, der Haken kann sofort belastet werden (siehe Grafik oben). Die Klemmung erfolgt:

- bei Typ »Longlife« durch einen von außen mit dem Hammer einzutreibenden Stift
- beim Typ »Expressanker« durch eine von außen mittels einer Mutter anzuziehende Schraube (passender Schraubenschlüssel notwendig); Expressanker werden auch in nicht korrosionsbeständigem Stahl angeboten, Vorsicht: mit der Zeit erhöhte Bruchgefahr (Korrosion)

Beim Setzen von Expressankern treten Probleme auf: Die Mutter muss mit einem bestimmten Drehmoment festgezogen werden, es darf nicht zu niedrig, keinesfalls aber auch zu hoch sein. Dazu ist ein Drehmomentschlüssel notwendig (Gewicht, Kosten); die Handhabung solcher Schlüssel kennen nur Metallhandwerker. Bei zu hohem Drehmoment treten Risse im Gewinde auf, die mit der Zeit (häufige Sturzbelastung), insbesondere bei Korrosion, zum Bruch führen.

Klebebohrhaken (Verbundhaken)

Die formschlüssige Verbindung mit dem Fels erfolgt durch so genannte Verbundmittel auf Zweikomponentenbasis (bauaufsichtlich zugelassen, normgerecht). Das Bohrloch (ca. 2 mm größer als der Schaftdurchmesser) muss absolut frei von Bohrstaub sein (ausblasen und ausputzen mit Flaschenhalsputzer oder Zahnbürste). Auf Abbindezeit und andere Hinweise in der Gebrauchsanleitung peinlich genau achten. Nur Bohrhaken mit dem vom Hersteller mitgelieferten oder in der Gebrauchsanleitung empfohlenen Verbund-(Klebe-)mittel verwenden (nicht irgendwelche »Kleber«).

Verschiedene Klebebohr-(Verbund-)haken, unten Klebemittel (Verbundmörtel) in Glaspatrone.

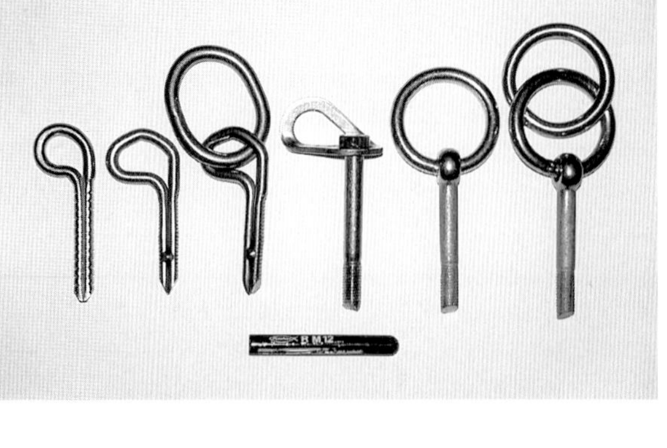

Von links nach rechts: drei Hängerhaken (der erste nicht, die beiden anderen normgerecht), Ringhaken, Doppelringhaken (zum Abseilen) und Toprope-Haken.

Links: einzementierter Bühlerhaken, rechts: Stiftbohrhaken.

Zur formschlüssigen Verbindung bestimmter Haken (Bühlerhaken) mit dem Fels kann auch schnell abbindender Zement verwendet werden.

Bohrhaken mit Spreizkeil am Bohrlochgrund

Die Klemmwirkung erfolgt durch einen runden Spreizkeil, der am Bohrlochgrund aufsitzt (siehe Grafik S. 80). Achtung: nicht normgerecht! Von außen sind diese Bohrhaken nicht eindeutig zu erkennen.

Sie haben erhebliche Nachteile:

- Bei zu tiefem Bohrloch (Bohrmaschine) keine ausreichende Klemmwirkung.
- Die als Dübel verwendete Bohrkrone ist sehr korrosionsanfällig, da nicht aus korrosionsbeständigem (NIRO-)Stahl; da nützen nicht rostende Schrauben und Hänger nichts. Die Korrosion findet im Bohrloch statt (Mikroklima). Bei unterschiedlichen Metallen tritt darüber hinaus noch elektrolytische* Korrosion auf.

Die Bruch- bzw. Ausziehkraftwerte* können sehr niedrig sein. Von der Verwendung muss abgeraten werden. Auch eine Abdichtung des Bohrhakens löst das Korrosionsproblem nicht, da die Abdichtung nie sicher ist, auf Dauer schon gar nicht, und die Feuchtigkeit auch teilweise durch den Fels sickert.

Stiftbohrhaken

Bis Mitte/Ende der Siebzigerjahre wurden Stiftbohrhaken verwendet (nicht normgerecht, weil noch keine Normen existierten), die noch in klassischen Routen angetroffen werden. Ihre Festigkeit und Haltekraft können nicht abgeschätzt werden, da sie von der Schaftlänge und von der Klemmwirkung im Bohrloch abhängig sind (beides ist von außen nicht zu erkennen). Erosion* und Korrosion* können die Haltekraft erheblich reduziert haben. Außerdem ist der Schaftquerschnitt (6×6 mm) nach heutigen Gesichtspunkten zu schwach. Deshalb Vorsicht: Nicht als alleinigen Sicherungspunkt verwenden!

Einrichten von Standplätzen, Umlenk- und Abseilstellen

Zwei Bohrhaken sind üblich (Redundanz*). Nur normgerechte (korrosionsbeständige) Bohrhaken können empfohlen werden, wenigstens einer der beiden zweckmäßig mit Ring oder einem ringähnlichen Schraubglied (wegen der Seilauflage beim Umlenken, Rückzug bzw. Abseilen); bei Hängern muss andernfalls zum Umlenken ein Karabiner verwendet, gegebenenfalls geopfert werden.

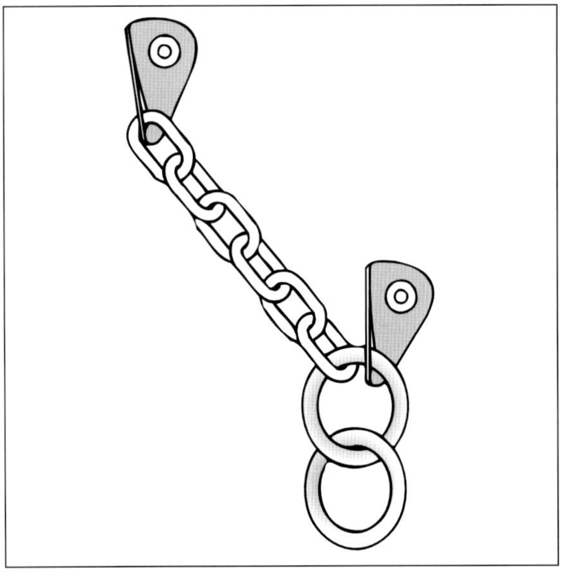

»Kettenstand« als Standplatz, Umlenk- oder Abseilstelle.

Ausreichender Abstand der Haken voneinander ist notwendig. Bei festem Fels reicht ein Abstand von 20 cm. Das Anbringen erfolgt zweckmäßig annähernd über- oder wenigstens diagonal zueinander.
Im Fachhandel werden komplette Sets angeboten, bestehend aus zwei Hängern (ohne Schaft), verbunden mit einer ca. 20 cm langen Kette, komplett aus korrosionsbeständigem (NIRO-)Stahl (nicht irgendwelche handelsüblichen Ketten aus Haushaltsgeschäften oder Baumärkten verwenden, die nicht korrosionsbeständig sind und für deren Festigkeit der Hersteller keine Garantie übernimmt, weil nicht geprüft).

Hinweis

Da die Normen (EN, UIAA) noch nicht überall greifen, ist damit zu rechnen, dass noch nicht normgerechte Bohrhaken angebracht werden, insbesondere auch selbst gefertigte, und dass noch weit mehr im Fels angetroffen werden. Ihre Festigkeit und Haltekraft im Fels lassen sich nicht abschätzen, ausgenommen die von Bühlerhaken, die überdimensioniert* sind, d. h., dass deren Bruch oder Ausbruch nicht vorstellbar ist. Die Festigkeit und Haltekraft aller anderen im Fels befindlichen, nicht normgerechten Bohrhaken hängen vom Erosions- und Korrosionsgrad ab. Letzterer ist in etwa an den Rostspuren zu erkennen. Bei Sturzbelastung können Hakenbrüche auftreten!

Felshammer, Klemmkeilhammer, Zubehör

Die Entwicklung der modernen Sicherungstechnik hat auch besonders gestaltete Hämmer und weiteres Zubehör notwendig gemacht.

Felshammer

Zum Eintreiben und Entfernen von Felshaken dient der Felshammer mit gummi- oder kunststoffummanteltem Stahlschaft. Mit der einseitigen, möglichst schlanken Keilspitze können Klemmkeile leicht eingeklopft werden (besserer Sitz). Die gezahnte Keilspitze erleichtert das Entfernen von Klemmkeilen und Felshaken, die schon gelockert sind, sich aber noch nicht von Hand herausnehmen lassen.

Bei der Anschaffung beachten:

- Gewicht zwischen 500 und 650 g, der schwerere Hammer hat mehr Zug. Eine gerade Finne (Schlagfläche) eignet sich besser als eine leicht gewölbte, da der Hammer beim Schlagen weniger oft vom Haken rutscht, man muss den Haken weniger genau treffen.
- Schaftlänge nicht unter 28 cm – mit kürzeren Hammerschäften werden die Fingerknöchel am Fels sehr schnell in Mitleidenschaft gezogen (Verletzungsgefahr).

Verschiedene Felshämmer: Die Haue dient zum Anklopfen von Klemmkeilen und zum Heraushebeln von gelockerten Haken.

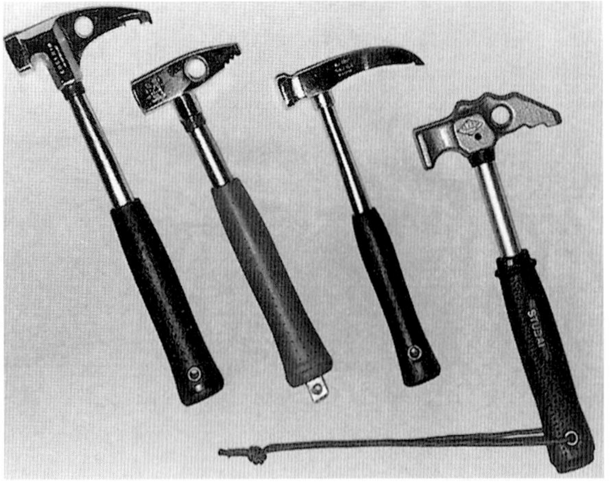

- Der Holzschaft prellt weniger, kann aber leichter zu Bruch gehen (weil nicht so widerstandsfähig wie Metallschäfte, deshalb Vorsicht bei längeren Touren, insbesondere in außereuropäischen Gebirgen).

Am Schaftende besitzen alle Hämmer eine Öse oder eine Bohrung, an der eine dünne, etwa 1 m lange Reepschnur befestigt wird. Sie dient, am Anseilgurt befestigt, während des Kletterns zur Sicherung des Hammers gegen Verlust.

Klemmkeilzieher – »Klemmkeilfieseler«

Aus Stahlblech gestanzter Griff (Gewicht etwa 50 g) mit Widerhaken zum leichteren Entfernen von Klemmkeilen aus Rissen. Die Bohrungen im Schaft (Gewichtsersparnis) dienen auch zum Entfernen von zu tief in Risse gerutschten Friends und anderen Klemmgeräten.

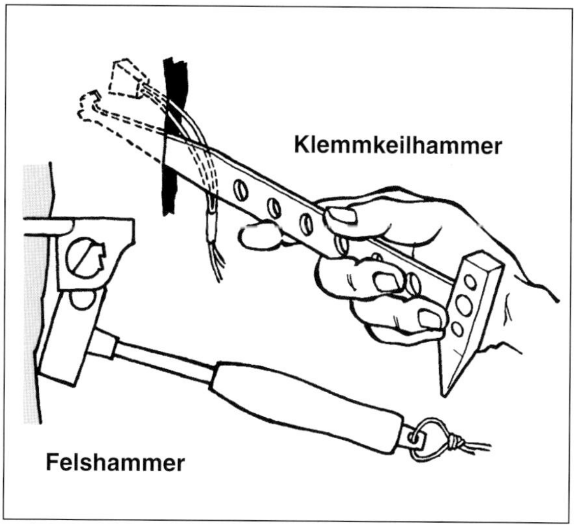

Die Anwendung von Klemmkeilhammer und Felshammer zum Lösen von Sicherungsmitteln.

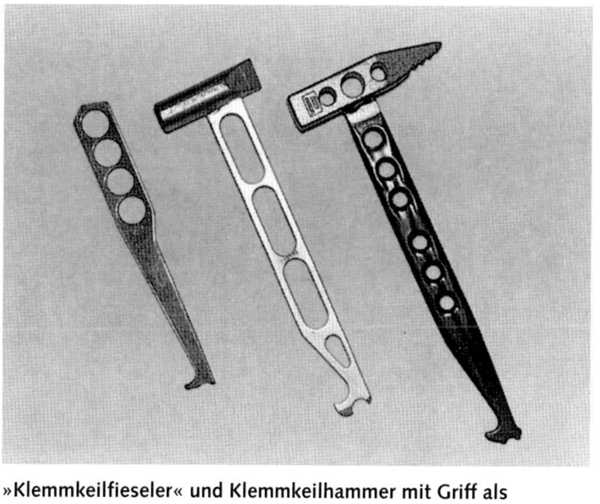

»Klemmkeilfieseler« und Klemmkeilhammer mit Griff als »Klemmkeilfieseler«; mit der rechten Ausführung lassen sich auch Haken schlagen.

Klemmkeilhammer

Hammerartiges Gerät mit Griff in Form eines »Klemmkeilfieselers«. Klemmkeile lassen sich damit »anklopfen« (besserer Sitz), der Griff dient zum leichteren Entfernen von Klemmkeilen.
Die kleine Ausführung (Gewicht etwa 220 g) eignet sich nur zum Platzieren und Entfernen von Klemmkeilen. Mit der größeren Ausführung, die einen kunststoffummantelten Griff aufweist, lassen sich unter günstigen Bedingungen auch noch Haken setzen und entfernen.

Hammerköcher

Hämmer (Fels-, Eishämmer) werden am besten im Hammerköcher (Gewicht etwa 50 g) untergebracht. Manche Sitzgurte besitzen eine Hammerschlaufe, die den gleichen Zweck erfüllt. Am zweckmäßigsten hat

Gewöhnlicher Hammerköcher.

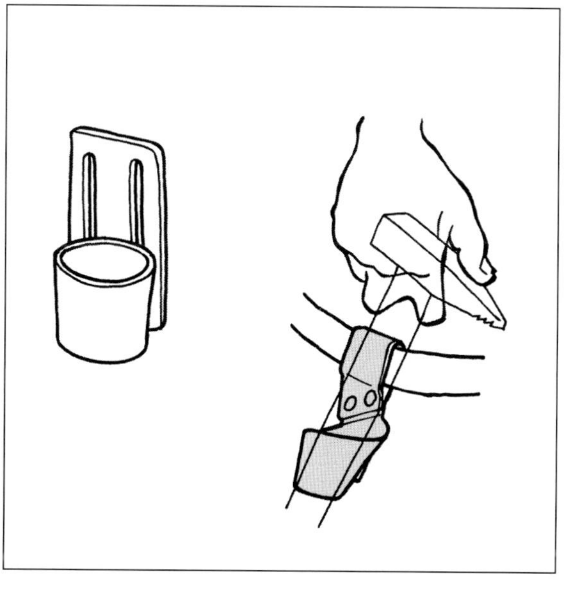

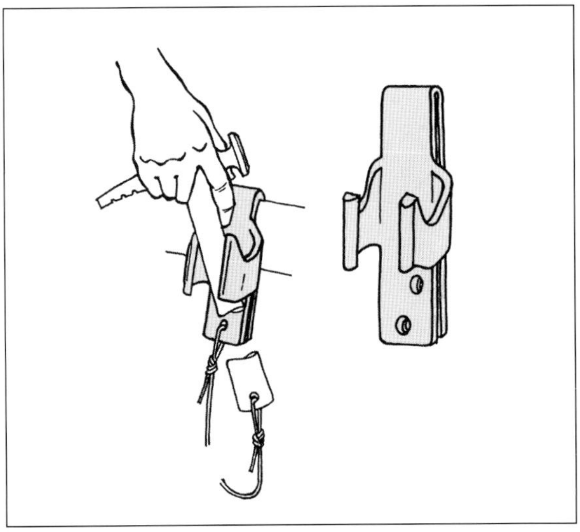

Klippköcher zum leichteren Entnehmen und Verstauen des Hammers.

sich der Klippköcher herausgestellt. Jeden Köcher bei Anschaffung zunächst ausprobieren. Umständliches Entnehmen und Verstauen des Hammers führt zu Kraft- und Nervenverschleiß, vor allem in exponierten Gleichgewichtssituationen.

Abseilachter

Sie sind noch nicht genormt, dafür aber überdimensioniert* (mehr als zehnfache Sicherheit), d. h., dass bei Belastungen, wie sie beim Abseilen und beim Sichern auftreten können, kein Bruch möglich ist. Materialfehler sind recht selten; es können Schmiedefalten sein, die an ihrer Rissform zu erkennen sind (siehe Bild). Ist die Oberfläche ohne sichtbare Rissspuren, sind keine Schmiedefalten vorhanden.

Verschiedene Achterformen.

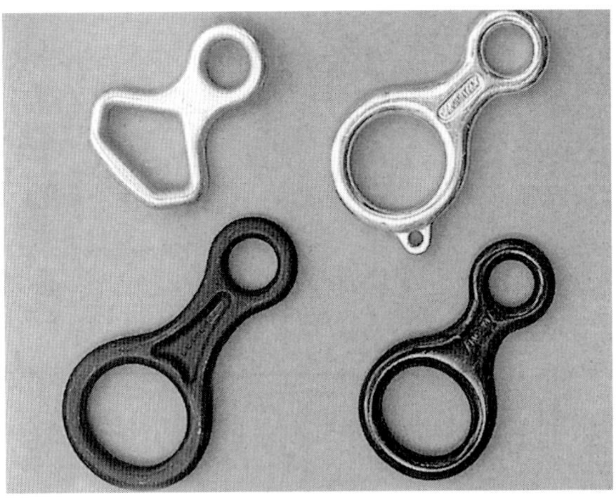

Abseilachter können durch Fallenlassen und Aufschlag auf Fels keine Risse (Haarrisse) bekommen; wenn sie solche aufweisen, dann stammen diese von der Fertigung (Schmiedefalten, siehe oben). Sollte der Abseilachter durch das Aufschlagen auffallende Dellen und Rauheiten erhalten haben, dann diese mit einer feinen Feile und anschließend mit feinstem Schmirgelpapier (320er- und 600er-Körnung, auf der Rückseite angegeben) beseitigen.

Riss (Schmiedefalte) in einem Abseilachter.

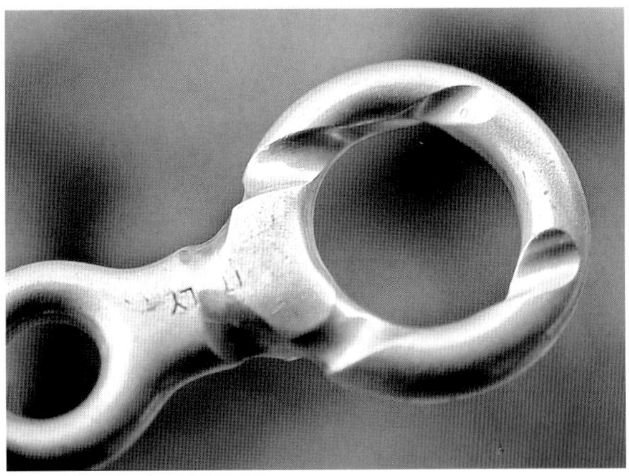

Eingeschliffener Abseilachter, noch besteht keinerlei Gefahr.

Stark eingeschliffene Abseilachter stellen kein Sicherheitsrisiko dar; erst wenn der Querschnittsverlust, insbesondere am Mittelsteg (zwischen den beiden Ösen) auffallend mehr als 50 % betragen sollte, empfiehlt es sich, an eine gelegentliche Aussonderung zu denken; Gefahr bestünde immer noch nicht.
Abseilachter mit großer Öse von mehr als 55 mm lichter Weite lasssen sich ideal auch bei Seilverlängerung benutzen: Der Knoten schlüpft durch.

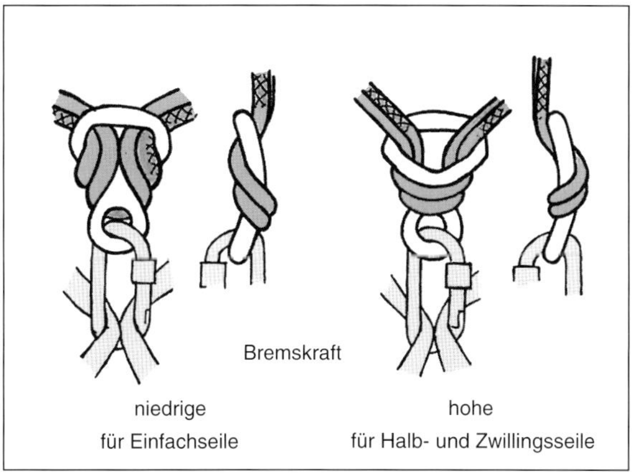

Der abgewinkelte Abseilachter hat zwei verschiedene Anwendungsformen mit unterschiedlicher Bremskraft.

Abgewinkelte Abseilachter bieten zwei unterschiedliche Bremsstufen für unterschiedlich dicke Seile: Halbseile, Zwillingsseile = großer Umschlingungswinkel (mehr Reibung); Einfachseile = kleiner Umschlingungswinkel (weniger Reibung).

Seilrollen

Sie dienen zur Reduzierung der Seilreibung in Karabinern beim Aufziehen von Lasten mittels Flaschenzugtechnik (siehe Grafik S. 137).

Verschiedene Formen von Seilrollen.

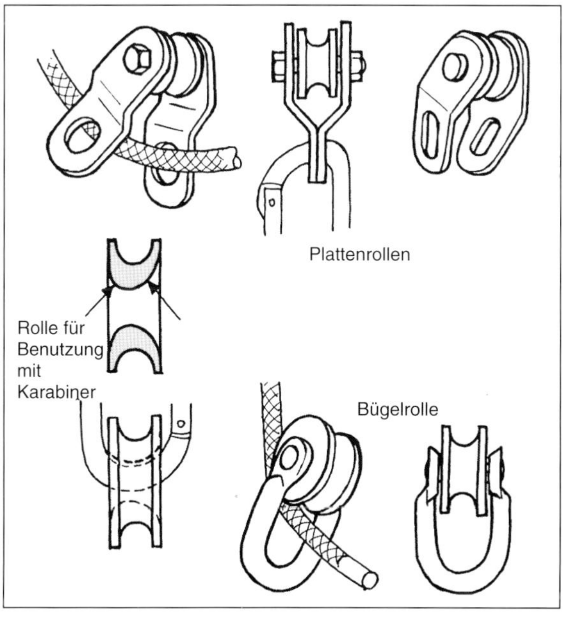

Drei unterschiedliche Typen werden angeboten:

- Rolle, die in einen Karabiner eingehängt wird
- Plattenrolle mit beweglichen Seitenplatten zum Einhängen des Seiles (häufigste Verwendung)
- Bügelrolle mit nicht lösbarem Bügel; für die behelfsmäßige Kameradenrettung nicht geeignet, da das Seil vom Ende her durchgefädelt werden muss.

Seilrollen sind genormt (EN 12278 und UIAA), Mindestbruchkraft 12 kN (ca. 1200 kp). Die Bruchkraft sagt noch nichts über die zulässige Belastung, die niedriger ist. Wird sie überschritten, beginnt die Rolle zu klemmen. Mindestanforderung 2 kN (ca. 200 kp). Die neueste Entwicklung sind Seilrollen mit Rücklaufsperre, ideal zum Heben von Lasten (der Kurzprusik wird überflüssig, dadurch weniger Leerlauf bzw. Höhenverluste durch Dehnung der Prusikschlinge).

Cliffhänger – Skyhook

Aus Hartstahlblech gefertigter, flacher Haken (Gewicht ca. 50 g), der hinter winzige Felserhöhungen oder in kleine Felsvertiefungen gehakt wird und so Halt für das Körpergewicht* bieten kann.

Cliffhänger bzw. Skyhook zum Rasten und für Tätigkeiten, zu denen man beide Hände braucht.

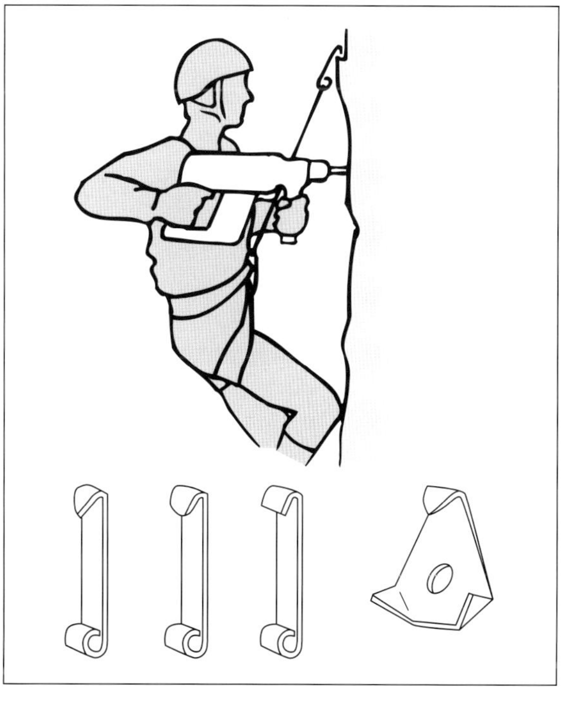

Ausführungen mit spitzer, gerundeter oder gerader Hakenkante sind in Gebrauch (siehe Grafik S. 85):

- spitz = besser für Felsvertiefungen
- rund = universeller Anwendungsbereich
- gerade = besser für Felserhöhungen

Belastung mit dem Körpergewicht (Ausruhen) über eine am Sitzgurt befestigte Schlinge. Vorsichtige Belastung, der Fels kann ausbrechen. Nicht für größere Belastung geeignet (Felsbruch oder Aufbiegen des Hakens, ab etwa 2 bis 3 kN, ca. 200 bis 300 kp).

Bandleitern und Fiffi-Haken

Für technisches Klettern (im Rahmen schwieriger Erstbegehungen) werden gelegentlich Bandleitern verwendet, die entweder mit einem Karabiner in den Haken (oder sonstige Zwischensicherung) oder mit

Fiffi-Haken und Trittleitern

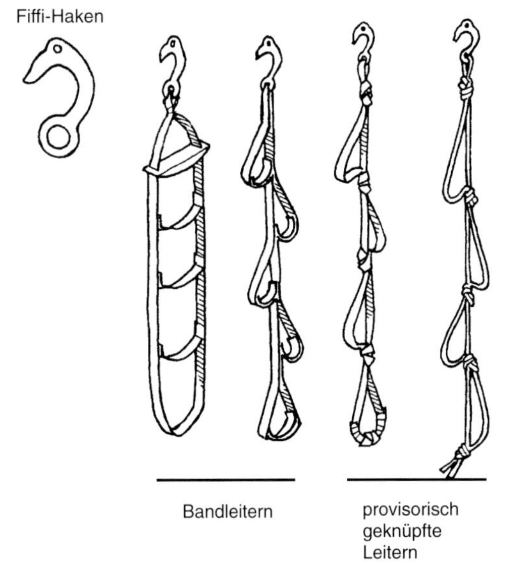

einem Fiffi-Haken eingehängt werden, der samt Bandleiter an einer dünnen Reepschnur nachgezogen werden kann (die gleichzeitig vor Verlust schützt).[1]

[1] Die Bezeichnung »Fiffi« ist auf den Hundenamen zurückzuführen: Trittleitern müssen wie Hunde, die nicht weiter wollen, nachgezogen werden.

Seilklemmen

Sie blockieren bei Belastung in einer Seilrichtung und lassen sich bei Entlastung in die andere Richtung verschieben. Sie dienen zum Aufstieg am fixierten Seil und als Rücklaufsperre bei Anwendung der Flaschenzug- und der Selbstsicherungstechnik am fixierten Seil. Der für die Anwendung zugelassene Seildurchmesser ist auf den Seilklemmen und in der Gebrauchsanleitung angegeben.
Die Klemmwirkung wird durch eine federgestützte, mit kleinen Metallzähnen oder zahnartigen Metallrippen versehene Zahnklemme bewirkt, die das Seil mit der Zeit schädigen (siehe S. 87). Eine federgestützte Sperre verhindert das unbeabsichtigte Aushängen des Seiles (Absturzgefahr). Zum Ein- und Aushängen des Seiles muss die Sperre gelöst werden.

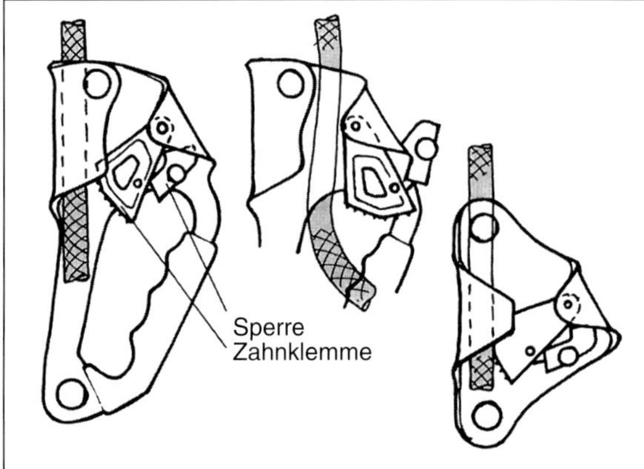

Seilklemmen mit und ohne Griff.

Die Ausführungen mit Griff eignen sich mehr zum Aufstieg am fixierten Seil (Expeditionen), die kleineren Ausführungen ohne Griff mehr zum Selbstsichern beim Klettern am fixierten Seil, da sie handlicher sind. Gewicht zwischen 100 g und 250 g pro Stück.
Mini-Seilklemmen (siehe Grafik S. 87) sind aufgrund ihres geringen Gewichts (ca. 40 g) zum ständigen Mitführen am Anseilgurt gedacht, Bedarfsfälle gibt es genügend: zweite (redundante) Sicherung beim Klettern am oben fixierten Seil (siehe S. 148), Rücklaufsperre für Flaschenzug und natürlich zum Aufstieg am fixierten Seil.

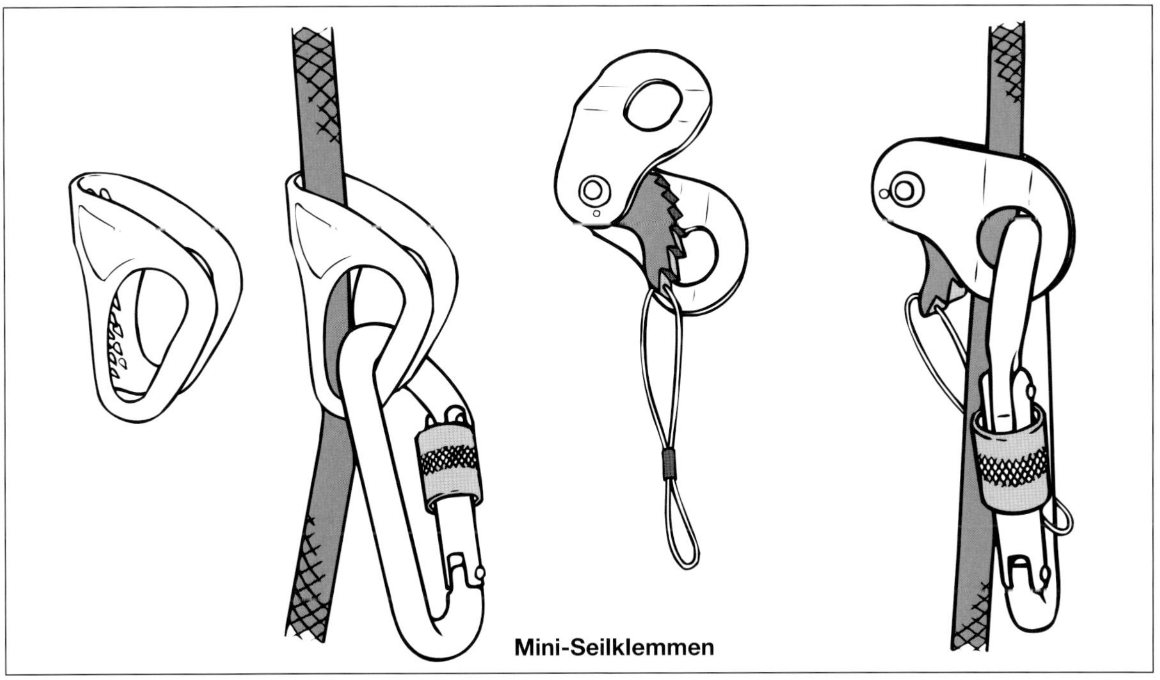

Mini-Seilklemmen

Festigkeit und Seilbeanspruchung

Seilklemmen werden nach Norm (EN 567 und UIAA) geprüft. Dabei werden sie praxisgerecht an ein Seil eingehängt und fünfmal mit 4 kN (ca. 400 kp) belastet. Es dürfen keine sicherheitsbedenklichen Verformungen auftreten.

Die Belastungen in der Praxis liegen unter dieser Größenordnung:

- beim Aufstieg am fixierten Seil bis zum zweifachen Körpergewicht*, bis 1,6 kN (ca. 160 kp)
- beim Selbstsichern am fixierten Seil bis zum dreifachen Körpergewicht, bis 2,5 kN (ca. 250 kp

Die Benutzung von Seilklemmen schadet den Seilen mit der Zeit. Für das Aufsteigen mit Seilklemmen mit Zahnklemme wurde die Schädigung untersucht[1]: 600-mal reduziert die Seilfestigkeit (richtig: Kantenarbeitsvermögen) um drei bis vier Normstürze, d. h., dass ein solches Seil immer noch nicht reißen kann, es sei denn, es würde bei Sturzbelastung über eine Felskante umgelenkt werden.

[1] DAV-Sicherheitskreis

Selbsticherung mit Seilklemme am fixierten Seil mit gelegentlicher Belastung durch Überschreiten der Sturzgrenze schadet den Seilen nicht wesentlich mehr als die übliche Belastung durch Klettern, Abseilen und Sportkletterstürze.

Klettersteigbremsen

Eine Lochplatte oder ein ähnlich geformtes Metallstück dient in Verbindung mit einem Seilstück als Bremse, wenn das Seilstück durch Sturz belastet wird. Das Seilstück rutscht unter einer bestimmten Bremskraft durch die Lochplatte bzw. durch das Metallstück, wodurch das gesamte Sicherungssystem (einschließlich Drahtseil und Verankerung) nur mit einer Fangstoßkraft* in Höhe der Bremskraft der Klettersteigbremse belastet wird[1].
Klettersteigbremsen sind genormt (EN 958 und UIAA). Die Prüfung erfolgt durch einen Fallversuch auf der Prüfanlage für Seile (siehe S. 44).

[1] Bei Verwendung eines Seilstücks ohne Bremse würde die Fangstoßkraft Werte erreichen, die einerseits das Sicherungssystem bis in Größenordnungen belastet, die zum Bruch führen, und andererseits auch noch das körperverträgliche Maß überschreiten könnten (siehe auch Seite 132).

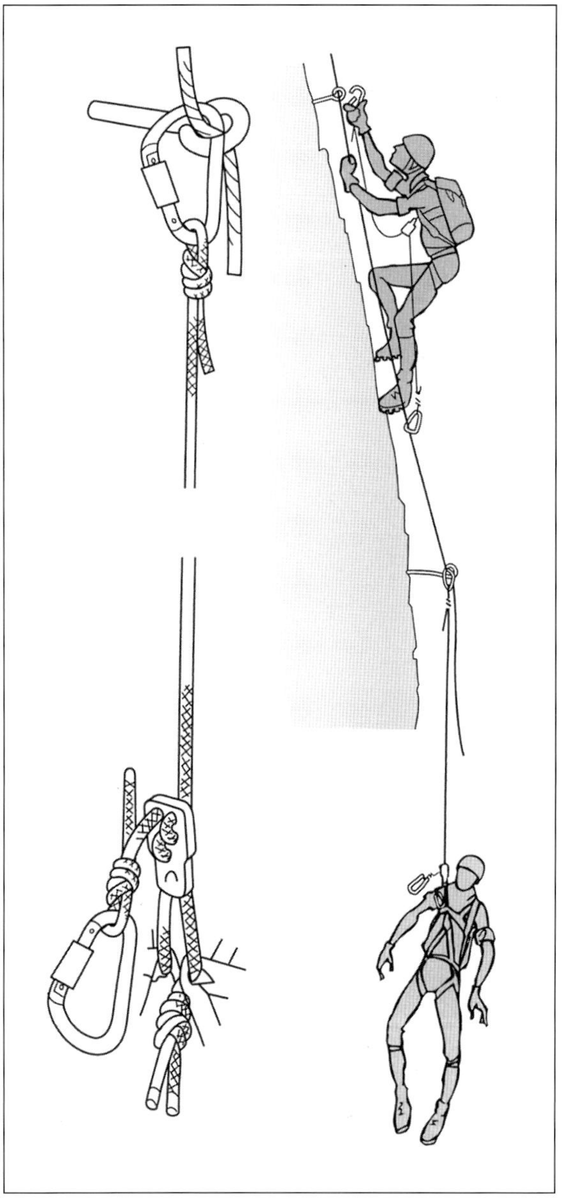

Wirkungsweise der Klettersteigbremse in V-Form: umständliche Handhabung.

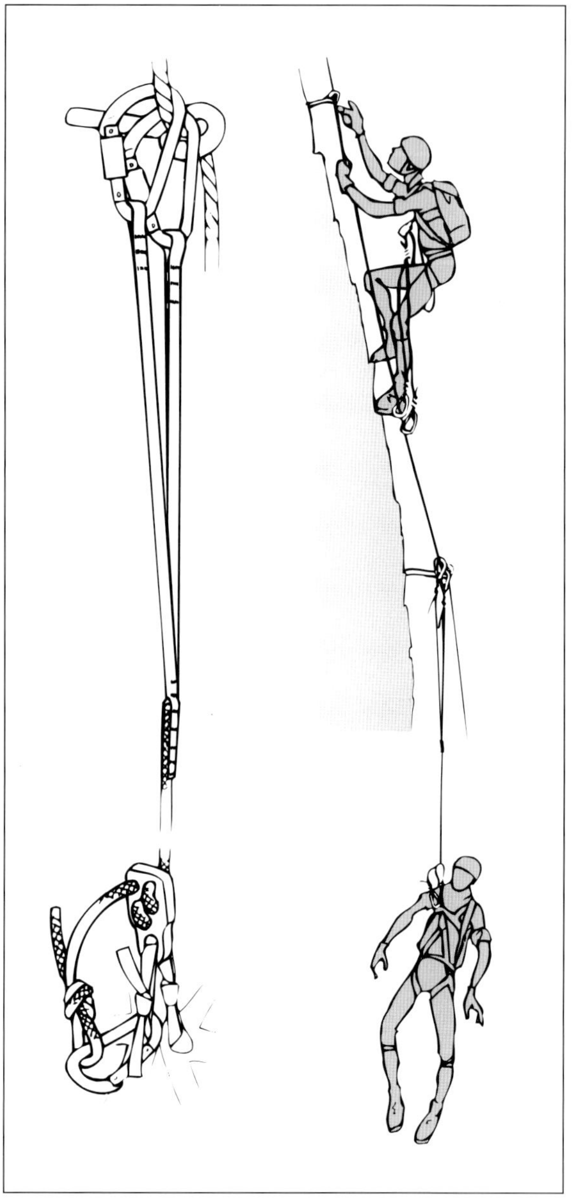

Wirkungsweise der Klettersteigbremse in Y-Form (Weiche): wesentlich einfachere Handhabung, außerdem Redundanz (bei Bruch eines Karabiners).

Die wichtigsten Gütemerkmale nach Norm sind:

- Ein 5 m hoher Sturz eines 80 kg schweren Fallgewichts muss mit einem 1,2 m langen Seilstück dynamisch (durchrutschend) aufgefangen werden können.
- Die Fangstoßkraft darf dabei den Wert von 6 kN (ca. 600 kp) nicht überschreiten.
- Das Seilstück darf erst ab einer statischen Belastung von 1,2 kN (ca. 120 kp) durchrutschen.

An Klettersteigbremsen für Kinder (mit einer niedrigeren Bremskraft) wird sowohl von Herstellerseite als auch normenseitig gearbeitet; mit den ersten Modellen ist in Kürze zu rechnen.

Angebot

Verschiedene Systeme sind auf dem Markt. Nach Norm dürfen Klettersteigbremsen nur mit vom Hersteller eingeschlauftem Seilstück angeboten werden (da Seil- und Bohrungsdurchmesser aufeinander abgestimmt sein müssen). Vor dem getrennten Kauf (Lochplatte und Seilstück) und sonstiger Selbstanfertigung in jeder Form muss gewarnt werden. Zu hohe oder zu niedrige Fangstoßkräfte mit zu geringem bzw. zu hohem Seildurchlauf können die Folge sein.

Wirkungsweise der beiden unterschiedlichen Typen (beide sind normgerecht):

- Klettersteigbremse in V-Form: Einfachste Form, umständlich in der Handhabung, nur immer ein Karabiner darf eingehängt sein, ausgenommen beim kurzzeitigen Umhängen an Verankerungen (andernfalls bei Sturzbelastung Blockierung der Bremse).
- Klettersteigbremse in Y-Form (Weiche): Wesentlich leichtere Handhabung, beide Stränge können jederzeit gleichzeitig eingehängt sein, Vorteil: Redundanz* bei Karabinerbelastung durch Sturz (siehe S. 151). Nur diese Art von Klettersteigbremse kann empfohlen werden.

Nach einem Sturz mit dynamischer Wirkung der Klettersteigbremse das Seilstück genau kontrollieren. Bei Mantelbeschädigung Bremse über den Sporthandel ans Herstellerwerk einschicken und neues Seilstück einschlaufen lassen. Ist keine auffallende Beschädigung zu erkennen, Bremsplatte wieder an der ursprünglichen Stelle positionieren.

Klettersteigbremse mit eingenähter Rundschlinge, am Anseilgurt mit Ankerstich befestigt.

Klettersteigbremsen ohne Knoten:

- Da sich Knoten lösen können (wenn sie, wie bei Klettersteigbremsen üblich, nicht ständig belastet sind), empfehlen sich fest vernähte Karabiner.
- Auch Anseilknoten können sich lösen; deshalb empfiehlt sich die Verwendung solcher Klettersteigbremsen, die eine in die Bremsplatte eingenähte oder eingeschlaufte Bandschlinge aufweisen, die mittels Ankerstich am Anseilgurt befestigt wird.

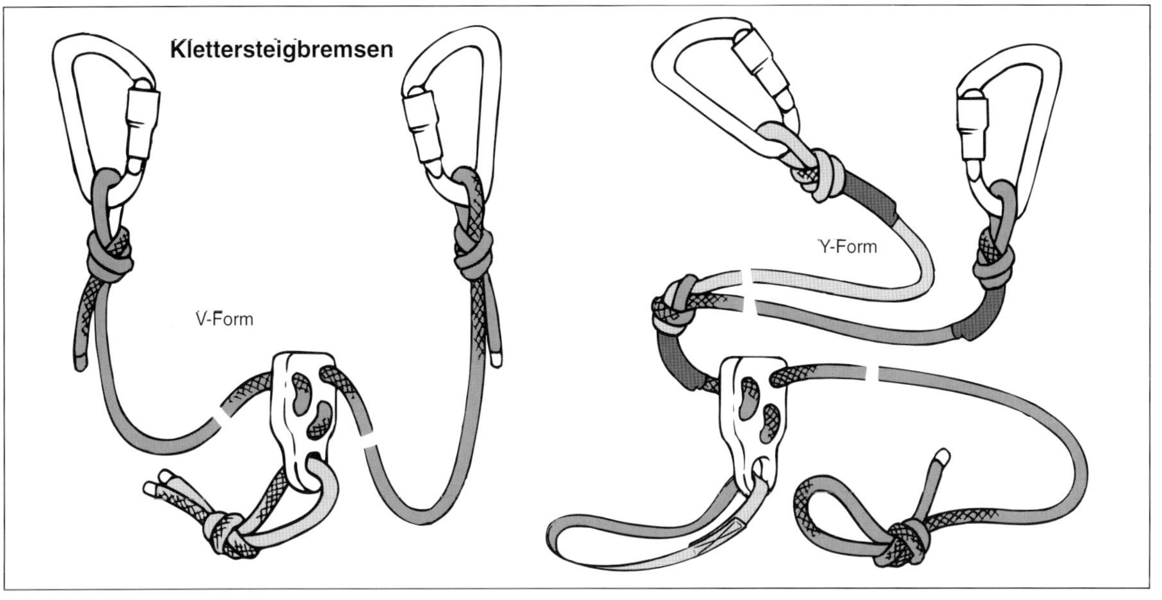

Eispickel und Eisgeräte

Sie dienen zum Stufenschlagen und zur Fortbewegung im Steileis; Unterscheidung nach Kopf- und Schaftform sowie Schaftlänge:

- Eispickel: Kopf mit Haue und Schaufel, Schaft mit Spitze, Schaftlänge 50 bis 90 cm, Gewicht für mittlere Längen etwa 500 g
- Eisgeräte: Kopf mit Haue und Hammerkopf oder Schaufel, Schaft gerade, gebogen oder gekröpft, mit Spitze, Schaftlänge 40 bis 55 cm, Gewicht für mittlere Längen etwa 750 g

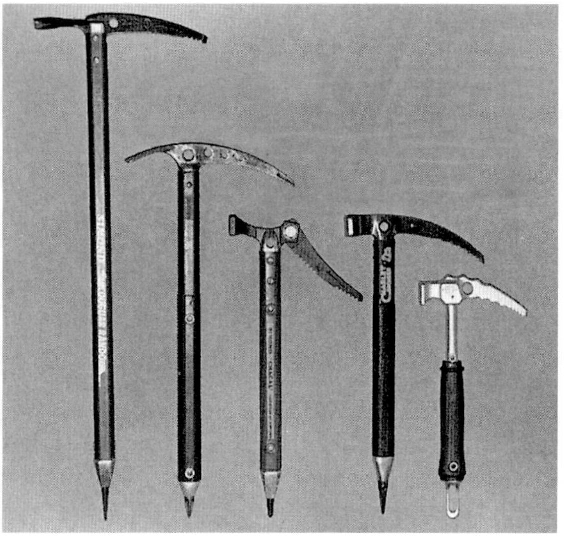

Größenverleich von Eispickeln und Eisgeräten (gebogene und gekröpfte Schäfte, siehe S. 93).

Abstufung der Schaftlängen für Eispickel je nach Fabrikat zwischen 5 und 10 cm. Eisgeräte werden meist nur in einer Länge angeboten.
Unterscheidungsmerkmal für den Einsatzbereich ist die Hauenform. Ihr kommt entscheidende Bedeutung zu. Die Schaufelform und die Form des Hammerkopfes fallen weniger ins Gewicht.

Hauenform

Sie hängt von fünf Kriterien ab – vom Setzwinkel, von der Hauenkrümmung, vom Hauenquerschnitt, von der Hauenschneide und von der Hauenzahnung –, die in ihrer Summe den Einsatzbereich bestimmen.

Setzwinkel: Wichtigstes Kriterium der Haue, entscheidet primär über den Einsatzbereich. Unter Setzwinkel der Haue versteht man den Winkel, unter dem die Haue ins Eis trifft. Er ist der Winkel zwischen der Eiswand und der Hauenunterkante des vorderen Hauendrittels bei Anlage des Schaftendes an die Eiswand. Der Setzwinkel kann positiv sein (größer als 90°) oder negativ (kleiner als 90°) oder ein rechter Winkel (= 90°). Zur Ermittlung hält man das Eisgerät einfachheitshalber an eine senkrechte Wand (Zimmerwand) und vergleicht den Setzwinkel mit einem rechten Winkel (z. B. Buch, Katalog usw.).

- Positiver Setzwinkel (größer als 90°): Die Haue erfährt nach dem Einschlagen bei Belastung eine »positive« Kraftkomponente, die sie ins Eis noch hineinzieht. Je größer der Setzwinkel, desto größer ist diese Kraftkomponente und damit also der Halt im Eis, desto besser eignet sich das Gerät zur Anwendung der Zugpickeltechnik* (auch Ankertechnik genannt). Eisgeräte mit positivem Setzwinkel werden deshalb als Zugpickel- (oder Anker-)geräte bezeichnet. Sie eignen sich zum Stufenschlagen umso schlechter, je größer der Setzwinkel ist.
- Negativer Setzwinkel (kleiner als 90°): Die Haue erfährt nach dem Einschlagen bei Belastung eine negative Kraftkomponente, die die Haue dazu tendieren lässt, aus dem Eis herauszurutschen. Schlechte Eignung als Zugpickel, umso besser geeignet zum Stufenschlagen. Deshalb werden Eisgeräte mit negativem Setzwinkel als Pickelgeräte bezeichnet oder als Führerpickel, da sie überwiegend zum Führen verwendet werden (häufiges Stufenschlagen).
- Rechter Setzwinkel (90°): Die Haue erfährt nach dem Einschlagen bei Belastung keine Kraftkompo-

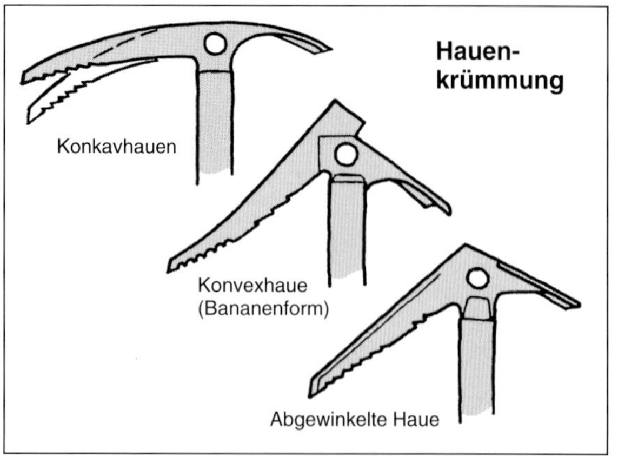

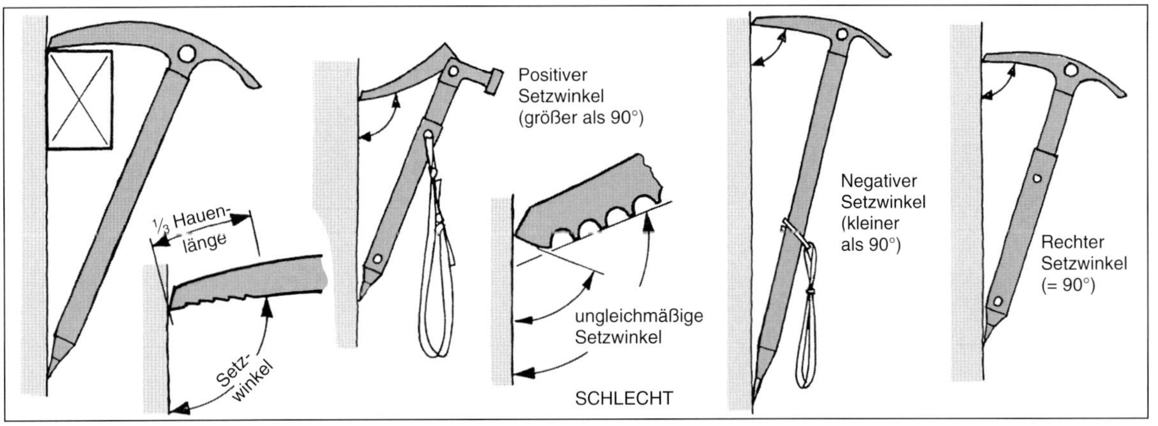

Setzwinkel von Eisgeräten (= Winkel zwischen Hauenunterkante und Eiswand), alle Angaben unabhängig von der Form des Schaftes (gerade, gekrümmt).

nente, weder ins Eis hinein noch aus dem Eis heraus. Hauen mit diesem Setzwinkel, so genannte Universalhauen, eignen sich sowohl zum Stufenschlagen als auch zur Anwendung der Zugpickeltechnik, wenn auch in beiden Einsatzbereichen nicht optimal.

Hauenkrümmung (siehe Grafik S. 90): Sie wird leicht verwechselt mit dem Setzwinkel, steht aber mit diesem nicht in einem direkten Zusammenhang.

Die Hauenkrümmung kann drei mehr oder weniger stark ausgebildete Grundformen aufweisen:

- Konkave (so genannte gekrümmte) Hauen: Ihre Schlagwucht lässt sich besser ausnutzen, da die Hauenkrümmung dem Schlagradius entgegenkommt.
- Konvexe (so genannte bananenförmige) Hauen: Sie lassen sich nach dem Setzen leichter lösen.
- Abgewinkelte (nicht gekrümmte) Hauen: Sie ähneln in ihrem Anwendungsbereich eher den konvexen als den konkaven Hauen.

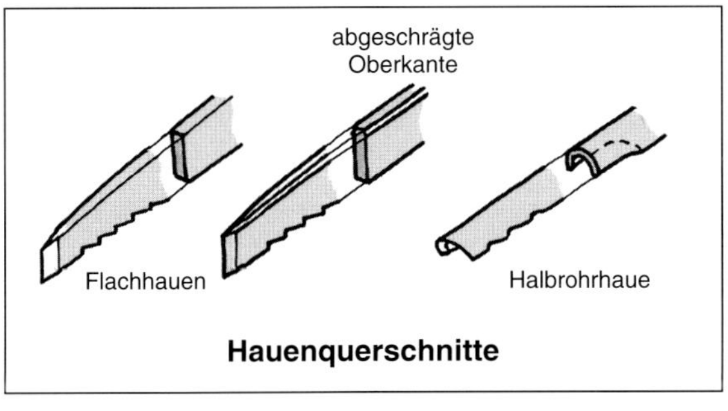

Zwei verschiedene Hauenquerschnitte weisen unterschiedliche Vorteile auf (siehe Grafik links unten):

- Flachhaue: Universalform, für die meisten Einsatzbereiche; mit abgeschrägten Oberkanten besseres Eindringen ins Eis, leichteres Lösen.
- Halbrohrhaue: vorteilhaft in weicherem Eis (Softeis), bietet mehr Halt und lässt sich leichter aus dem Eis lösen als die Flachhaue.

Hauenschneide: Sie kann unterschiedliche Schnitt- und Keilwinkel aufweisen, die Vor- und Nachteile haben wie folgt:

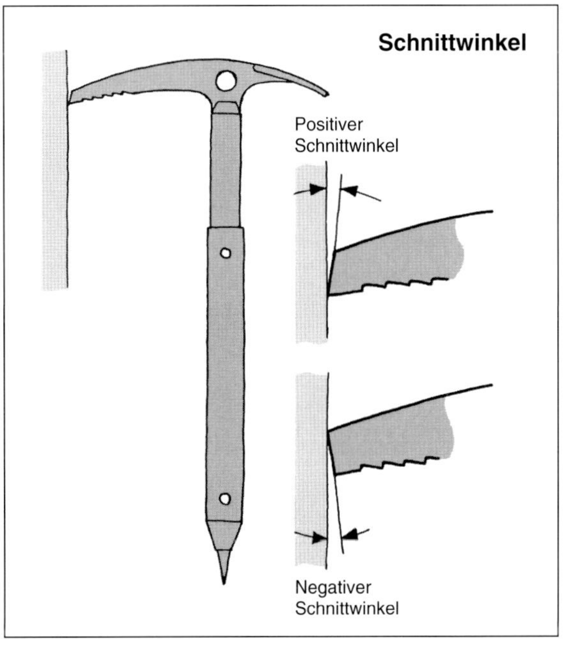

Zur Beurteilung des Schnittwinkels wird die Haue an eine senkrechte Wand (Zimmerwand) gehalten, der Schaft parallel zur Wand (s. Grafik S. 91 rechts unten).

- Positiver Schnittwinkel: geringe Sprengwirkung, gut geeignet als Zugpickel und zur Anwendung des Pickelrettungsgriffs, da die Haue bei Belastung eine Kraftkomponente ins Eis hinein erfährt.
- Negativer Schnittwinkel: größere Sprengwirkung, gut geeignet als Führerpickel, dagegen weniger gute Eignung zur Anwendung des Pickelrettungsgriffs, da die Haue eine Kraftkomponente in Richtung aus dem Eis heraus erfährt.

Zur Beurteilung der Hauenschneide wird die Haue von oben betrachtet:

- Schlanke Hauenschneide: geringe Sprengwirkung, »beißt« gut ins Eis, Form für Zugpickelgeräte
- Stumpfere Hauenschneide: größere Sprengwirkung, gut geeignet als Führerpickel

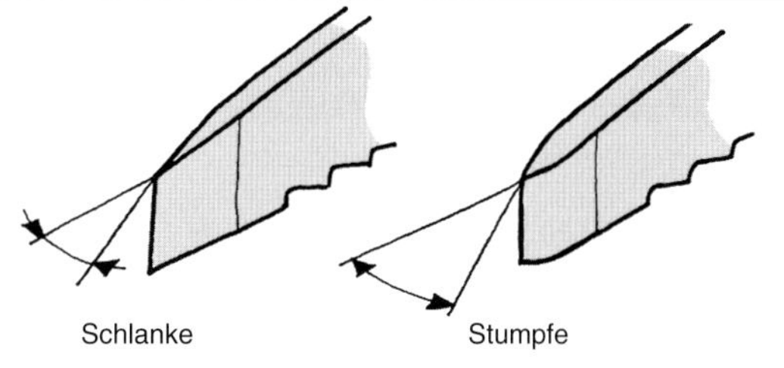

Hauenschneiden

Die Hauenzahnung kann fein- oder grobzahnig und in unterschiedlichen Längen ausgeführt sein:

- Feinzahnung: Sie ist vorteilhaft für hartes Eis.

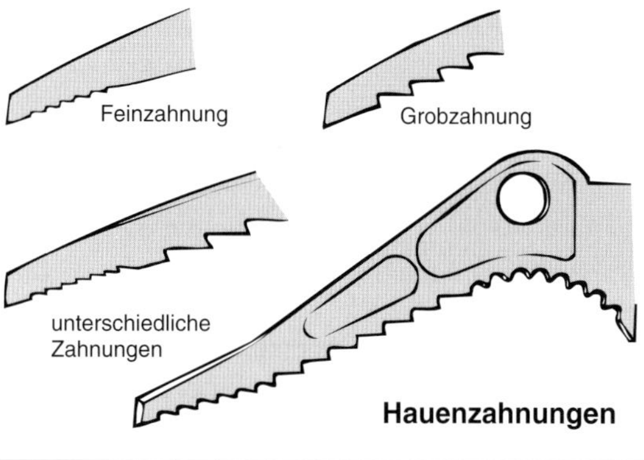

Hauenzahnungen

- Grobzahnung: Sie ist vorteilhaft für weiches Eis (Softeis).
- Unterschiedliche Zahnung: Sie wird in Schaftrichtung gröber und ist besonders vorteilhaft (im harten Kerneis feine Zahnung, im weniger harten Oberflächeneis grobe Zahnung).
- Länge der Zahnung: Für Eispickel ⅔ Hauenlänge, für Eisgeräte am besten über die gesamte Hauenlänge (bis zum Schaft), wobei sowohl die Flach- wie die Halbrundhaue im Schaftbereich zweckmäßigerweise zum Schaft herabführt, um auch im Firn und »Blumenkohleis« noch Halt zu finden.

Schaufelform

Zwei unterschiedliche Grundformen dienen unterschiedlichen Zwecken:

- Normalschaufel: flache oder leicht gewölbte Schaufel für alle normalen Einsatzbereiche, zum Stufenschlagen in Firn und Eis
- Extremschaufel: breitere, stärker gewölbte, mit Schlitzen oder Bohrungen versehene, auffallend nach unten abgewinkelte Schaufel, für extremen Einsatz, zur Anwendung der Zugpickeltechnik* in hartem Firn

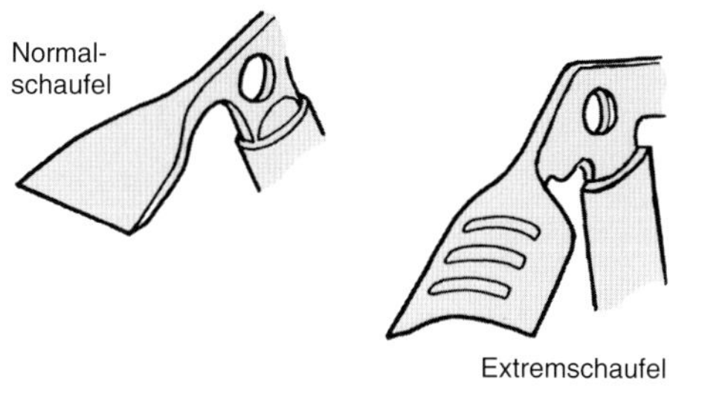

Schaufeln

Form des Hammerkopfes

Die gerade Finne (Schlagfläche) eignet sich (wie bei Felshämmern) besser als die leicht gewölbte, da man den Haken weniger genau treffen muss und weniger oft vom Haken abrutscht. Auch die etwas größere Schlagfläche ($a \times b$ = mindestens 3×3 cm = 9 cm^2) erleichtert das Schlagen. Beides ist von Vorteil. Kleinere Schlagflächen (2×3 cm = 6 cm^2) erschweren das Schlagen (Treffen) dagegen deutlich.

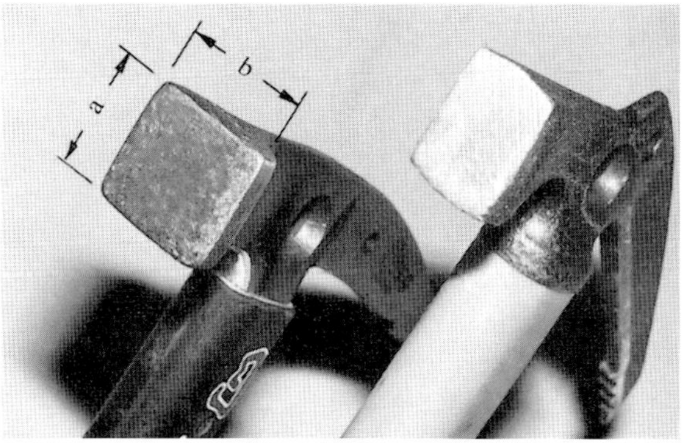

Die Größe der Finne (Hammerschlagfläche a × b) darf nicht zu klein sein, da sie die Treffsicherheit beeinflusst (rechte Finne zu klein).

Schaftform

Es wird zwischen zwei grundsätzlichen Schaftformen unterschieden:

- Gerader Schaft: für alle gewöhnlichen Bedarfsfälle wie Gletscherbegehungen, zum Stufenschlagen (Führerpickel) und zum Sichern am senkrecht eingerammten Schaft (mit Fußabstützung; problematisch, da von der Firnkonsistenz abhängig und nicht immer ausreichend sicher, nur zum Nach- oder Hinabsichern und ohne Gefahr eines freien Sturzes).
- Gebogener oder gekröpfter Schaft: für das Steileisklettern, um beim vielfachen Setzen des Eisgerätes die Hand vor ständiger, unliebsamer Berührung mit dem Eis zu schützen; eine Handabstützung am Schaftende ist vorteilhaft, weil bei der vielfachen Armbelastung (Zugpickeltechnik*) Kraft sparend.

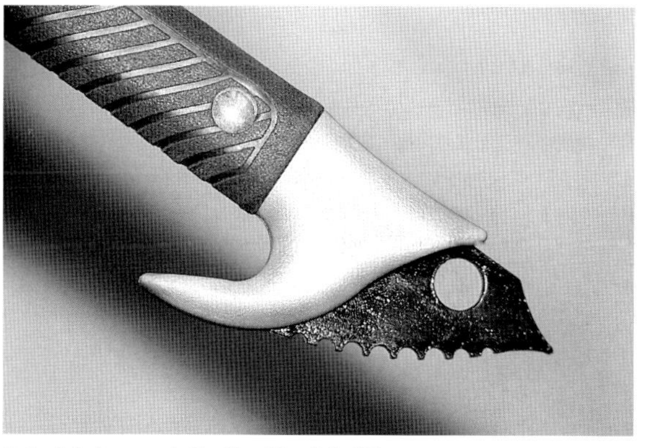

Beispiel einer vorteilhaften Handabstützung.

Gekröpfte und gebogene Schäfte für Steileisklettern.

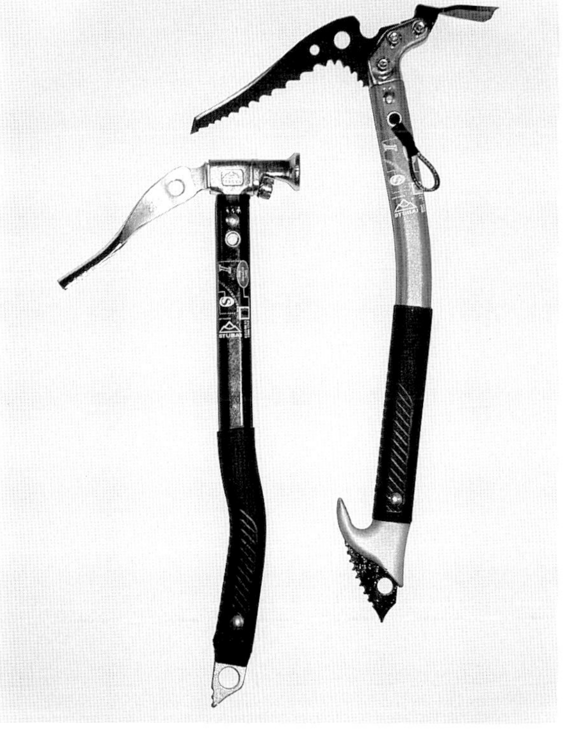

Schlagwucht, Leichtpickel, Zusatzgewichte

Jeder Eispickel, jedes Eisgerät muss eine bestimmte Schlagwucht besitzen, damit die Eisarbeit nicht zu Kraft raubend wird. Die Schlagwucht hängt von der Lage des Massenschwerpunkts ab. Den Massenschwerpunkt findet man durch Ausbalancieren des Eisgeräts auf einem Finger. Der Massenschwerpunkt muss sich im oberen Schaftdrittel befinden (siehe S. 94 Bild links oben); je höher er ist, desto größer ist die Schlagwucht. Befindet sich der Massenschwerpunkt im mittleren Schaftdrittel, ist die Schlagwucht für längere Eisarbeit zu gering.
Neben der Ermittlung des Massenschwerpunkts lassen sich auch schlagtypische Bewegungen ausführen, die bei etwas Einfühlungsvermögen die unterschiedliche Schlagwucht erkennen lassen.
So genannte »Leichtpickel« (Haue und Schaufel aus Aluminium oder Titan, Festigkeitsklassifizierung »B« = Basispickel, siehe S. 94 rechts unten) sind wesentlich leichter als solche aus Stahl, dafür liegt der Massenschwerpunkt im mittleren Schaftdrittel. Diesen

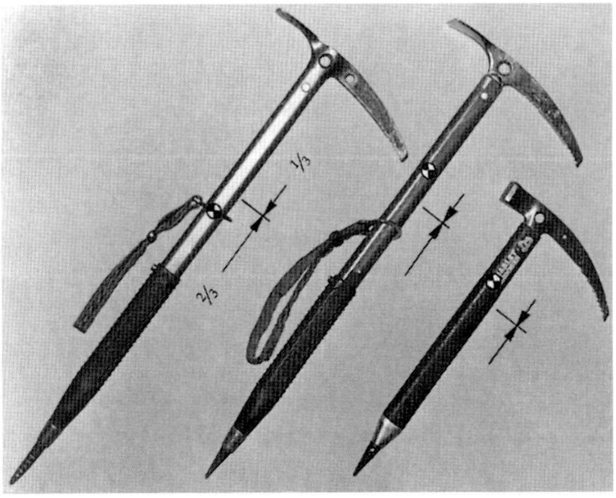

Lage des Massenschwerpunktes (⊗); links: Leichtpickel mit für extreme Eisarbeit zu tiefem Schwerpunkt, Mitte und rechts: Schwerpunkt richtig (im oberen Drittel).

Geräten fehlt deshalb eine für die normale Eisarbeit notwendige Schlagwucht. Sie besitzen wenig »Zug«. Was beim Tragen an Gewicht gespart wird, muss an größerem Kraftaufwand bei der Eisarbeit geleistet werden. Sie sind eher für das Skibergsteigen geeignet, wo man weniger auf Eis, sondern eher auf harten Firn trifft, und für Gletscherbegehungen, wo in der Regel weniger Eisarbeit notwendig ist.
Um die Schlagwucht von Eisgeräten aus Stahl noch zu erhöhen, bieten einige Hersteller kleine Zusatzgewichte an, die mittels mitgelieferter Schraube am Gerätekopf befestigt werden können.

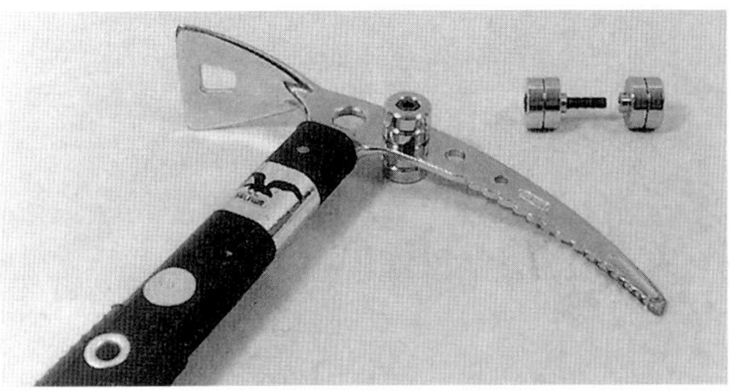

Eisgerät mit Zusatzgewichten zur Erhöhung der Schlagwucht.

Wechselsystemgeräte

Da unterschiedliche Einsatzbereiche unterschiedliche Gerätehauen notwendig machen und um nicht für jeden Einsatzbereich ein eigenes Eisgerät anschaffen zu müssen, werden Wechselsystemgeräte angeboten,

Typisches Wechselsystemgerät.

die ein Wechseln von Haue und Schaufel bzw. Hammerteil ermöglichen. Auch im Hinblick auf einen möglichen Hauenbruch sind diese anzuraten. Gleiches gilt für die Kursausleihe.
Zum Wechseln ist bei den meisten Geräten Werkzeug notwendig; im Gelände können Schrauben, Muttern, Unterlegscheiben und das Werkzeug verloren werden. Deshalb sind Systeme empfehlenswert, die weder zusätzliches Werkzeug erfordern noch einzelne Schrauben oder Muttern besitzen (derzeit nur wenige Systeme); beim Kauf ausprobieren und sich dabei vorstellen, dass das Wechseln im Steileis erfolgt.

Normforderungen, Festigkeit, Bruchgefahr

Form, Größe und Material sind nicht vorgeschrieben. Die Normforderungen betreffen nur die Festigkeit von Schaft und Haue.

Diese wird nach Norm (EN 13089 und UIAA) geprüft, dabei wird zwischen zwei Festigkeitsklassen unterschieden:

- Basisgeräte, gekennzeichnet mit »B« (für »Basis«, »basic«) und mit niedrigeren Festigkeitswerten, für die Verwendung bei Gletscherbegehungen, beim Skibergsteigen und bei anderer, weniger extremer Eisarbeit. Diese Geräte sind in der Regel etwas leichter, sie können einen Kopf aus Aluminium oder Titan (mit geringer Schlagwucht) aufweisen (siehe S. 93, 94).

Normprüfung der Schaftfestigkeit.

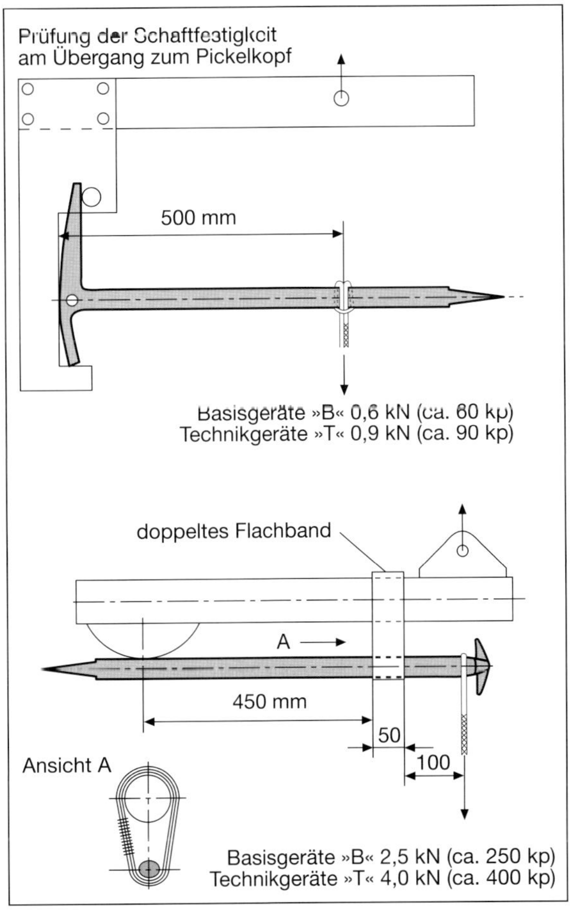

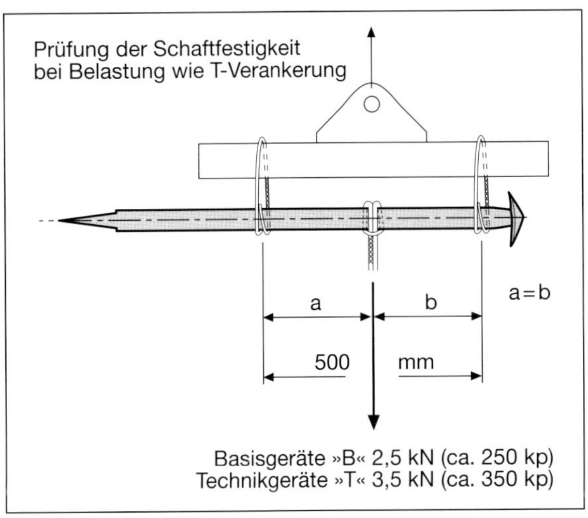

- Technikgeräte, gekennzeichnet mit »T« (für »Technik«, »technic«) und mit höheren Festigkeitswerten, sind für jede Verwendung im Eis, insbesondere für die »technische« Eisarbeit, geeignet, also für das Eisklettern in jeder Form.

Hauenfestigkeit

Ein besonderes Sicherheitskriterium ist die Festigkeit der Haue, die beim Eisklettern extrem belastet wird, und zwar weniger beim Platzieren der Haue im Eis und weniger bei der Belastung durch das Körpergewicht* als beim anschließenden Lösen aus dem Eis. Deshalb sehen die Normen eine entsprechende Festigkeitsprüfung vor, bei der der vorderste Teil der Haue in gerundete Schraubstockbacken eingespannt und der Schaft in einem Abstand von 25 cm (250 mm) mit einer immer wieder auftretenden Kraft von 80 N (ca. 8 kp) belastet wird. Nach einer bestimmten Anzahl von Belastungen darf kein Bruch und kein Anriss aufgetreten sein. Im Einzelnen:

- Flachhauen: Belastung abwechselnd in beiden Richtungen (biegeüberlagerte Torsionswechselfestigkeitsprüfung), mindestens 50 000 Belastungen
- Halbrundhauen: Belastung nur in einer Richtung (Biegeschwelfestigkeitsprüfung), mindestens 12 000 Belastungen

Trotzdem kann es noch zu Hauenbrüchen kommen; dies deshalb, weil die Hauen, insbesondere die Flachhauen, beim Lösen aus dem Eis häufig überbeansprucht werden. Da die Flachhauen in der Regel

Normprüfung der Hauenfestigkeit.

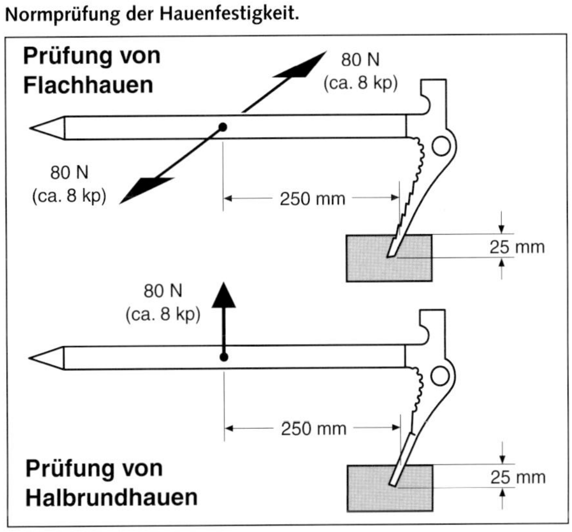

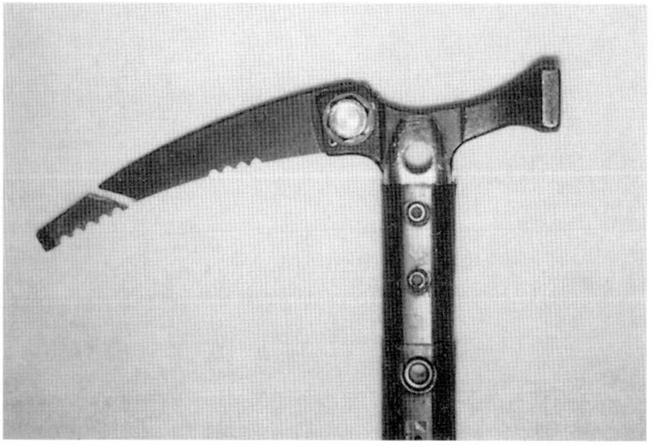

Praxisbruch einer Haue.

unterdimensioniert* sind, führt die häufige Überbelastung mit der Zeit zu winzigen Anrissen im Zahngrund, von wo dann ein so genannter Ermüdungsbruch* ausgeht (siehe unten).
Erfahrungsgemäß sind lasergeschnittene* Hauen (Katalogangabe) auffallend wenig rissanfällig, ebenso wie Halbrundhauen, die sich aber nicht in sehr hartem (kaltem) Eis platzieren lassen.

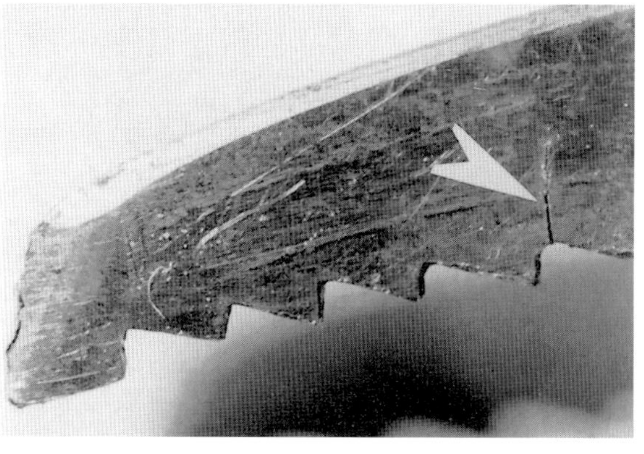

Beide Anrisse, jeweils vom Zahngrund ausgehend, wurden kurz vor der nächsten Eistour entdeckt.

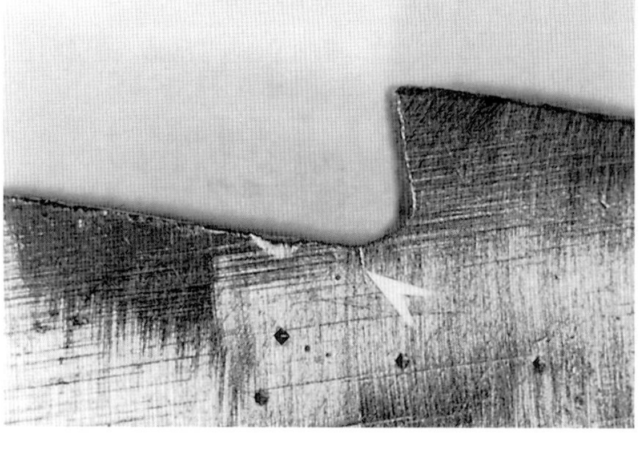

Um der Bruchgefahr vorzubeugen, sollten die Kanten des Zahngrundes gerundet sein. Man kann diese selbst runden, entweder mit einem Abziehstein* (Metallhandwerker) oder mit feinem Schleifpapier, 320er-Körnung (auf der Rückseite angegeben). Achtung: Nicht die Zahnschneiden runden, diese müssen scharfkantig bleiben (von Zahnschneiden kann auch kein Riss ausgehen)! Mit dieser nachträglichen Oberflächenbearbeitung lässt sich die Hauenfestigkeit wesentlich erhöhen.
Nach jeder Eistour den Zahngrundbereich der Hauen genau auf mögliche Anrisse inspizieren, am besten mit einer Lupe. Sind Anrisse zu erkennen – s. Abb. unten links –, Haue auswechseln oder Eisgerät aussondern.

Handschlaufen

Verschiedene Ausführungen werden angeboten, der Einsatzbereich bestimmt die Wahl:

- Handschlaufe mit Gleitring: für Gletscherpickel.
- Verstellbare Handschlaufe: für alle Steileisgeräte; die Handschlaufe muss eine Verstellmöglichkeit besitzen (z. B. Schieber oder Klemmverschluss), mit der sich die Schlaufengröße nach dem Anlegen auf die Handgelenkgröße reduzieren lässt, um so ein Abgleiten vom Handgelenk zu verhindern (siehe Grafik S. 97).
- Angenehm sind im Handbereich breitere und gepolsterte Schlaufen.

Auch die Selbstanfertigung einer Sicherungsschlinge und einer Handschlaufe ist möglich; hier bestimmt ebenso der Einsatzbereich die Wahl:

- Schmale Bandschlinge als Handschlaufe, befestigt in einer Bohrung am Gerätekopf, besser im oberen Schaftteil.
- Reepschnur- oder schmale Bandschlinge, 60 bis 80 cm lang, befestigt am Pickelkopf und am Anseilgurt. Häufiges Wechseln von einer Hand in die andere, z. B. bei kehrenreichem Auf- oder Abstieg, ist so leichter und schneller möglich als mit einer Handschlaufe (siehe Grafik S. 97).

Länge der verstellbaren oder selbst angefertigen Handschlaufe so, dass sich der Eispickel mit Handschuh zum Stufenschlagen am Schaftende und zum Tragen sowie zum Einrammen am Gerätekopf greifen lässt. Die meisten werden heute wegen der Vielfalt individueller Wünsche ohne Handschlaufe angeboten.

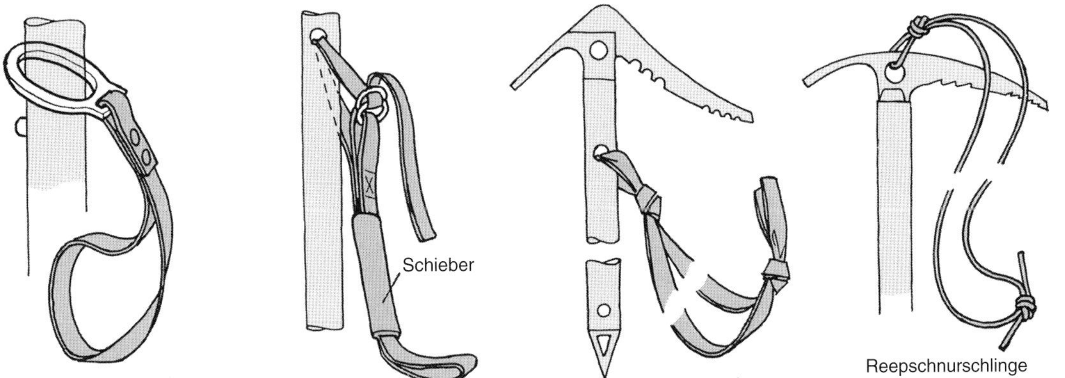

Handschlaufen: zwei im Handel erhältliche Formen (links), zwei Möglichkeiten des Selbstknüpfens (rechts).

Das Gleiche gilt für Steileisgeräte, wobei die Hersteller eine auf ihr Eisgerät zugeschnittene Handschlaufe als Zubehör anbieten. Einige bieten auch einen gepolsterten Handschutz für das Klettern im Steileis an, der sich am Schaft festschnallen lässt (nur für speziellen Einsatz wie Wettkampfklettern).

Wahl der Eisgeräte

Die Grobauswahl richtet sich nach dem Verwendungszweck:

- Pickelgerät zum Führen und Stufenschlagen (Führerpickel), mit guter Sprengwirkung und nahezu gerader (kaum gekrümmter oder abgewinkelter) Haue (negativer Setzwinkel, kleiner als 90°)
- Zugpickelgerät zur überwiegenden Anwendung der Zugpickeltechnik* im Steileis, mit gutem »Biss« und stark gekrümmter oder abgewinkelter Haue (positiver Setzwinkel, größer als 90°)

Da die Anforderungen an die beiden Eisgeräte genau gegenteilig sind, dient als Kompromiss zwischen beiden Extremlösungen das

- Eisgerät mit Universalhaue für Gletschertouren, mäßige Eigenschaft sowohl zum Stufenschlagen als auch zur Anwendung der Zugpickeltechnik* (Setzwinkel = 90°).

Länge für Pickelgeräte: Bei aufrechter Körperhaltung soll der Schaft, den Pickelkopf bei annähernd gestrecktem Arm in der Hand haltend, nicht ganz bis zum Boden reichen; kürzere Schäfte sind für häufiges Sondieren (Spalten) ermüdend (gebeugter Rücken).

Länge für Zugpickelgeräte: 40 bis 55 cm, mit Hammerkopf eher die etwas kürzere Schaftlänge (dadurch Schlagwucht größer), mit Schaufel eher die etwas längere.

Länge für Geräte mit Universalhaue: Je nachdem, welcher Anwendungsbereich überwiegt, eher die Länge für Pickelgeräte oder die für Zuckpickelgeräte, in der Regel jedoch nicht unter 55 cm.

Für Steileisklettern (Wasserfalleis) Geräte mit gebogenem oder gekröpftem Schaft und Bohrung oder Loch am Schaftende zur Benutzung eines Sitz-Fiffihakens. Das Loch sollte möglichst so groß sein, dass sich der Fiffihaken (oder ein Karabiner) direkt einhängen lässt.

Jeweils zwei gleiche Geräte (mit gleichen Hauen) verwenden. So lässt sich die Eisarbeit gleichmäßiger durchführen, so werden hinsichtlich Schlagwucht, Schlaggenauigkeit und Lösen der Geräte aus dem Eis keine unterschiedlichen Fertigkeiten verlangt.

Da Hauen immer noch brechen können und dies im Steileis fatale Folgen haben kann, entweder ein drittes Eisgerät, zweckmäßig mit etwas kürzerem Schaft, mitführen oder, bei Wechselsystemen, ein bis zwei Ersatzhauen (auf Werkzeug zum Wechseln achten, zuvor ausprobieren).

Anwendung der Eisgeräte

Für die gelegentliche Eisarbeit beim Begehen von Gletschern erfolgt das Anlegen der Handschlaufe wie bei der Skistockschlaufe.

Für das Steileis (= anstrengender) stehen zwei Möglichkeiten zur Wahl:

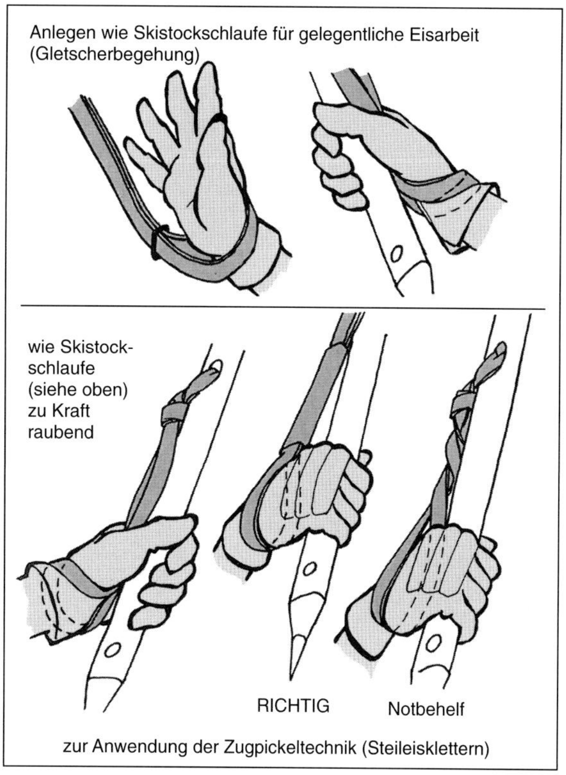

Anlegen der Handschlaufe.

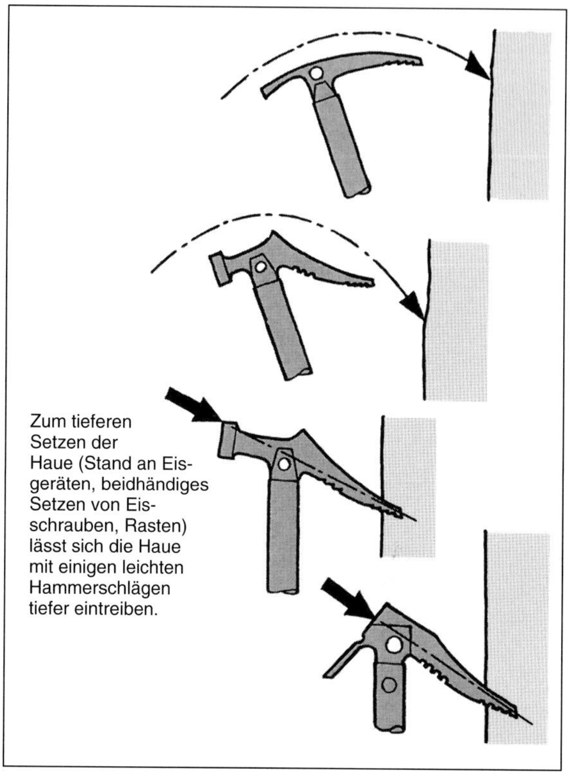

Unterschiedliche Hauenformen erfordern unterschiedliches Einschlagen ins Eis.

- Anlegen wie Skistockschlaufe – auf Dauer Kraft raubend, da die Hand bei jeder Zugbelastung zusätzliche Muskelarbeit leisten muss.
- Anlegen nur ums Handgelenk – Kraft sparender, jedoch anfangs ungewohnt. Damit die Schlaufe nicht vom Handgelenk gleiten kann, muss sie auf die Größe des Handgelenks reduziert werden. Eine einfache Möglichkeit, wenn die Handschlaufe dafür nichts vorsieht, besteht darin, mehrere Windungen in die Handschlaufe zu drehen, um so die Schlaufengröße zu verkleinern (Achtung: dadurch auch Verkürzung der Schlaufenlänge!).

Unterschiedliche Hauenformen verlangen unterschiedliche Schlagbewegung:

- Die gekrümmte Haue wird auf einer annähernden Kreisbahn mit Drehpunkt im Ellbogen und im Handgelenk eingeschlagen.
- Abgewinkelte und bananenförmige Hauen werden im Prinzip ähnlich eingeschlagen (anders ist die Schlagwucht nicht zu erbringen). Nur im Augenblick, da die Haue ins Eis trifft, muss sie in Hauenrichtung herabgezogen werden. Üben!

Zwei sicher platzierte Eisgeräte halten ein Mehrfaches des Körpergewichts.

Das Lösen der Haue aus dem Eis ist, wenn sie gut »gebissen« hat, immer nur mit einem gewissen Kraftaufwand möglich und erfolgt in zwei Phasen:

- Zuerst muss die Haue etwas gelockert werden (je besser sie »gebissen« hat, desto mühsamer):

bei Flachhauen durch leichte Pendelbewegungen mit dem Schaft zum Eis und von diesem weg (nicht seitlich nach rechts und links), bei Halbrundhauen nach rechts und links; bei Anwendung von roher Gewalt besteht Bruch- bzw. Anrissgefahr!
- Sodann wird die gekrümmte Haue auf dem ungefähren Schlagradius rückwärts herausgenommen, die abgewinkelte und die bananenförmige Haue durch leichten Druck nach oben herausgeschoben. Am leichtesten lassen sich Halbrundhauen lösen (die dabei auch weniger beansprucht werden).

Die Beanspruchung der Hauen ist beim Lösen immer größer als beim Setzen, sodass es eher zu Hauenbrüchen bzw. -anrissen von Flachhauen kommt als von Halbrundhauen.

Nachschärfen

Haue und Schaufel werden mit der Zeit stumpf, wenn sie mit Fels in Berührung kommen. Aber auch im Eis verlieren sie an Schärfe. Ein Nachschärfen der Schneiden ist möglich.

Wichtige Punkte sind dabei zu beachten:
- Nachschärfen mit einer fein gezahnten Feile. Benutzung einer Schleifscheibe nur sehr vorsichtig (wie bei Steigeisen, siehe S. 104).
- Schnitt- und Keilwinkel nicht verändern, Form so weit wie möglich beibehalten.
- Halbrohrhauen nur auf der Innenseite nachschärfen (wie Rohreishaken), fein gezahnte Halbrundfeile verwenden.
- Keine weiteren Veränderungen vornehmen, z. B. nicht die Oberkanten der Haue abschrägen oder die Abschrägung vergrößern. Der Materialverlust bedeutet gleichzeitig einen Festigkeitsverlust, da Hauen vielfach nur oberflächlich gehärtet sind (weil der Kern wegen der notwendigen Elastizität zäh bleiben muss).

Steigeisen

Unterschiedliche Anwendungsbereiche und unterschiedlich steiles Eis machen unterschiedlich geformte Zacken im Frontalbereich notwendig.

Frontalzacken

Es können zwei (parallele) Zacken sein, aber auch nur ein (längerer) so genannter Monozacken (deutlicher Unterschied in der Anwendung). Die Zacken können in gebogener oder abgewinkelter Form gestaltet sein (kein Unterschied in der Anwendung).

Wichtig ist:
- Der Abstand der beiden Frontalzacken voneinander soll im Steileis größer sein als für kombiniertes Gelände; im Steileis etwa 50 mm (je größer, desto besseres Standvermögen), im kombinierten Gelände etwa 35 mm (je größer, desto ungünstigere Hebelwirkung am Fels).
- Für Steileis können die beiden Frontalzacken etwas stärker gekrümmt bzw. abgewinkelt sein als für kombiniertes Gelände. Für Letzteres sollen die Za-

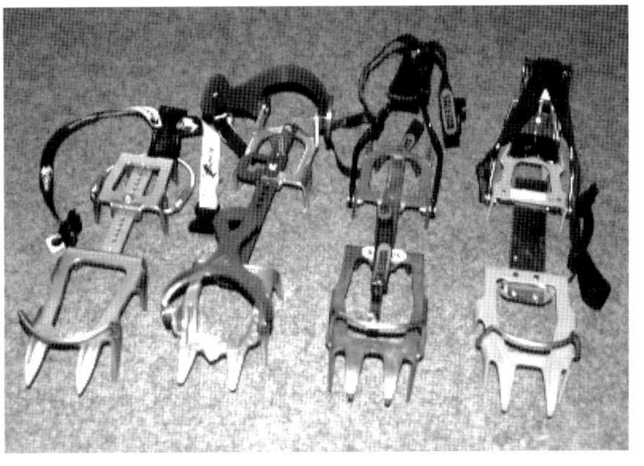

Leichtsteigeisen (aus Aluminium oder Titan) für Gipfelanstiege auf Skitouren und einfache Gletscheranstiege.

Steigeisen für alle Anwendungsbereiche, die beiden linken zweiteilig, flexibel, die beiden rechten mit Rahmen in flexibler und starrer Kastenform.

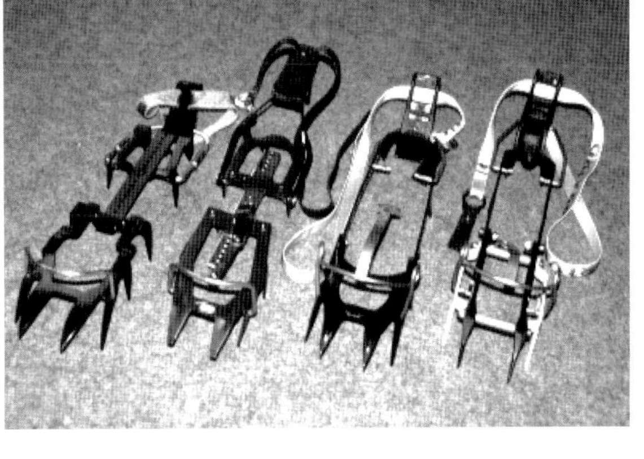

ckenspitzen nicht zu weit hinabreichen, sie sollen fast auf Sohlenhöhe liegen (besserer Halt am Fels).

- Für Steileis können die beiden Frontalzacken etwas weiter vorstehen als für kombiniertes Gelände; im Steileis etwa 35 mm, im kombinierten Gelände etwa 25 mm.
- Der (längere) Monozacken bietet sowohl im Fels wie im Steileis Vorteile, konnte sich aber noch nicht ganz durchsetzen. Besonders ist er geeignet für gefrorene Wasserfälle; für kombiniertes Gelände eher einen etwas kürzeren Zacken wählen. Im Fels wie im Steileis hat man mit Monozacken erstens besseren Halt, und zweitens kann nicht einer der beiden Frontalzacken ausbrechen, dies insbesondere beim Spreizen, wo man bei Verwendung eines Zackenpaares sowieso überwiegend nur einen Zacken belastet.

Zweites Zackenpaar

Das zweite Zackenpaar können entweder Vertikal- oder Diagonalzacken sein.

Die Unterschiede sind wie folgt:

- Vertikalzacken eignen sich für alle leichteren Anwendungsfälle im Eis und im kombinierten Gelän-

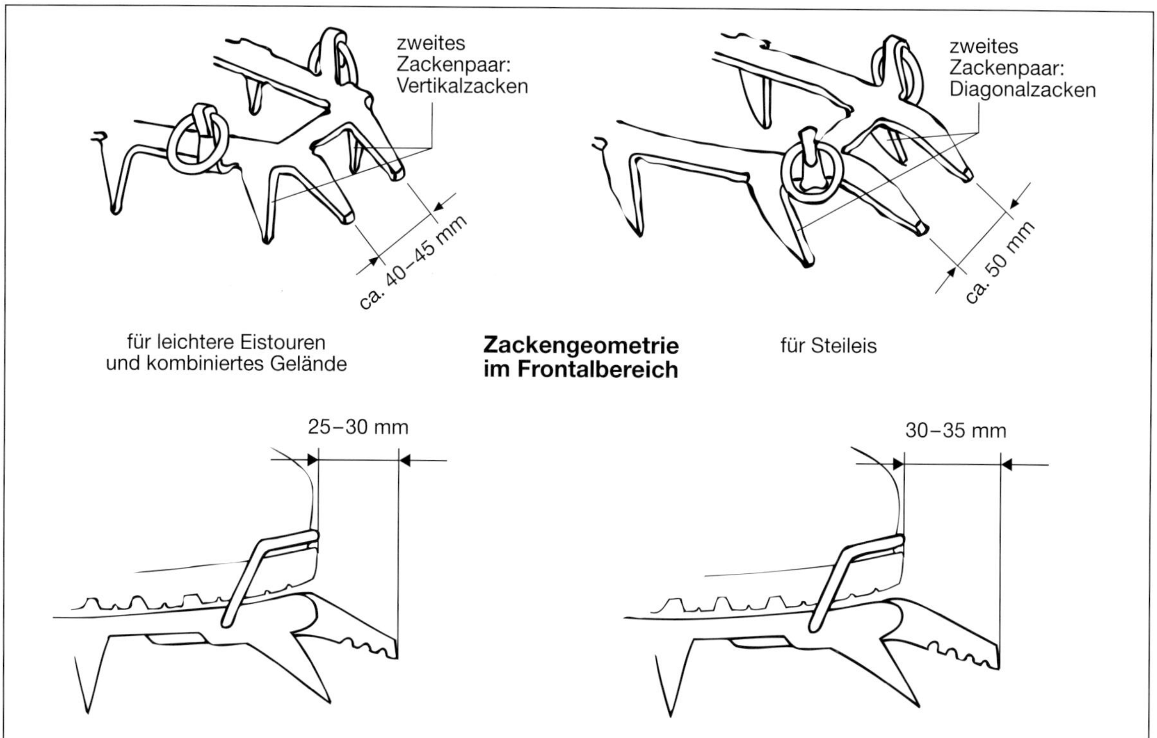

Zackengeometrie im Frontalbereich

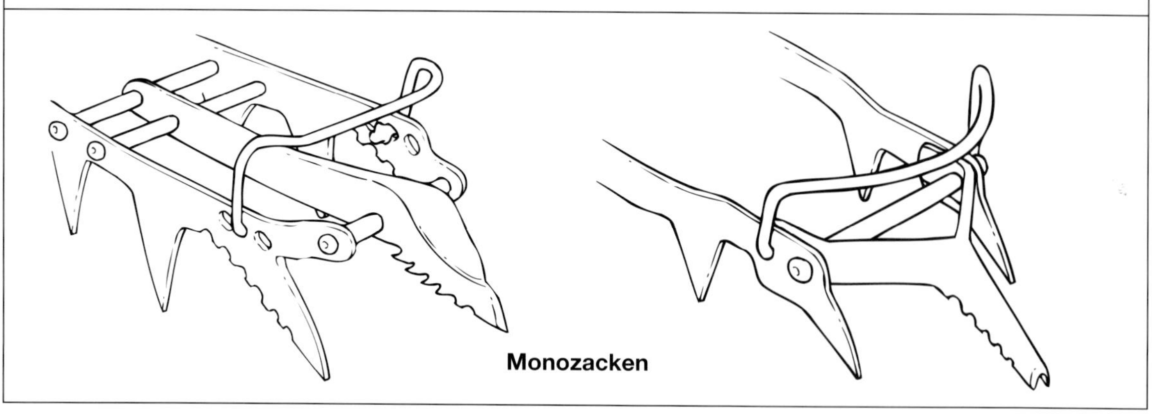

Monozacken

de gleich gut. Vorteilhaft sind eine senkrechte Vorderkante und eine schräge Hinterkante. Dadurch drückt sich das Steigeisen bei Belastung besser ins Steileis.

- Wenig nach vorn gerichtete Diagonalzacken bieten im Steileis etwas besseren Halt und sind auch im kombinierten Gelände noch relativ gut brauchbar.
- Stark nach vorn gerichtete Diagonalzacken bieten ausgezeichneten Halt im Steileis, umso besseren, je größer der Abstand voneinander ist (größere Standstabilität). Sie eignen sich jedoch nur schlecht für kombiniertes Gelände (die Hebelwirkung am Fels ist zu groß).

Vertikalzacken

Ihre Länge beträgt je nach Modell 35 bis 40 mm. Die längeren Zacken bieten keine Vorteile. Sie werden aufgrund des längeren Hebelarms stärker belastet und sind deshalb meist etwas stabiler ausgeführt (stärkeres Material, etwas schwerer).
Die kürzeren Vertikalzacken sind für alle auftretenden Bedarfsfälle geeignet, auch für kombiniertes Gelände, wo die längeren in Kletterpassagen eher etwas hinderlich sind.

Links: Anwendung der Vertikalzackentechnik: Alle Vertikalzacken werden ins Eis eingesetzt.
Rechts: Frontalzackentechnik: Mit zunehmender Steilheit werden nur die Frontalzacken und das zweite Zackenpaar eingesetzt.

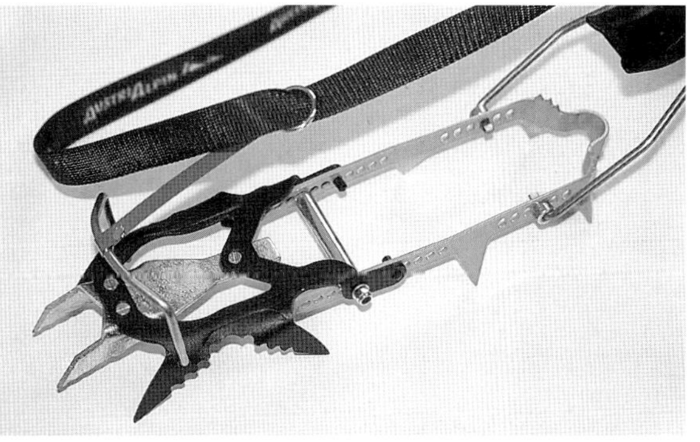

Starrer Rahmen in kombinierter Kastenform.

Größen, Material, Konstruktion und Gewicht

Alle Steigeisenmodelle werden in verstellbarer Ausführung angeboten. Am leichtesten lassen sich Steigeisen mit Kipphebelbindung anpassen. Das Gewicht pro Paar mit Bindung oder Beriemung beträgt etwa 850 bis 1200 g.
Die meisten Steigeisen sind aus Stahl, im Zuge der Gewichtseinsparung werden aber auch solche aus Leichtmetall (Titan und Aluminium) angeboten. Titan kann (je nach Legierung) die Härte und Festigkeit von gehärtetem Stahl erreichen (deshalb für alle Einsatzfälle empfehlenswert), Aluminium jedoch nicht. So müssen die Zacken von Aluminiumsteigeisen im Querschnitt stärker sein; in Verbindung mit der geringeren Härte werden sie erheblich schneller stumpf. Steigeisen aus Aluminium sind deshalb nur für einfache Anwendungsfälle gedacht, also für harten Firn und zum Skibergsteigen (ähnlich den »Leichtpickeln« aus Titan oder Aluminium statt aus Stahl, siehe S. 93/94).

Es werden Steigeisen mit zwei verschiedenen Rahmenarten angeboten:

- Zweiteilig, verbunden mit einem flexiblen Verstellsteg oder einem Gelenk; sie haben in Verbindung mit einer Riemenbindung die geringste Neigung zum Anstollen, in Verbindung mit einer Kipphebelbindung nimmt die Neigung zum Anstollen wieder zu.
- Ein- oder zweiteilig mit absolut starrem Rahmen in Kastenform (Rahmenquerschnitt senkrecht zur Schuhsohle), mit Kipphebelbindung; starke Neigung zum Anstollen, Antistollplatten empfehlenswert (siehe S. 104).

Halbsteigeisen

Das sind so genannte Leichtsteigeisen (Gewicht etwa 200 bis 350 g einschließlich Beriemung) mit sechs bis acht Vertikalzacken.

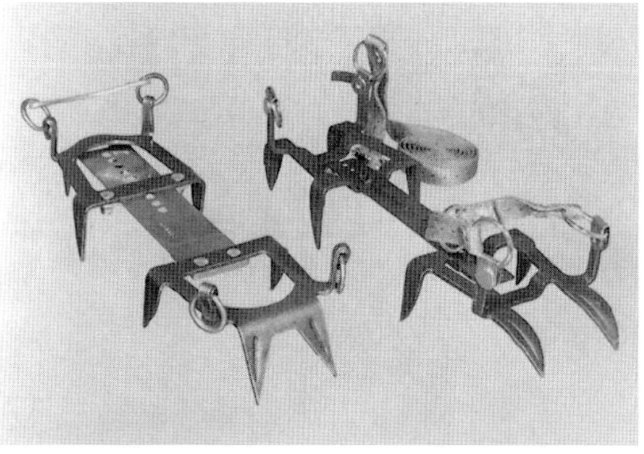

Halbsteigeisen, so genannte Leichtsteigeisen, für einfachere Bedarfsfälle.

Sie sind für alle jene Bedarfsfälle, wo Gewichtsersparnis im Vordergund steht, die Anwendung der Vertikalzackentechnik ausreicht und Vollsteigeisen noch nicht benötigt werden:

- für leichtere Firn- und Gletscherauf- und -abstiege, auch an Leichtbergschuhen und über kurze Strecken an Reibungskletterschuhen zu tragen
- für Auf- und Abstieg vom und zum Skidepot, an Skitourenstiefel anpassbar

Grödel mit vier bis sechs Vertikalzacken sind immer eine schlechte Lösung, da sie nur Halt unterhalb der Fußhöhlung (zwischen Absatz und Sohle) bieten. Der Fuß braucht den Halt in Eis und Firn unter dem Ballen und unter dem Absatz, wie ihn Halbsteigeisen bieten.

Grödeln in verstellbarer und nicht verstellbarer Ausführung. Sie sind für einfachste Bedarfsfälle wie Aufstiege über Firnflecken, Querungen schmaler Firnrinnen usw. geeignet.

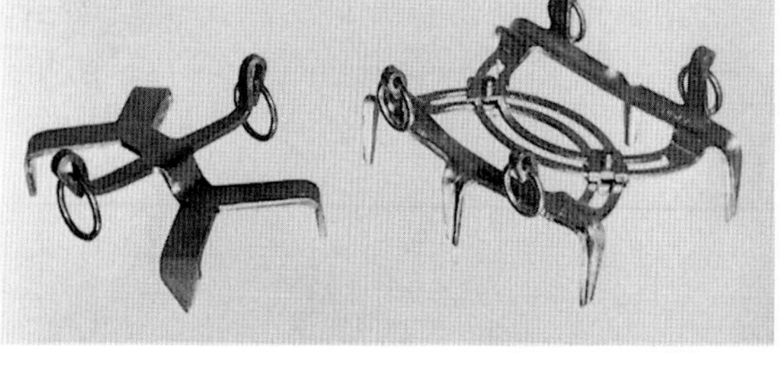

Normforderungen, Festigkeit, Bruchgefahr

Form, Größe und Material sind nicht vorgeschrieben. Die Normforderungen betreffen nur die Festigkeit. Diese wird nach Norm (EN 893 und UIAA) geprüft. Da diese Prüfung aber praxisfremd ist[1], muss nach wie vor mit Steigeisenbrüchen gerechnet werden.
Es handelt sich um eine (kostengünstige) Einmalbelastungsprüfung der einzelnen Zacken, die praktisch keinerlei Aussagekraft besitzt, da es sich bei Steigeisenbrüchen immer um Ermüdungsbrüche* handelt (Bruch nach einer Vielzahl von Belastungen). Es wäre eine (kostenaufwändigere) Dauerbiegeschwelprüfung notwendig. Der DAV-Sicherheitskreis hat eine solche Prüfung mit entsprechenden Anforderungen erarbeitet[2], nach der der TÜV (München) auch Steigeisen prüft. Die Steigeisen eines Herstellers haben die umfangreichen Prüfungen auch bestanden. Sie sind

Typischer Riss in einem Steigeisenrahmen.

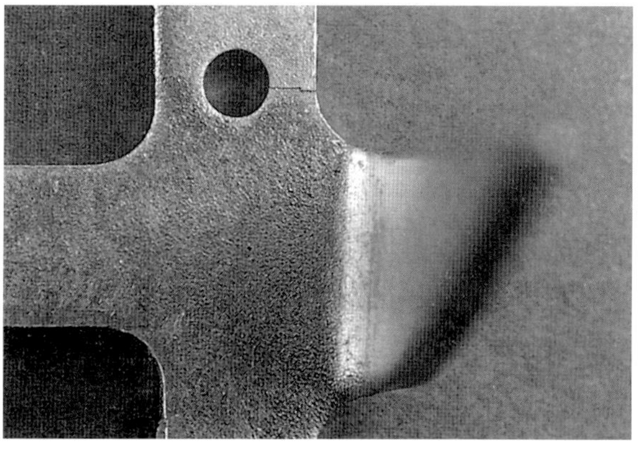

mit dem GS-Zeichen* des TÜV gekennzeichnet. Da die Mehrzahl aller Steigeisen noch nicht den umfangreichen Prüfungen unterzogen wurde, ist noch mit Steigeisenbrüchen zu rechnen (siehe oben, deshalb insbesondere Vorsicht mit einem Alleingang). Nach jeder Benutzung alle Steigeisenteile auf mögliche Anrisse genau inspizieren, am besten mit einer Lupe. Solche Anrisse können insbesondere an den Biegekanten des Rahmens sowie dort auftreten, wo sich der Rahmen-

[1] einzige aller Normen, die eine praxisfremde Prüfung vorschreibt.
[2] Leider haben sich die Normengremien (EN und UIAA), in denen auch die Hersteller vertreten sind, nicht für die praxisgerechte, sondern für die billige Einmalbelastungsprüfung entschieden.

querschnitt ändert, ebenso an all jenen Stellen, wo der Rahmen durch Bohrungen geschwächt ist. Vom Hersteller aufgebrachte Farblackierungen behindern die Sichtkontrolle.
Die geringste Bruchgefahr besteht bei Steigeisenrahmen in Kastenform (weil erheblich höheres Biegewiderstandsmoment). Grundsätzlich gilt in 1. Näherung*: Je stabiler der Rahmen, desto geringer die Bruchgefahr; es ist besser, einige Gramm mehr an den Füßen zu haben als ein gebrochenes Steigeisen.

Anpassen

Mit dem Anpassen vorn beginnen. Die Frontalzacken müssen – entsprechend dem Verwendungszweck – im richtigen Maß über den Sohlenrand hinausragen (siehe Grafik S. 100).
Bei Kipphebelbindungen die Verstellmöglichkeiten so einstellen, dass sich der Kipphebel nur mit sanfter Gewalt gegen den Schuh schließen lässt.
Bei Verwendung von Riemenbindung alle Verstellmöglichkeiten so einstellen (alle Schrauben gut festziehen), dass sich das Steigeisen nur mit leichtem Druck auf den Schuh zwängen lässt. Steigeisen mit Riemenbindung sind dann richtig angepasst, wenn sie ohne angelegte Riemen bei kräftigem Schleudern des Fußes nicht vom Schuh fallen.
Häufiges Verstellen schadet den Schrauben. Bei Gebrauch können sich die Schrauben lockern. Passende Schraubenzieher und/oder Schraubenschlüssel mitführen. Die über die festgezogenen Schraubenmuttern hinausragenden Gewindeenden lassen sich auch mit leichten Hammerschlägen vernieten, Schrauben und Muttern sind danach aber nicht wieder zu lösen.

Befestigung am Schuh

Es werden nur noch Steigeisen komplett mit Befestigungssystem – Beriemung oder Kipphebelbindung – angeboten:

- Die Beriemung ist nachteilig. Die fest angezogenen Riemen beeinträchtigen die Blutzirkulation (Erfrierungsgefahr), insbesondere bei weniger festen Schuhen. Umständliches An- und Ablegen. Nur für einfachere Anwendungsbereiche.
- Die Kipphebelbindung vermeidet dies. Die Steigeisen lassen sich auch wesentlich leichter und schneller an- und ablegen.

Steigeisen mit Beriemung.

Steigeisen mit Kipphebelbindung und Fangriemen.

Beriemung: Den festen Halt durch Anlegen der Steigeisen und kräftiges »Naggeln« prüfen sowie Belastungsprobe durch kräftigen Handzug an den Riemen durchführen. Verformen sich die Schnallen oder brechen sie gar, sind sie nicht geeignet.
Bindung: Der Kipphebel muss eine Verstellmöglichkeit besitzen, um die richtige Spannung einstellen zu können. Um einem unbeabsichtigten Verlieren vorzubeugen, müssen die Bindungen mit einem Fangriemen zu sichern sein, der gleichzeitig das Lösen des Kipphebels verhindert, sodass es erst gar nicht zum Öffnen der Bindung kommen kann.

Stollenbildung

Einige Hersteller versehen ihre Steigeisen mit einem speziellen Antihaftbelag, der das Anstollen jedoch

Links: typische Stollenbildung bei Nassschnee; rechts: Antistollplatte, die das Anstollen weit gehend verhindert.

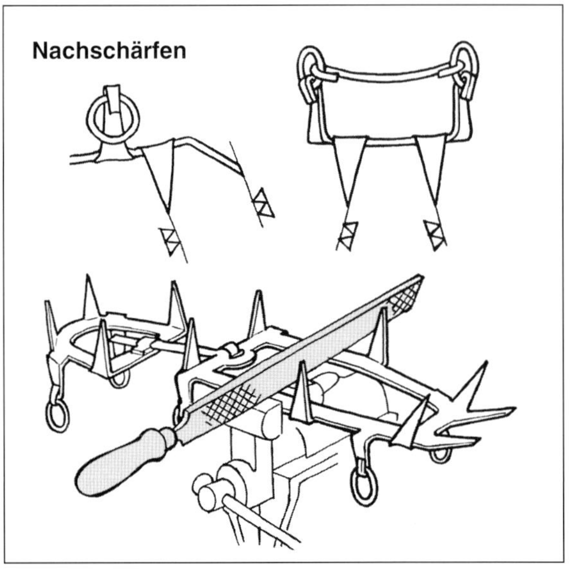

meist nicht verhindern kann und aufgrund des starken Abriebs auch nur kurze Zeit wirksam ist. Um dem Anstollen vorzubeugen, kann man als Notbehelf eine Plastiktüte über die Steigeisen ziehen. Die raue Behandlung lässt sie jedoch recht schnell in Fetzen gehen (nicht wegwerfen – Umweltschutz!).
Besser sind Antistollplatten aus verschleißfestem Gummi, die unterhalb der Steigeisenrahmen angebracht werden. Nahezu alle Hersteller bieten dieses Zubehör an. Leider passt es nur auf Steigeisen des gleichen Fabrikats.

Nachschärfen

Steigeisen werden mit der Zeit stumpf – je häufiger sie mit Eis, insbesondere mit Fels in Berührung kommen, desto schneller. Ein Nachschärfen ist möglich.

Wichtige Punkte sind dabei zu beachten:

- Nachschärfen nur mit einer fein gezahnten Feile. Frontalzacken nur an der Oberseite, das vorderste Vertikalzackenpaar nur an den Hinterkanten, Absatzzacken an den einander gegenüberliegenden Kanten (Zeichnung, kenntlich gemacht durch Dreiecke). Andere Zacken an der Kante, die die größere Schräge aufweist, bei gleicher Schräge nach Belieben.
- Nachschärfen mit einer Schleifscheibe nur sehr vorsichtig (geringer Anpressdruck), zwischendurch kühlen (in Wasser tauchen). Die Spitzen können sehr schnell zu heiß werden, ausglühen und dadurch weich werden (laufen sie blau an, sind sie bereits ausgeglüht und weich). Nach Möglichkeit einen Metallhandwerker zurate ziehen; Sporthäuser übernehmen das Nachschärfen gewöhnlich nicht.
- Beim Nachschärfen behutsam vorgehen, nicht unnötig viel Material abtragen. Die Spitzen werden durch das Nachschärfen kürzer.
- Beim Transport zum Schutz der Spitzen und vor Verletzungen einen geeigneten Zackenschutz verwenden.

Eisschrauben, Eishaken

Eisschrauben und Eishaken dienen, ins Eis eingeschraubt bzw. eingeschlagen, als Sicherungspunkte.

Verschiedene Gütemerkmale sind wichtig:

- Leichte Setzbarkeit: Eisschrauben sollen sich leicht (möglichst von Hand) ins Eis schrauben lassen und müssen deshalb scharfe Zähne besitzen. Eishaken sollen dem Einschlagen keinen allzu großen Widerstand entgegensetzen, was nur durch die Rohrform möglich ist.
- Geringe Sprengwirkung: Beim Setzen soll möglichst wenig Druck im Eis entstehen, um die Festigkeit des spröden, nicht allzu festen Mediums Eis nicht noch zu reduzieren; dies wird durch die Rohrform ermöglicht, durch die das zu verdrängende Eis beim Setzen nach außen gelangen kann.

- Ausreichende Haltekraft im Eis: bei radialer Zugbelastung mindestens 10 kN (ca. 1000 kp, Normwert), möglichst jedoch 15 kN (ca. 1500 kp).

Eisschrauben und Eishaken werden nach Norm (EN 568 und UIAA) geprüft. Die Prüfung der genannten drei Gütemerkmale erfolgt im Eis (aus Reproduzierbarkeitsgründen in einem dem Gletschereis bzw. dem Wassereis nachempfundenen Laboreis).

Längen, Angebot

Einige Hersteller geben die Gesamtlänge an, andere die Einschraub- bzw. Einschlaglänge (= Nutzlänge). Nur die Nutzlänge ist von Bedeutung, da mit ausschlaggebend für die Haltekraft im Eis.
Die Bohrkronen von Eisschrauben können unterschiedlich scharfe Zähne besitzen. Je schärfer (»giftiger«) die Zähne, desto leichter lässt sich die Eisschraube setzen, desto weniger Widerstand erfährt sie beim Eindrehen (desto eher aber wird beim Transport am Hüftgurt die Bekleidung in Mitleidenschaft gezogen; einige Hersteller bieten einen Schutz für die Bohrkrone an, manche richtiggehende Eisschraubenköcher).

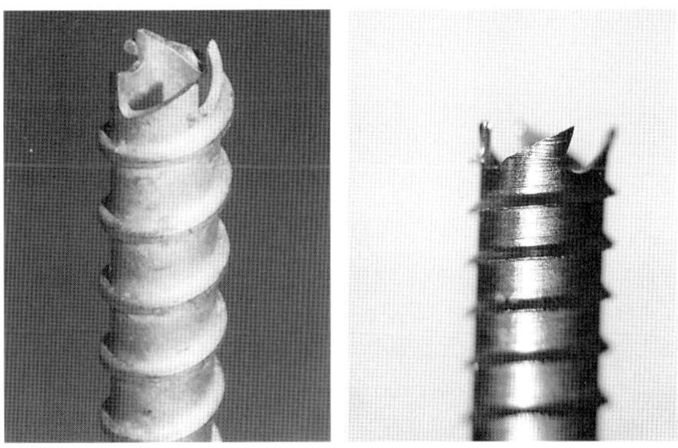

Unterschiedlich scharfe Zähne: links stumpfe Zähne (Schraube lässt sich schlecht setzen, vor allem in kaltem Wassereis), rechts scharfe Zähne (geringer Widerstand beim Eindrehen).

Festigkeit, Haltekraft im Eis

Die Haltekraft im Eis wird im Wesentlichen von zwei Faktoren beeinflusst:
- Eisdichte* und Eishärte (= Eisfestigkeit)
- Schaftlänge der Eisschraube bzw. des Eishakens

Eisdichte und Eishärte: Sie können im Gletscher- wie im Wasserfalleis sehr unterschiedlich sein. Die Dichte hängt von der Menge der Luftporen ab, die Härte von der Temperatur und ihrem zeitlichen Verlauf beim Entstehen des Eises. Dichte und Härte zusammen ergeben die Eisfestigkeit. Wie ausgedehnte Belastungsversuche im Eis gezeigt haben, traut man dem Eis in der Regel weniger Festigkeit zu, als das Sicherungsmittel schließlich bei Belastung hält.
Schaftlänge: Mit ihr nimmt die Haltekraft im Eis zu, größte übliche Länge 22 cm (erreicht in gesundem Kerneis Haltekraftwerte zwischen 15 und 25 kN, ca. 1500 bis 2500 kp).

Da die Gewindetiefe von Rohreisschrauben und Rohreishaken unterschiedlich ist, sind unterschiedliche Schaftlängen erforderlich, um die Mindesthaltekraft von 10 kN (ca. 1000 kp) zu erreichen (geringere Gewindetiefe – siehe S. 106 oben links – verlangt etwas größere Schaftlänge):
- Rohreisschrauben: Nutzlänge mindestens 15 cm
- Rohreishaken: Nutzlänge mindestens 18 cm

Mit kürzeren Schaftlängen können die Haltekräfte unter den geforderten 10 kN (unter ca. 1000 kp) liegen. Je kürzer der Schaft und je weniger hart das Eis, desto niedriger die Haltekraft. Kürzere Schaftlängen als die angegebenen Mindestnutzlängen sind für Fortbewegungszwecke und für dünne Eisauflagen gedacht, wo längere Eisschrauben und Eishaken am Fels aufsitzen. Größerer Sturzbelastung sind sie nicht gewachsen. Zu lange Eisschrauben und Eishaken abbinden.
Normprüfung: Eisschrauben und Eishaken sind genormt (EN 568 bzw. UIAA). Die Normen schreiben keine bestimmte Form oder Länge vor, sondern nur Mindesthaltekraftwerte im Eis. Eisschrauben und Eishaken werden deshalb in ein dem Gletschereis nachempfundenes Laboreis gesetzt und ruckartig (mit einer Geschwindigkeit von 100 mm/s) belastet, bis sie brechen oder herausgerissen werden. Dabei müssen sie eine Mindesthaltekraft von 10 kN (ca. 1000 kp) erreichen. Eisschrauben und Eishaken, die höhere Werte aufweisen (mit UIAA-Gütezeichen mind. 15 kN, ca. 1500 kp), sind vorzuziehen. Nach den bekannten physikalischen Gesetzmäßigkeiten gilt: je größer der Rohrdurchmesser, desto höher die Haltekraft im Eis (z. B. 24 mm Durchmesser, 22 kN, ca. 2200 kp, so viel wie Karabiner halten).

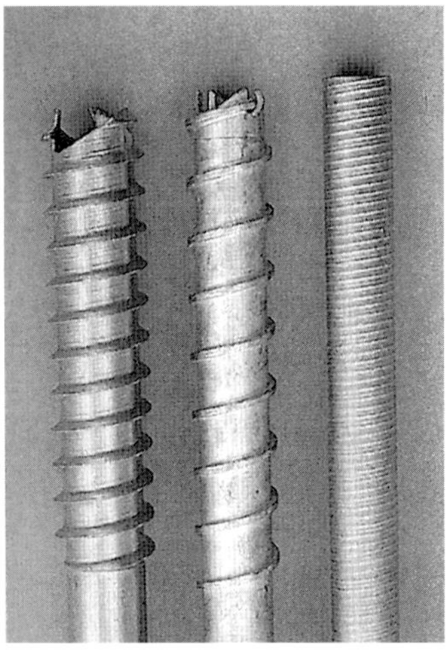

Unterschiedliche Gewindearten: links und Mitte Gewinde von Eisschrauben (größere Gewindetiefe), rechts Gewinde eines Rohreishakens (geringe Gewindetiefe).

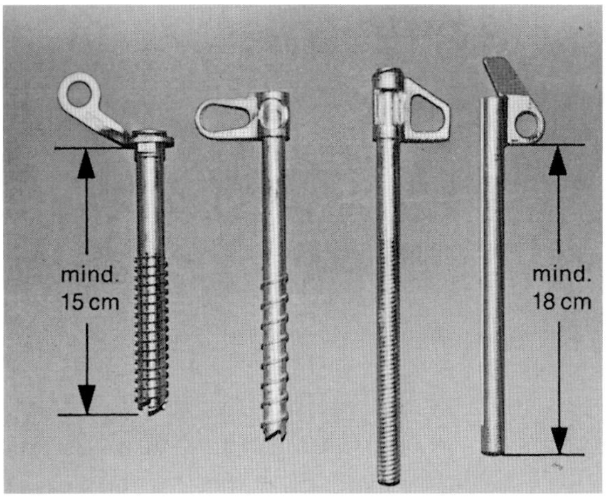

Aufgrund der unterschiedlichen Gewindetiefe von Rohreisschrauben und Rohreishaken sind unterschiedliche Mindestnutzlängen erforderlich.

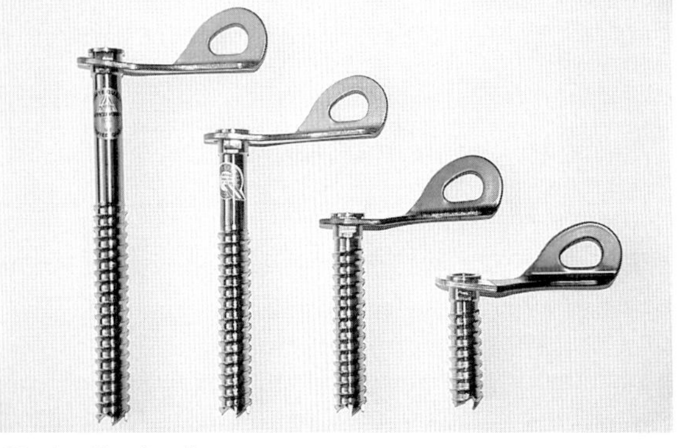

Gängige Eisschrauben.

Bei Eisschrauben wird zusätzlich die Einschraubfähigkeit mit einem Einschraubversuch geprüft, und zwar in hartem Wassereis. Nur Schrauben mit scharfen

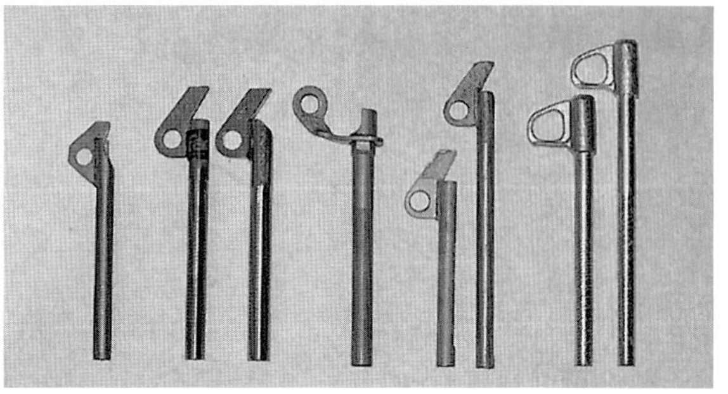

Rohreishaken.

Zähnen (scharfem Fräskopf) bestehen diese Prüfung. Bei Eishaken wird zusätzlich die Dauerfestigkeit des Eishakenkopfes durch hundertmaliges Einschlagen in hartes Wassereis geprüft. Dabei dürfen keinerlei Risse oder andere sicherheitstechnisch bedenkliche Verformungen am Hakenkopf auftreten.
Rohreisschrauben sind Rohreishaken vorzuziehen, da sie keiner Schlagbeanspruchung unterzogen werden müssen und deshalb länger zu benutzen sind.

Setzen von Eisschrauben und Eishaken

Sicheren Halt bieten Eisschrauben und Eishaken nur in gesundem Kerneis.

Beim Setzen auf Folgendes achten:

- Das morsche Oberflächeneis großflächig so wegpickeln, dass eine hangparallele Fläche des Kerneises freigelegt wird (keine enge, tiefe Mulde).
- Der Setzwinkel für Eisschrauben beträgt etwas weniger als 90° (weniger als ein rechter Winkel); je größer die Gewindetiefe, desto kleiner kann der Winkel sein, desto größer ist die Haltekraft.
- Der Setzwinkel für Rohreishaken ist etwas größer als 90° (größer als ein rechter Winkel), dies deshalb, weil sich die Druckschmelzung wegen der geringeren Gewindetiefe eher bemerkbar macht und so der Rohreishaken schneller an axialer Haltekraft verliert.
- Eisschrauben so weit eindrehen, Eishaken so weit eintreiben, dass die Öse auf dem Kerneis aufsitzt und nach unten zeigt.
- Bei wärmeren Temperaturen und starker Sonneneinstrahlung Eisschrauben- bzw. Eishakenkopf mit einer Hand voll Firn abdecken, um der Ausschmelzung vorzubeugen. Besonders ratsam bei allen Rohreishaken, ihrer geringen Gewindetiefe wegen.

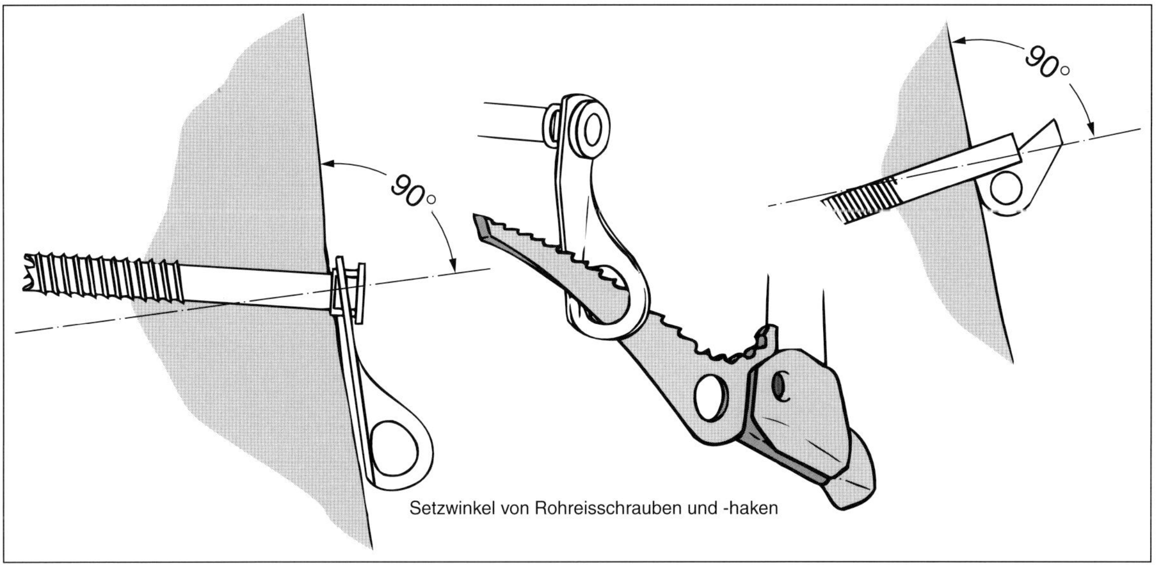

Setzwinkel von Rohreisschrauben und -haken

Entfernen von Eisschrauben und Eishaken

Für die ersten Umdrehungen muss meist ein Eisgerät zuhilfe genommen weden. Sind Eisschrauben bzw. Eishaken genügend gelockert, lassen sie sich von Hand herausdrehen.

Nach Entfernung aus dem Eis bleibt im Rohr häufig ein Eispfropf zurück, der das nächste Setzen erschweren kann. Bei Sonnenschein und wenn es nicht allzu kalt ist, fällt er nach kurzer Zeit von selbst heraus (Ausschmelzung) bzw. man löst ihn durch kräftiges Schleudern der Eisschraube bzw. des -hakens.

Einige Hersteller bieten Eisschrauben mit integriertem Drehgriff zum leichteren Ein- und Herausschrauben an. Andere Fabrikate haben eine entsprechend gestaltete Öse, die beim Ein- und Herausschrauben besser in der

Links: Rohreisschraube im Gletschereis, bei Belastung mit 14 kN ohne Bruch oder Lockerung; rechts: Rohreishaken, unter etwa 100° gesetzt.

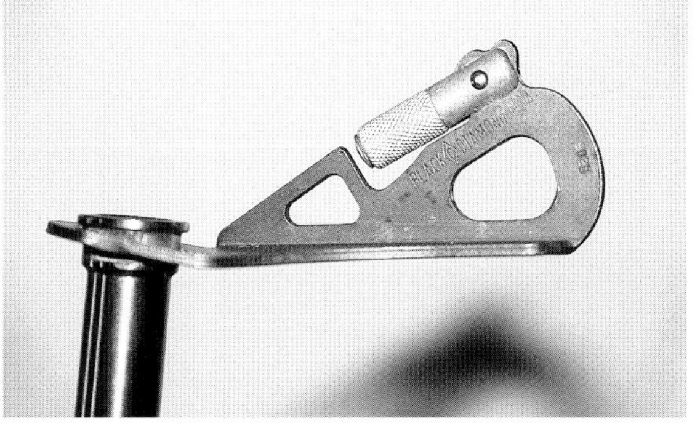

Eisschraube mit integriertem Drehgriff.

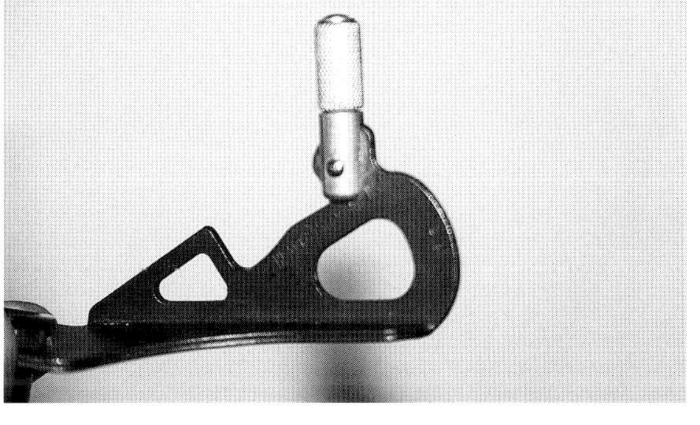

hohlen Hand liegt. Grundsätzlich lassen sich Eisschrauben mit längeren Ösen (wegen des größeren Hebelarms) leichter setzen und auch wieder entfernen.

Schlagbeanspruchung des Hakenkopfes

Die Schlagbeanspruchung beim Setzen führt immer zu Deformationen am Hakenkopf. Je nach Fabrikat und Konstruktion können solche Deformationen bereits nach zehn- bis zwanzigmaligem Setzen auftreten. Es entstehen mit der Zeit kleine Risse, die bei Sturzbelastung zum Ösenbruch führen können. Deshalb den Ösenbereich nach mehrmaligem Setzen auf mögliche Anrisse überprüfen, am besten mit einer Lupe.
Da alle Rohreisenhaken mehr oder weniger anfällig sind, empfiehlt sich ihre Verwendung nur in Sonderfällen. Rohreishaken waren (und sind) gedacht für schnelles, problemloses Setzen im Steileis. Da inzwischen alle Rohreisschrauben so weit verbessert sind, dass sich diese ebenso schnell und problemlos setzen lassen, erübrigt sich die Verwendung von Rohreishaken heute weit gehend.

Nachschärfen und Richten

Eisschrauben und Eishaken werden stumpf, wenn sie beim Setzen häufig auf Fels oder ins Eis eingelagerte Steinchen treffen.

Rohreishaken mit Riss an der Schweißnaht schon nach 30-maligem (!) Setzen.

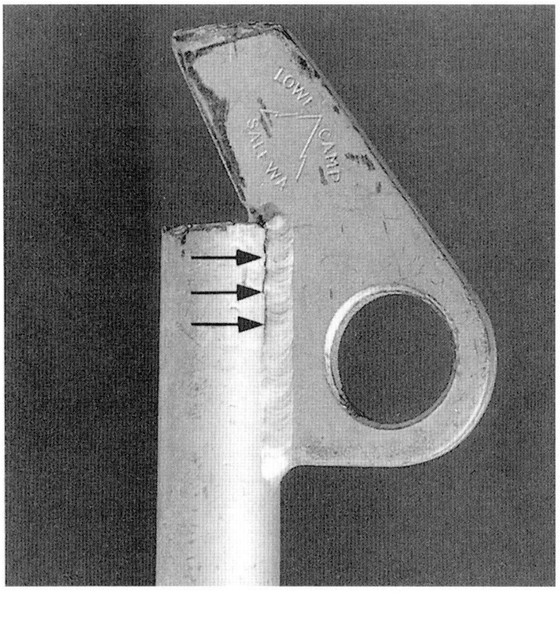

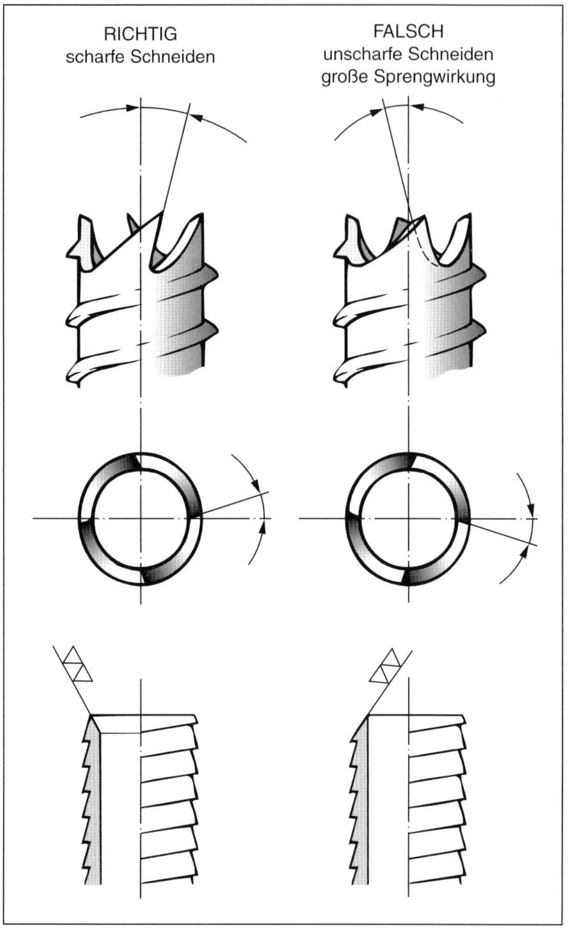

Nachschärfen von Rohreisschrauben und -haken.

Nachschärfen mit einfachen Mitteln ist in einem beschränkten Maß möglich:

- Rohreisschrauben mit einer Dreikantfeile nachschärfen; auf richtige Winkel achten.
- Rohreishaken mit einer Halbrundfeile nur innen nachschärfen. Außen dürfen Rohreishaken nicht angeschrägt werden.

In beiden Fällen sehr feinzahnige Feilen verwenden. Vom Richten verbogener Eisschrauben und Eishaken muss abgeraten werden, da dies immer mit Deformation der Rohrform und Bruchgefahr verbunden ist.

Firnhaken

Firn ist eine wesentlich weniger dichte Materie als Eis. Will man Sicherungspunkte schaffen, muss die Auflagefläche in Belastungsrichtung erheblich größer sein

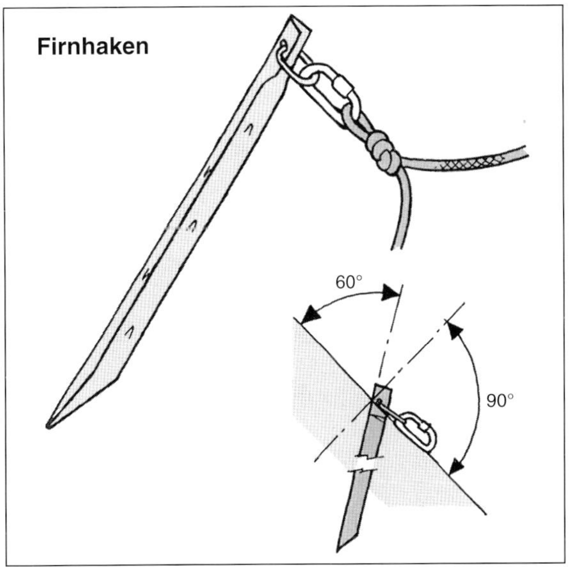

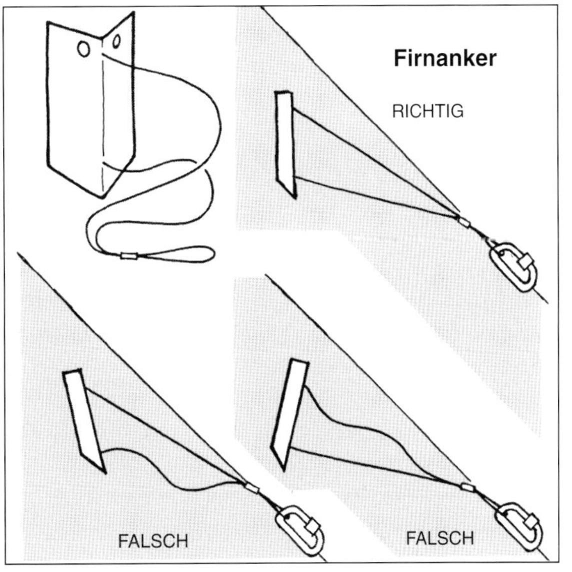

als im Eis. Daraus leitet sich die Größe (Profil und Länge) von Firnhaken ab.
Firnhaken sind aus Leichtmetallprofil, das zur Erhöhung der Haltekraft bei axialer Belastung mit kleinen Widerhaken versehen ist. Längen 60 bis 80 cm (Gewicht etwa 300 bis 400 g). Sie dienen zur Verankerung von Fixseilen (Expeditionen). Mehrfaches Einschlagen führt zur Deformation des Hakenkopfes. Bei Verwendung als T-Anker (höhere Haltekraft) Gefahr der Reepschnurscheuerung (Metallkanten). Firnhaken müssen zum Entfernen völlig ausgepickelt werden. Noch nicht genormt.

Firnanker

Ihre Funktionsweise ist umstritten. Sie sind aus einem abgewinkelten Aluminiumblech hergestellt und mit einem unter bestimmtem Winkel fixierten Stahlkabel versehen (Gewicht ca. 200 g).
Der Firnanker wird mit dem Hammer (Eisgerät) in den Firn eingetrieben. Bei Sturzbelastung soll sich der Firnanker noch tiefer in den Firn graben. Ausgedehnte Versuche haben aber gezeigt, dass dies meist nicht sicher funktioniert und der Firnanker unter Belastung herausgerissen werden kann. Im Firn besser den T-Anker verwenden.
Firnanker sind genormt (nur UIAA, noch keine EN). Form, Größe und Material sind nicht vorgeschrieben, nur die Festigkeit. Das Aluminiumblech muss, befestigt in einem Metallrahmen, gemeinsam mit dem Drahtkabel unter einem Winkel von 50° eine Mindestbruchkraft von 6 kN (ca. 600 kp) aufweisen.

T-Anker

Die sicherste Verankerung im Firn, ebenso in morschem Eis, wo Eisschrauben keinen sicheren Halt mehr finden. Als Anker dient in der Regel ein Eisgerät. Ersatzweise können aber auch Ski (Stahlkanten an der Reepschnurstelle abdecken), Skistöcke (paarweise), ein Rucksack (möglichst leer) oder auch Kleidungsstücke wie Anorak (nicht aus Perlon), Pullover und lange Walkfäustlinge als Anker Verwendung finden (siehe Grafik S. 110).
Die Eingrabtiefe (Ankertiefe) hängt von der Firndichte und der Ankergröße ab. Normale Ankertiefe nicht unter 30 cm, in weicherem Firn und bei kleinerem Anker auch tiefer. Reepschnur nicht unter 6 mm Durchmesser (je größer die mögliche Belastung, umso dicker die Reepschnur; Feuchtigkeit und Kälte reduzieren die Festigkeit). Schlingenlänge wenigstens 1,5 m. Befestigung am Anker mittels Prusikknoten oder (besser) mittels Mastwurf am Eisgeräteschaft an der ausbalancierten Stelle (Körperschwerpunkt), bei Rucksack und Kleidungsstücken mittels Ankerstich.
Mit etwas Übung lässt sich ein T-Anker in ein bis zwei Minuten anbringen. Firn auf dem Anker und dem Reepschnurkanal gut verfestigen.

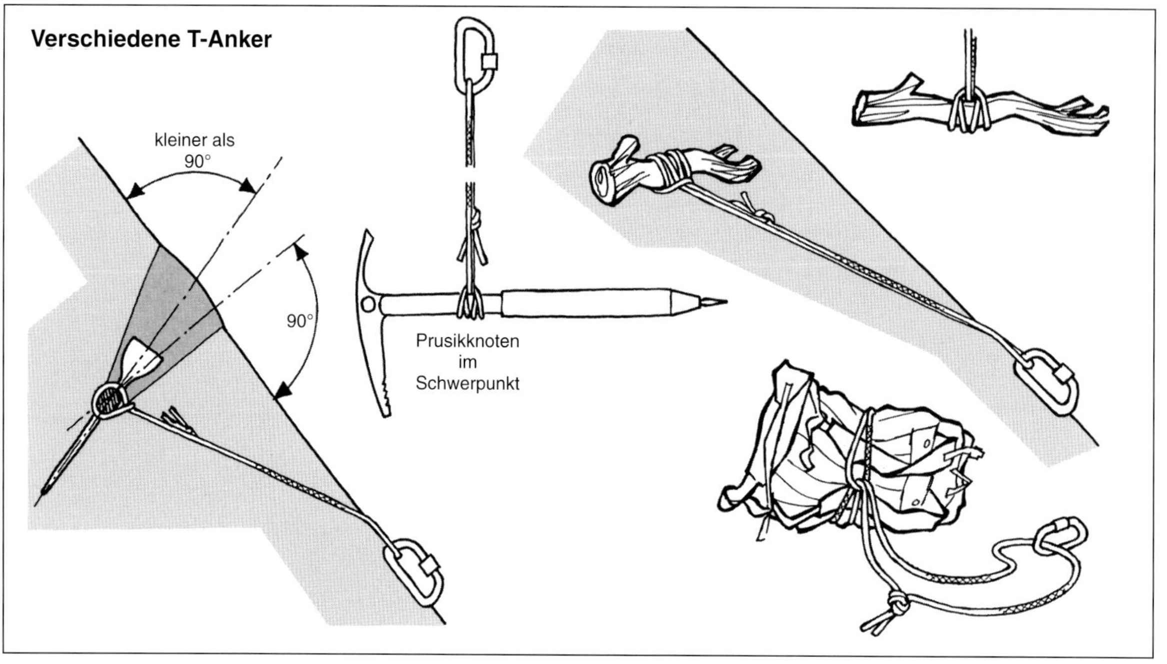

Eispickel mit Reepschnur als T-Anker vor dem Bedecken mit Firn.

Je nach Firndichte und Ankertiefe wurden folgende Haltekräfte ermittelt:
- Eispickel, Eisgerät: 3 bis 5 kN (ca. 300 bis 500 kp)
- leerer Rucksack: 5 bis 7 kN (ca. 500 bis 700 kp)
- Anorak, Pullover: 3 bis 5 kN (ca. 300 bis 500 kp)
- Walkhandschuhe, ineinander gestopft: 1 bis 2 kN (ca. 100 bis 200 kp)

In feuchtem Firn ergeben sich höhere Werte als in trockenem.
In außereuropäischen Gebirgen (limitiertes Fluggepäck) finden zweckmäßigerweise kleinere Holzstämme oder kräftige Äste Verwendung, die man sich auf dem Anmarsch beschaffen kann. Grünes Holz eignet sich noch besser als abgetrocknetes, da es besser im Firn festfriert. Mit Urin oder anderen Flüssigkeiten lässt sich der Firn auf dem Anker gut verfestigen. Die Anbringung einer Eissanduhr im Falle eines Rückzugs im Eis ist im Glossar auf S. 153 ausführlich beschrieben.

Helme

Der Helm (richtig: Bergsteigerschutzhelm) soll den Kopf und die Halswirbelsäule vor Gewalteinwirkung von außen schützen, die verschiedene Ursachen haben kann:
- Steinschlag/Eisschlag und herabfallende Ausrüstungsstücke von Voransteigenden
- Sturz und unkontrollierte Kletterbewegungen

Helme sind genormt (EN 12492 und UIAA). Die wichtigsten Normanforderungen betreffen das Energieaufnahmevermögen. Danach müssen Helme ein Mindestenergieaufnahmevermögen besitzen, d. h. einen bestimmten Stoß aufnehmen können, ohne die physiologisch* zulässige Belastung von Kopf und Halswirbelsäule zu überschreiten. Die Mediziner geben eine für Bruchteile von Sekunden gerade noch zulässige Kraft von 10 kN (ca. 1000 kp) an.
Die Fallenergie*, die bei Prüfung des vertikalen Energieaufnahmevermögens auf den Helm trifft, beträgt 100 J (ca. 10 kpm). Dies entspricht einem 5 kg schweren Stein aus 2 m Höhe (Normprüfung) oder einem

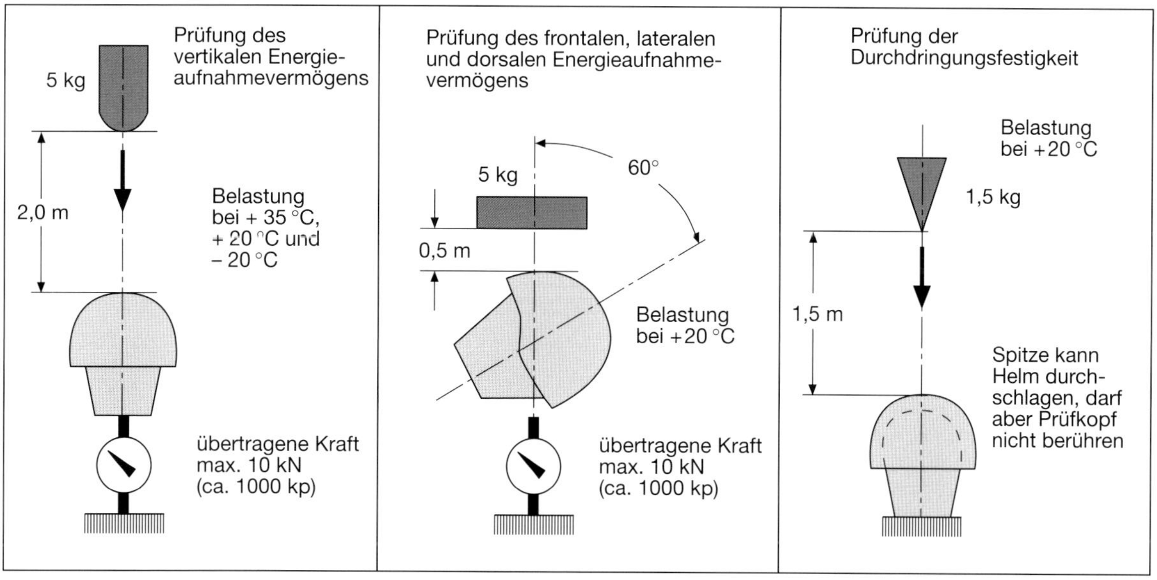

Normprüfung von Helmen.

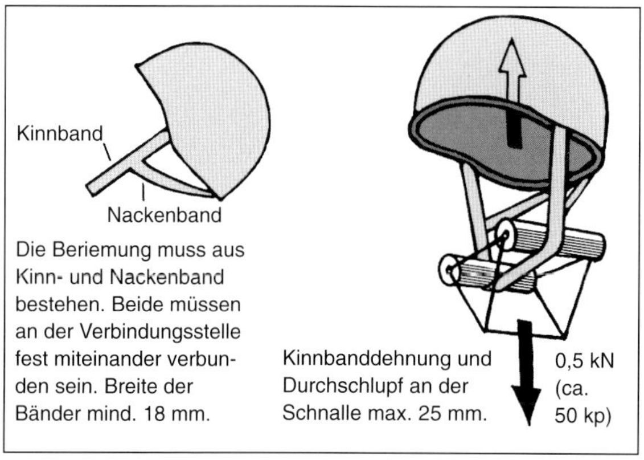

Normprüfung der Beriemung.

2 kg schweren Stein aus 5 m Höhe oder auch einem 1 kg schweren Stein aus 10 m Höhe usw.
Die Fallenergie bei frontaler, lateraler (seitlicher) und dorsaler (rückwärtiger) Prüfbelastung ist erheblich

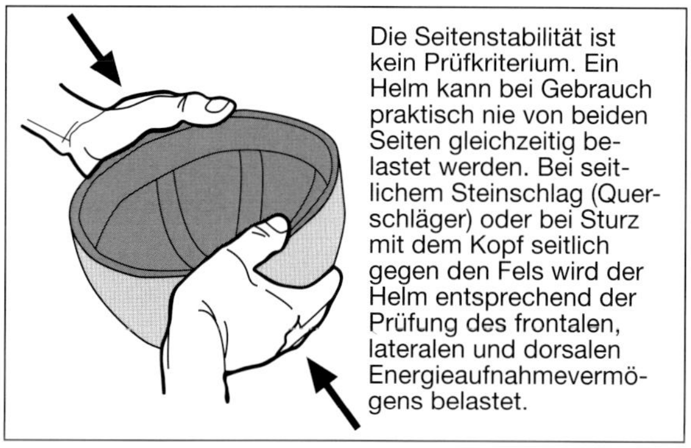

geringer. Sie beträgt lediglich 25 J (ca. 2,5 kpm = 25 % des vertikalen Energieaufnahmevermögens). Technisch ist mehr noch nicht möglich.
Der Schutz vor scharfkantiger Gewalteinwirkung wird mit einem spitzen Fallkörper geprüft. Um genügend Durchdringungsfestigkeit zu besitzen, muss die Helmschale aus einem Kunststoff mit hoher Schlagzähigkeit bestehen.
Gewicht zwischen 250 und 450 g. Der schwerere Helm kann, muss aber nicht der bessere sein (mit höherem Energieaufnahmevermögen, weil mehr Material).

Technische Grenzen

Das Energieaufnahmevermögen der Helme kann material- und konstruktionsbedingt nicht jedem beliebig großen Stein- oder Eisschlag angepasst sein. Das Gleiche gilt für Stoßbeanspruchung bei Sturz. Material und Konstruktion haben ihre Grenzen. Deshalb ist jeder Helm notwendigerweise nicht vollkommen.

Material, Verarbeitung, Angebot

Zwei verschiedene Helmarten werden angeboten:

- Einschalenhelme mit Tragebändern, die auf dem Kopf aufliegen, Gewicht zwischen 350 und 450 g; besonders robust.
- Doppelschalenhelme mit geschäumter Innenschale (aus Styropor oder Polypropylen), die ganz oder teilweise auf dem Kopf aufliegen und aufgrund

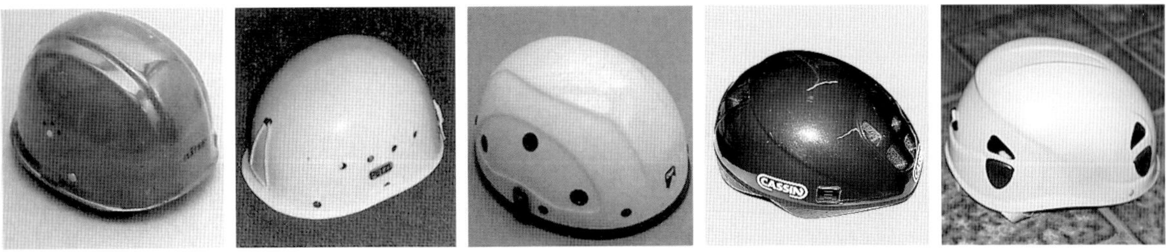

Verschiedene Helmmodelle, links: drei Einschalenhelme mit Tragebändern, rechts: zwei Doppelschalenhelme.

der Materialien besonders leicht sind, Gewicht nur zwischen 250 und 300 g; häufig als »Leichthelme« bezeichnet.

Die Güte eines Helmes zu beurteilen ist sehr schwierig; das Wichtigste ist das Energieaufnahmevermögen, doch auch weitere Gütemerkmale sind zu beachten:

- Da die Hersteller das Energieaufnahmevermögen nicht angeben (weil es nicht direkt bei der Prüfung ermittelt wird[1]), kann dieses in 1. Näherung* nur anhand der übertragenen Kraft (Fangstoß) beurteilt werden: Das höchste Energieaufnahmevermögen weist der Helm auf, der den niedrigsten Fangstoß aufweist (doch nicht alle Hersteller geben diesen Wert an).
- Die Beriemung muss geeignet sein, den Helm bei einem unkontrollierbaren Sturz sicher auf dem Kopf zu halten. Dies lässt sich wie folgt prüfen: Helm aufsetzen, Kinnband schließen. Der Helm darf sich nicht nach vorn vom Kopf schieben lassen (siehe Grafik rechts).
- Hervorstehende Teile auf der Helminnenseite wie Nieten usw. müssen zur Vermeidung von Verletzungen mit einer stoßdämpfenden Polsterung abgedeckt sein. Bei Kauf Sichtkontrolle.

Normunabhängige Eigenschaften:

- Seitlich und/oder im Nackenbereich herabgezogene Helmschalen bieten mehr Schutz. Ein seitlicher Rand rundherum ist bei Regen vorteilhaft, vor allem für Brillenträger.
- Die Möglichkeit zur Sicherung einer Stirnlampe gegen Herabrutschen ist empfehlenswert.
- Eine Belüftung ist notwendig, jedoch von den Normen (EN und UIAA) nicht vorgeschrieben (man überlässt dies dem Markt). Größere, seitliche Belüftungsöffnungen sind einerseits vorteilhaft, andererseits aber auch nachteilig bei Steinschlag, wenn Querschläger auftreten. So sind mittelgroße oder lamellenartig abgedeckte Belüftungsöffnungen ein brauchbarer Kompromiss (Auswahl im Sporthaus).

Alle Helmmodelle werden in verstellbarer Ausführung angeboten (Kursausleihe, bei Kälte Wollmütze oder Sturmhaube).

Veränderungen an Helmen

Aufkleber und Farbeinwirkungen können bestimmte Kunststoffe verändern. Es empfiehlt sich deshalb nicht, Helmschalen zu bemustern. Auch von anderen Veränderungen wie Anbringen zusätzlicher Lüftungsbohrungen und Ähnlichem muss abgeraten werden, da die Helmeigenschaften, insbesondere das Energieaufnahmevermögen, beeinträchtigt werden können.

Test des Helmsitzes.

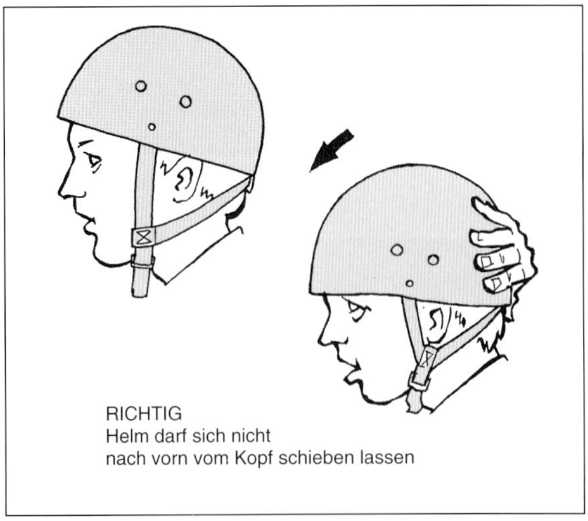

[1] Eine Prüfung zur Ermittlung des Energieaufnahmevermögens würde etwa die dreifachen Kosten der Normprüfung betragen; so hat sich der Normenausschuss für die kostengünstigere Lösung mit der Messung des Fangstoßes entschieden.

Gebrauchte Helme

Auf jedem Helm muss das Herstellungsdatum angegeben sein (Quartal und Jahr). In der Gebrauchsanleitung, die jedem zum Verkauf angebotenen Helm beiliegen muss, ist die Gebrauchsdauer vermerkt. Wie bei jeder solcher Angaben ist eine im Verhältnis zum angegebenen Zeitraum kurzfristige Überziehung der Gebrauchsdauer nicht als kritisch anzusehen. Weitere Hinweise:

- Einschalenhelme: Aussonderung, wenn die Verbindungsnieten von Schale und Tragebändern (falls vorhanden) stark angerostet sind (Schweißeinwirkung); andernfalls besteht Gefahr, dass die Nieten bei Stoßbelastung brechen.
- Doppelschalenhelme: Aussonderung bei Bruch oder sonstiger Beschädigung der Innenschale (weil das Energieaufnahmevermögen nachgelassen hat).

Helme, die durch Steinschlag oder Sturz starker Stoßbelastung ausgesetzt wurden, sind auszusondern. Man erkennt dies an der deformierten Schale, bei Doppelschalenhelmen auch an der deformierten Innenschale, und/oder an den gedehnten oder ausgerissenen Tragebändern. Das Energieaufnahmevermögen hat nachgelassen oder ist aufgebraucht (die Knautschzone kleiner oder überhaupt nicht mehr vorhanden).

Die Verbindungsnieten müssen von Zeit zu Zeit auf Rosteinwirkung überprüft werden.

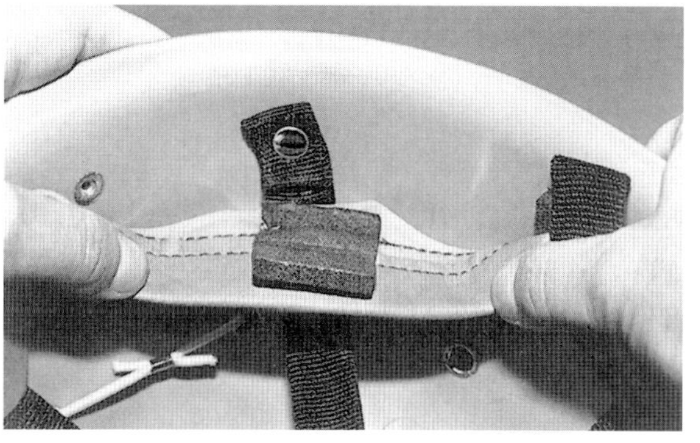

Auch im Klettergarten sollte ein Helm getragen werden (wie hier gezeigt).

Sicherung

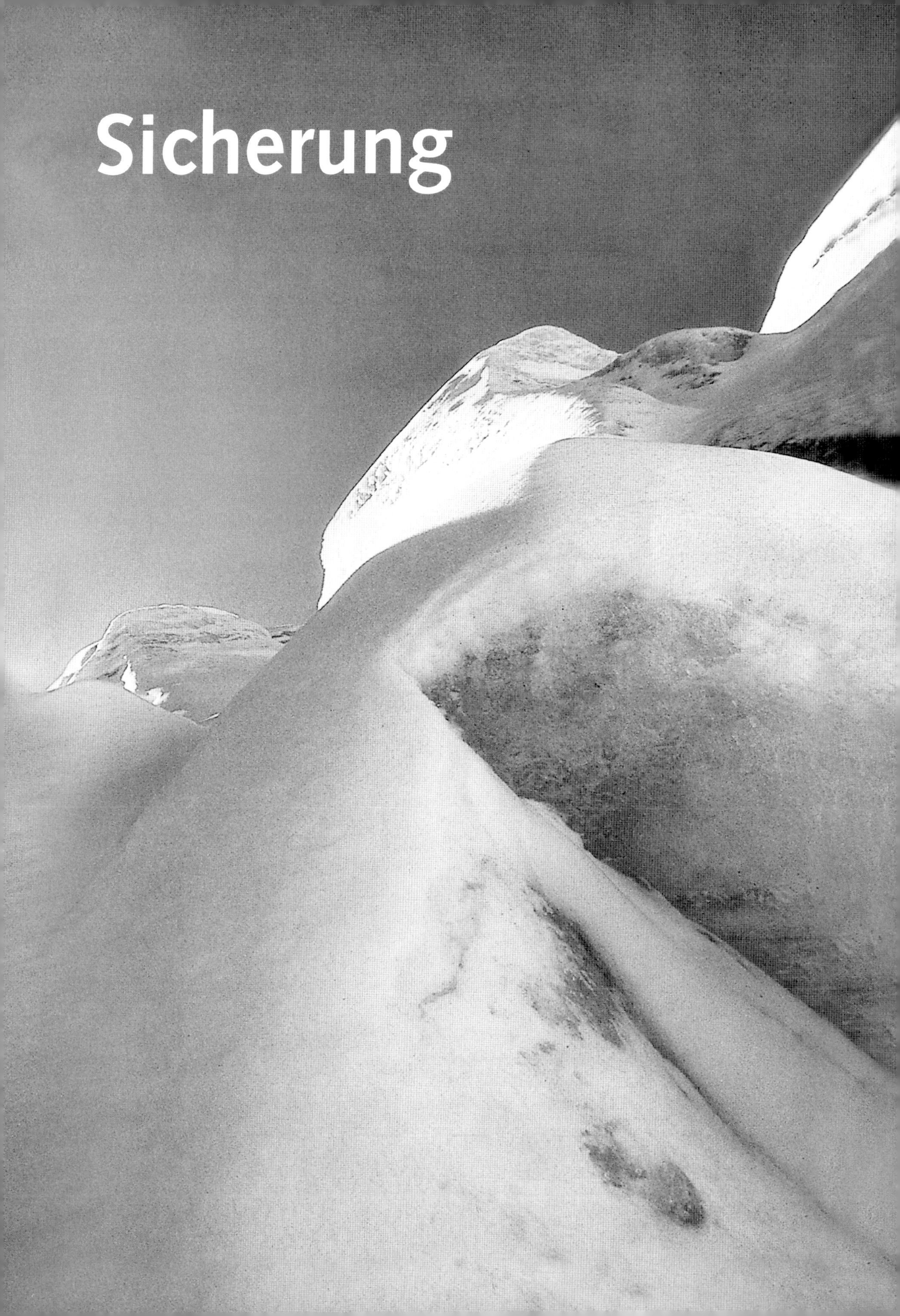

SICHERUNGSTHEORIE

Physikalische Zusammenhänge

Im Sturzfall und bei jeder anderen Seilbelastung überträgt das Seil Kräfte vom einen Seilende in Richtung des anderen. Dabei wird die Sicherungskette belastet. Ein Teil der Sicherungskette ist das Seil. Weitere Teile sind Anseilgurt – Anseilknoten – Karabiner – Klemmkeile und Klemmgeräte – Felshaken – Expressschlingen – Reepschnur- und Bandschlingen – Sanduhren in Fels und Eis – die Kameradensicherung und damit in Zusammenhang stehende Ausrüstung wie HMS*-Karabiner, Achter, Bremsgerät, Seilklemme usw. Die Belastung der Sicherungskette folgt physikalischen Gesetzen, deren Kenntnis die Beurteilung notwendiger Sicherungsmaßnahmen wesentlich erleichtert.

Fallenergie – Fangstoßkraft

Wenn ein Bergsteiger, Fels- oder Eiskletterer bergauf steigt oder klettert, speichert er in seinem Körper

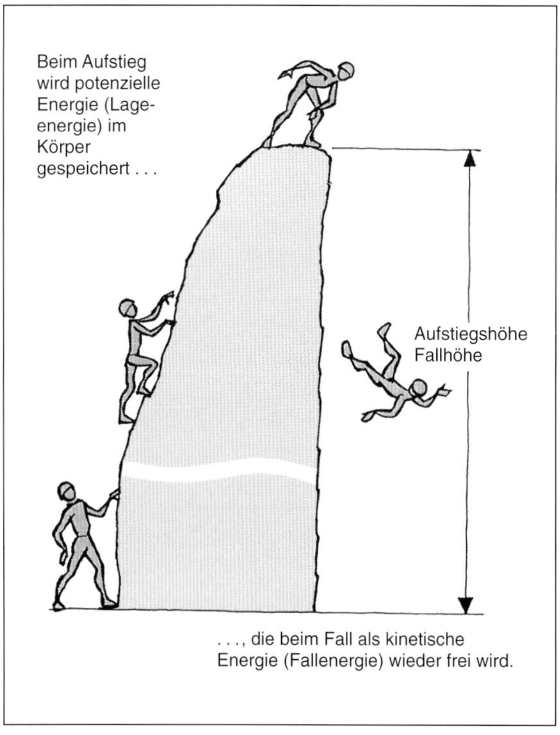

Energie (Lageenergie), so genannte potenzielle* Energie. Sie ist vom Körpergewicht* abhängig und nimmt mit der Höhe, die er herabfallen kann, linear* zu. Stürzt der Bergsteiger, Fels- oder Eiskletterer, wird aus der potenziellen Energie Fallenergie, so genannte kinetische* Energie. Die Fallenergie wird umso größer, je weiter bzw. je schneller der Bergsteiger, Fels- oder Eiskletterer stürzt. Sie nimmt mit dem Quadrat der Fallgeschwindigkeit zu und entspricht quantitativ* der potenziellen Energie.
Die Fallenergie muss vom Seil durch Dehnung und meist durch Reibung in Zwischensicherungen und der Kameradensicherung (Sicherungsmethode) aufgenommen weden. Die Seildehnung erzeugt im Seil eine Kraft, die so genannte Fangstoßkraft*, die ihren Maximalwert im Augenblick der größten Seildehnung erreicht, nämlich dann, wenn die gesamte Fallenergie aufgenommen worden ist. In diesem Augenblick ist der Sturz abgefangen.

Fangstoßkraft, Bremskraft, Bremswirkung

Bei ungünstiger Sturzsituation – also bei großer Fallenergie (hoher Sturz) und wenig Seil, das die Fallenergie aufnehmen muss – könnte die Fangstoßkraft die Größenordnung von 10 bis 12 kN (ca. 1000 bis 1200 kp) erreichen. Einer solchen Belastung kann die Mehrzahl aller Sicherungspunkte in Fels und Eis nicht standhalten. Bruch eines oder mehrerer Sicherungspunkte und dadurch größere Sturzhöhe oder gar Absturz der ganzen Seilschaft wären mögliche fatale Folgen.
Der Sturz wird deshalb mit dem Seil nicht grundsätzlich durch Blockieren des Seiles statisch gehalten, sondern unter einer bestimmten Bremskraft und einem daraus folgenden Seildurchlauf durch die Bremsvorrichtung (Kameradensicherung, Sicherungsmethode) dynamisch abgefangen. Auf diese Weise wird die hohe Fangstoßkraft statisch wirkender Sicherungsmethoden abgebaut und die gesamte Sicherungskette weniger stark belastet.
Nur bei kleinen Stürzen mit niedrigem Sturzfaktor (gewöhnliche Sportkletterstürze) können dynamische Sicherungsmethoden statisch wirken, da die im Seil auftretende Fangstoßkraft* nicht hoch genug ist, um es zu einem Seildurchlauf kommen zu lassen; die Belastung der Sicherungskette ist dann auch erheblich geringer.

Seildurchlauf und Sturzstreckenverlängerung

Dynamisches Sichern bedingt als Folge des Seildurchlaufs durch die Bremsvorrichtung eine etwas größere Sturzhöhe als bei statischer Sicherung, also eine gewisse Sturzstreckenverlängerung. Diese Verlängerung der Sturzhöhe ist jedoch nicht proportional*, d. h., eine Bremskrafthalbierung hat nicht unbedingt eine Verdoppelung der Bremsstrecke zur Folge, da die Seildehnung mit in die Sturzstreckenverlängerung eingeht und mit der Bremskraftreduzierung abnimmt. In der Praxis wird die theoretische Sturzstreckenverlängerung durch Seilreibung in Zwischensicherungen und an Fels- bzw. Eiskanten weiter reduziert, sodass sie nicht das theoretische Ausmaß erreicht, sondern ein wesentlich geringeres.

Falldiagramm für den Vergleich von statischer und dynamischer Sicherung.

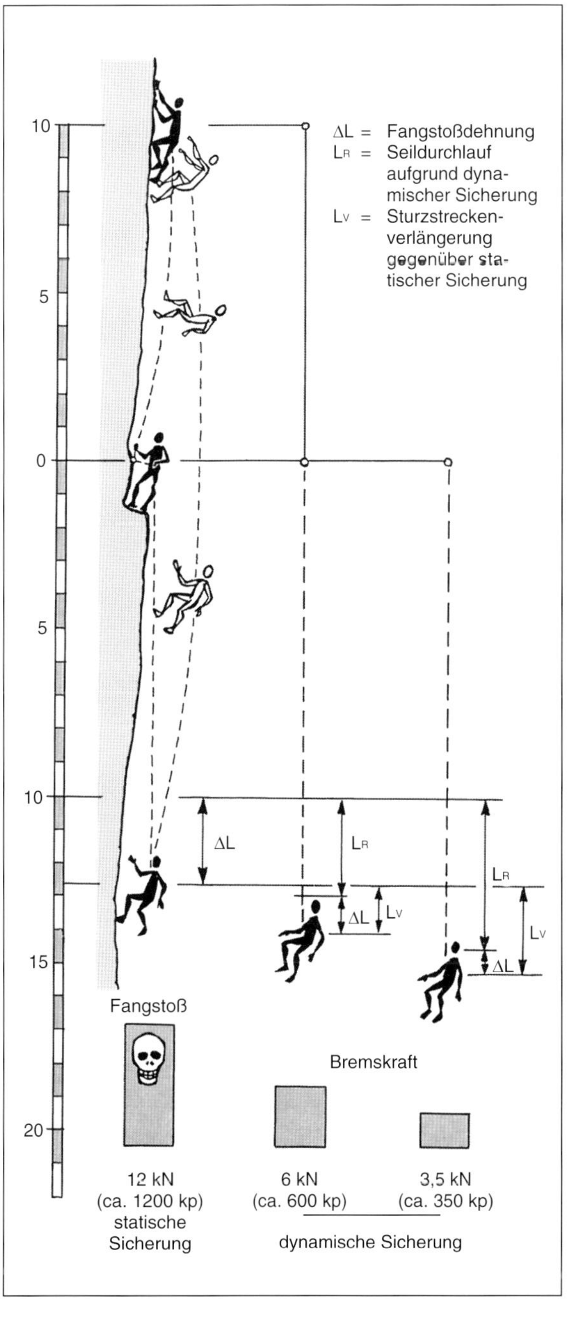

Im Hinblick auf die notwendige Bremskraftreduzierung (um die Sicherungskette nicht zu stark zu belasten) ist die Sturzstreckenverlängerung für den Fall, dass sie ein vertretbares Ausmaß nicht überschreitet, gerechtfertigt. Es muss zwischen Bremskraftreduzierung (im Prinzip gut, weil geringere Belastung der Sicherungskette) und Sturzstreckenverlängerung (im Prinzip schlecht, weil größere Sturzhöhe) optimiert* werden.

SICHERUNGSPRAXIS

Kameradensicherung

Als Kameradensicherung wird die Sicherung bezeichnet, mit der der Sichernde bei Sturzbelastung das Seil hält bzw. vor übergroßem Seildurchlauf bewahrt. Alle derartigen Sicherungsarten bzw. -geräte wirken ab einer bestimmten Belastung (Bremskraft) dynamisch, d. h., das Seil rutscht kontrolliert durch (um hohen Fangstoßkräften vorzubeugen).

Bei geringer Sturzbelastung kann es zum Blockieren kommen, die Sicherungsart bzw. das -gerät wirkt statisch (was keineswegs negativ auszulegen ist, die Sturzbelastung ist nur zu gering, als dass es zur dynamischen Wirkung kommen kann). Jeder Seildurchlauf zieht schließlich auch eine Sturzstreckenverlängerung nach sich.

Entgegen landläufiger Meinung sei hier festgehalten, dass sich keine Sicherungsart bzw. -gerät blockieren lässt, ausgenommen zu geringe Sturzbelastung und der Sonderfall Grigri (siehe S. 124).

Aus der physikalischen Gesetzmäßigkeit, dass die Zwischensicherung in 1. Näherung* mit der doppelten Fangstoßkraft[1)] belastet wird (weil zwei belastete Seilstränge), die Sicherung am Standplatz aber nur mit der einfachen Fangstoßkraft (weil nur ein belasteter Seilstrang), folgt die Forderung, dass die Bremskraft einer Kameradensicherung bei Sturzzugbelastung nach oben eine niedrigere Bremskraft aufweisen soll als bei Sturzzugbelastung nach unten. Die als Folge der kleineren Bremskraft auftretende größere Sturzstreckenverlängerung wird durch die Seilreibung in der Zwischensicherung wieder auf ein vertretbares Maß reduziert.

Diese Forderungen erfüllt derzeit nur die Halbmastwurfsicherung (HMS). Beide Bremskraftbereiche stellen sich von allein durch die unterschiedliche Sturzzugrichtung nach oben oder unten ein, ohne jedes Manipulieren an der Sicherung selbst.

Alle anderen Sicherungsmethoden bzw. -geräte weisen Nachteile auf: Das Grigri wirkt statisch (was für bestimmte Sicherungssituationen zulässig ist, siehe S. 124), alle anderen Sicherungsmethoden bzw. -geräte versagen bei Sturz im Vorstieg ohne Zwischensicherung (Sturzzugbelastung nach unten). Außerdem ist bei der HMS kein zusätzliches Gerät erforderlich.

Halbmastwurfsicherung (HMS)

Das Seil wird in Form einer Bremsschlinge in einen HMS-Karabiner eingehängt (andere Karabiner eignen sich nicht). Mit je einer Hand am Seil rechts und links des Karabiners wird das Seil ausgegeben und eingeholt.

Die Hände haben unterschiedliche Funktionen, was für alle Sicherungsmethoden und -geräte gilt:

- Hand am Seil, das zum Gesicherten führt: Sie ist die Führungshand, mit der das Seil beim Ausgeben und Einholen geführt wird.
- Hand am Bremsseil (loses Seil): Sie ist die Bremshand, mit der im Belastungsfall gebremst und der Sturz abgefangen wird. Mit dieser Hand darf das Seil nie losgelassen werden. Während des Seilausgebens und -einholens dient die Bremshand auch als Führungshand.

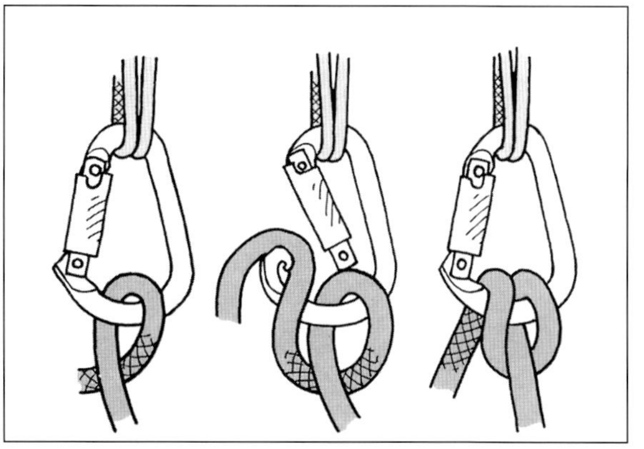

Einhängen der Halbmastwurf-Bremsschlinge.

Ein Sturz kann nur mit der Bremshand gehalten werden. Die Führungshand kann praktisch keinerlei Bremswirkung erbringen. Bei Sturzbelastung wird das Seil der Führungshand auch meist entrissen, vor allem, wenn die Sturzzugrichtung eine wesentlich andere ist, als die Führungshand sie vorgibt. Auch dies gilt für alle Sicherungsmethoden und -geräte.

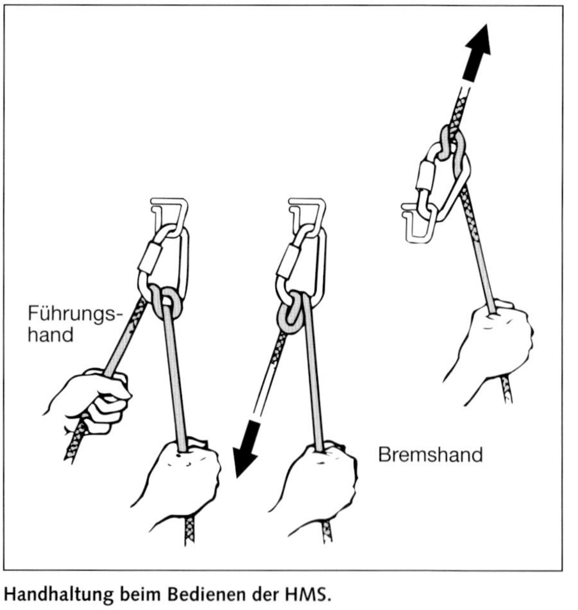

Handhaltung beim Bedienen der HMS.

Der HMS-Karabiner soll frei beweglich sein, sodass er sich in die voraussichtliche Sturzzugrichtung ausrichten kann. Bei Verwendung des Kräftedreiecks (Ausgleichsverankerung*) und der Zentralpunktsicherung ist eine solche Beweglichkeit immer gegeben.

[1)] genau: mit der vektoriellen* Summe der beiden Fangstoßkräfte unter Berücksichtigung der im Karabiner auftretenden Seilreibung, siehe Seite 129, 130.

Handhabung der HMS

Die Kameradensicherung kann auf verschiedene Weise angebracht und gehandhabt werden:

- An Sicherungspunkten an der Wand (Wandsicherung)
- am Körper (Körpersicherung), nur bei Sturzzugrichtung nach oben zu empfehlen
- teils an der Wand, teils am Körper (Semi-Körpersicherung am Zentralkarabiner, siehe Grafik)

Die Sicherungspunkte müssen für eine Sturzbelastung ausreichend dimensioniert und sicher platziert sein, sowohl hinsichtlich möglicher Belastungskraft als auch möglicher Belastungsrichtung.

Nicht alle Sicherungspunkte können in jeder Richtung belastet werden:

- Bohrhaken, sofern sie ausreichend sicher sind (normgerecht), in allen Richtungen
- Normalhaken nur in radialer* und annähernd radialer Richtung (also quer zum Schaft)
- Klemmkeile nur in Richtung der Rissverengung
- Felsköpfel nur nach unten
- Sanduhren, sofern stabil, in alle Richtungen
- Eisschrauben und Eishaken nur in radialer* und annähernd radialer Richtung (wie Normalhaken)

Klemmgeräte eignen sich nur bedingt zur Standplatzabsicherung, da ihre sichere Platzierung schwierig abzuschätzen ist, am ehesten noch im Granit.
Erscheint ein Sicherungspunkt nicht sicher genug, muss ein zweiter, gegebenenfalls ein dritter geschaffen werden.

Je nach gewünschter Handhabung wird die Kameradensicherung (HMS) wie folgt platziert:

- Wandsicherung an einem Fixpunkt (sicherer Bohrhaken): Bei ausreichend großer Öse (Bühlerhaken, Ringhaken) wird der HMS-Karabiner direkt in die

Möglichkeiten der Anwendung des Kräftedreiecks (Ausgleichsverankerung) bei unterschiedlichen Sturzzugrichtungen.

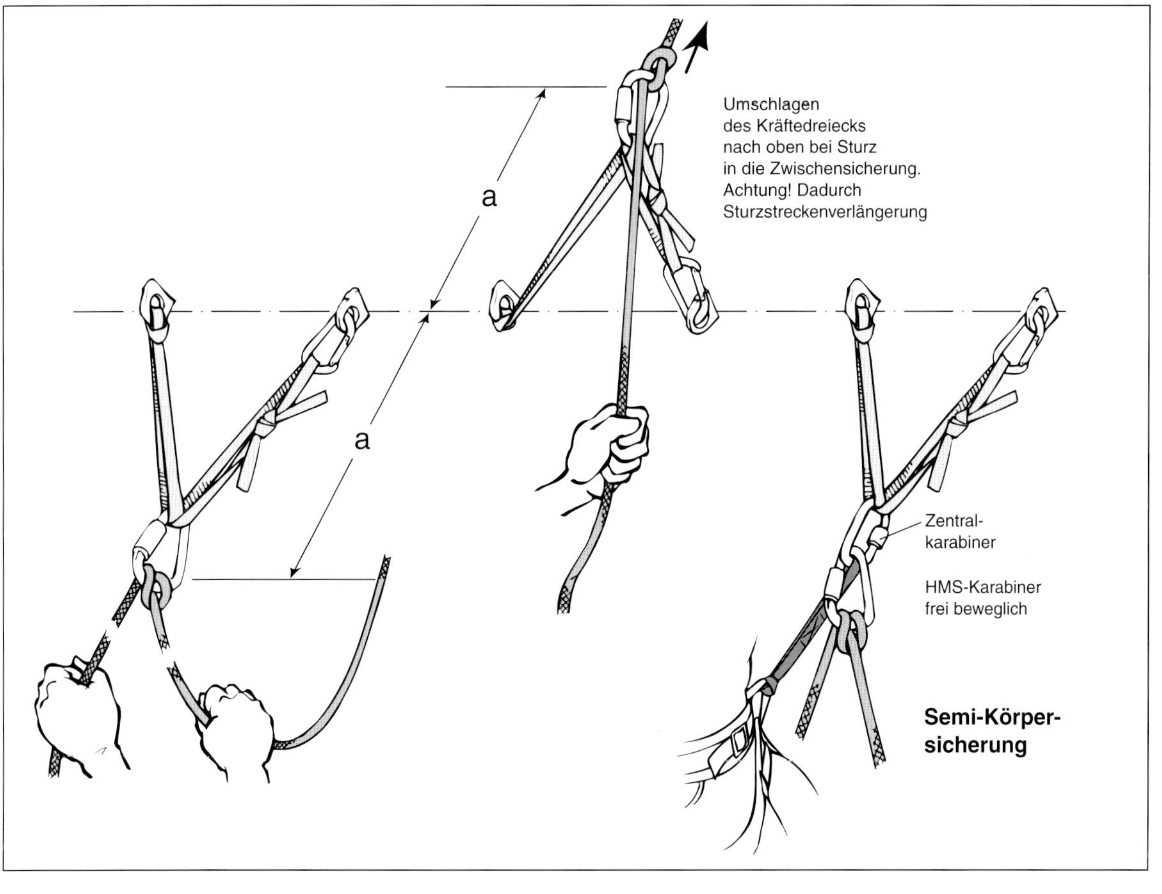

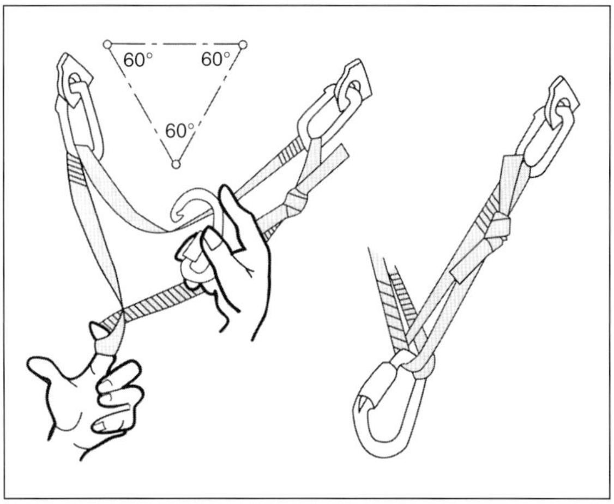

Das Kräftedreieck als Ausgleichsverankerung sollte möglichst die Form eines gleichseitigen Dreiecks haben. Mit einer entsprechend langen Schlinge lässt sich die Ausgleichsverankerung auch an drei Fixpunkten anbringen.

Öse eingehängt. Ist die Öse zu klein, könnte sich der Karabiner verklemmen, wird er mit einer kurzen Schlinge (Nutzlänge etwa 15 cm) eingehängt; Vorsicht bei scharfen Ösenkanten.

- Wandsicherung am Kräftedreieck (Ausgleichsverankerung*): Die Sicherungspunkte werden mit einer ausreichend langen Schlinge und einem Karabiner zu einem zentralen Sicherungspunkt zusammengefasst, in den der HMS-Karabiner eingehängt wird (siehe Grafik S. 119). Der Winkel der beiden Stränge, die nach unten führen, soll den Wert von 60° nicht wesentlich überschreiten (60° = gleichseitiges Dreieck, alle drei sind gleich lang); je kleiner der Winkel, desto günstiger. Bei Sturzzugrichtung nach oben schlägt das Kräftedreieck nach oben um und führt zur Sturzstreckenverlängerung; deshalb in diesem Fall das Kräftedreieck nach unten absichern.
- Körpersicherung: Der HMS-Karabiner wird in die Anseilschlaufe des Hüftgurtes eingehängt; Achtung: nicht in eine der Materialschlaufen!
- Semi-Körpersicherung: Es wird das Kräftedreieck verwendet und nach unten am Körper des Sichernden abgesichert, und zwar am Hüftgurt; der Sichernde belastet das Kräftedreieck mit einem Teil oder seinem gesamten Körpergewicht, damit der Zentralkarabiner in seiner Lage bleibt.

Die Hände üben die Funktion als Führungs- bzw. Bremshand aus. Bei aufmerksamem Sichern, ohne dass die Bremshand das Seil auslässt, erfolgt das Bremsen mit der Bremshand bei Sturzbelastung reflexartig. Die Führungshand soll das Seil sofort loslassen; dies ist keine Reflexbewegung, weshalb es zu kleineren Handverletzungen kommen kann (Verbrennungen). Muss zum Erreichen des nächsten Standplatzes das ganze Seil ausgegeben werden, dann muss zuvor eine verlässliche Zwischensicherung angebracht werden; auf diese Weise wird die Sturzhöhe (und damit die Fallenergie) so weit reduziert, dass Letztere allein von der Seildehnung aufgenommen werden kann.

Seildurchlauf an der Kameradensicherung

Bei Benutzung der HMS oder einer anderen Sicherungsart bzw. -gerät (ausgenommen Grigri) kann bei hoher Sturzbelastung Seildurchlauf an der HMS bzw. an der Bremsvorrichtung und der Bremshand und damit Reibungswärme an den Bremsflächen entstehen. Bis zu einem Seildurchlauf von etwa 25 cm besteht für nicht besonders zarte Hände noch keine wesentliche Verletzungsgefahr. Bei größerem Seildurchlauf können die Handflächen erhebliche Verbrennungen davontragen. Mit entsprechenden Handschuhen lässt sich dies vermeiden; doch konnten sich diese bis jetzt nicht durchsetzen (größere Stürze mit hohem Sturzfaktor kommen nicht allzu häufig vor; wenn doch, wird dies meist als Schicksal angesehen).

Selbstsicherung

Sie erfolgt als erste Sicherungsmaßnahme am Standplatz und verhindert den Sturz vom Standplatz, ausgelöst durch ungeschicktes Stehen, Stolpern oder sonstiges Zu-Fall-Kommen. Länge der Selbstsicherung so kurz wie möglich und so lang wie nötig, in der Regel etwa 0,5 bis 1 m. Die Selbstsicherung soll beim Hantieren am Standplatz nicht hinderlich sein. Befestigung mit Sackstich oder Mastwurf (lässt sich leichter verlängern oder verkürzen) am Sicherungspunkt, bei Anwendung des Kräftedreiecks am Zentralkarabiner. Nur auf sicherem Boden, am Einstieg, in der Halle kann auf die Selbstsicherung verzichtet werden unter der Voraussetzung, dass keine größere Sturzbelastung infolge größerer Sturzhöhe auftritt und der Stürzende nicht auffallend schwerer ist als der Sichernde; andernfalls rückwärtige Selbstsicherung notwendig.

Zwischensicherungen

Sie reduzieren die mögliche Sturzhöhe und damit die Belastung der Sicherungskette.

Um die Anzahl der Zwischensicherungen in einem günstigen Verhältnis zum erforderlichen Zeitaufwand zu halten, gilt:

- Solange man sich nicht in der Nähe der Sturzgrenze bewegt, kann die Anzahl der Zwischensicherungen auf ein Minimum reduziert werden. Im Fels wie im Eis sind zwei bis drei innerhalb einer Seillänge immer anzuraten, insbesondere vor schwierigeren Stellen.
- Mit zunehmender Annäherung an die Sturzgrenze empfiehlt es sich, die Anzahl der Zwischensicherungen zu erhöhen, und zwar vor Annäherung an die Sturzgrenze (Abschätzung der Kletter- bzw. Eisschwierigkeiten im Voraus).

Sturzhöhe, maßstabgerecht dargestellt.

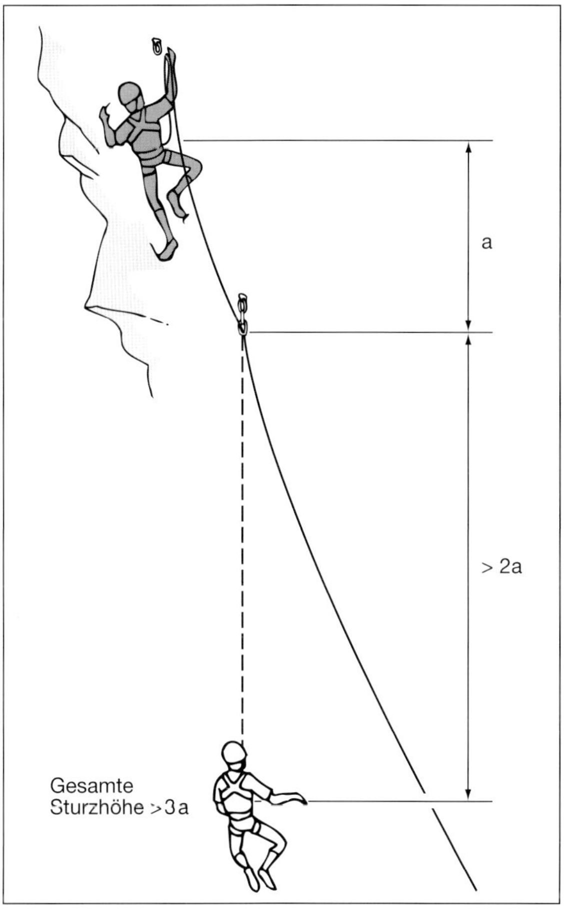

- Die Sturzhöhe ist immer erheblich größer, als man vom Standpunkt oberhalb der letzten Zwischensicherung annehmen würde. Empirisch* ermittelte Werte führten zu der Erkenntnis, dass die gesamte Fallhöhe nicht die zweifache Entfernung von der letzten Zwischensicherung beträgt (wie theoretisch vermutet), sondern die dreifache. Dies ist u. a. auf die Seildehnung, den Seildurchlauf, insbesondere aber auf Schlappseil zurückzuführen, da das Seil im Vorstieg nie stramm sein darf. Erfolgt der Sturz gerade bei dem Versuch, das Seil in die nächste Zwischensicherung einzuhängen, ist die Sturzhöhe noch größer. Dies gilt es überall dort zu beachten, wo bei Sturz ein Aufschlagen möglich ist, insbesondere im Einstiegsbereich.

Jede Zwischensicherung erhöht die Seilreibung beim Klettern – umso mehr, je stärker das Seil umgelenkt wird. Um die Seilreibung zu reduzieren, werden die Zwischensicherungen mit Reepschnur- oder Expressschlingen verlängert. Diese Verlängerung hat im Sturzfall auch eine Sturzstreckenverlängerung zur Folge. Die Schlingen dürfen deshalb nicht zu lang, aufgrund der Seilreibung aber auch nicht zu kurz sein. Die Schlinenlänge muss optimiert werden (siehe S.125).

Sicherung mit Zwillingsseil

Die Verwendung von Zwillingsseil (2 × 8 mm oder 2 × 9 mm) gilt als die bestmögliche Seilsicherung; Vorteile sind:

- Seilredundanz*: Reißt ein Seil bei Sturzbelastung, ist ein zweites vorhanden, das die Restfallenergie aufnehmen kann.
- Höheres Kantenarbeitsvermögen: Zwillingsseile können mehr Fallenergie bei Belastung über Felskanten aufnehmen als jedes Einfachseil (noch ist kein kompletter Seilriss eines Zwillingsseils bekannt geworden).
- Abseilen: Es kann über die volle Seillänge abgeseilt werden.

Die beiden Seile werden parallel gehandhabt (wie ein Seil), beide Seile werden gemeinsam in alle Zwischensicherungen eingehängt. Leichtes Verdrehen der Seile miteinander ist nicht hinderlich. Es fördert die Parallelführung zwischen den Sicherungspunkten.

Sicherung der Dreierseilschaft

Die Dreierseilschaft sollte nur angestrebt werden, wenn das Gelände nicht den Gang an der Sturzgrenze verlangt. Die Dreierseilschaft ist immer weniger flexibel als die Zweierseilschaft (»weil einer zu viel«). Bei Touren mit Zu- und Abstieg über Gletscher kann die Dreierseilschaft vorteilhaft sein (Spaltensturz und -bergung).

Gleichzeitiges Nachsichern zweier Nachsteiger an je einem eigenen Seil.

Zur Sicherung im Steilgelände stehen zwei Möglichkeiten zur Wahl, sowohl für Fels wie für Eis:

- Sicherung am Einfachseil (mit Weiche), nur wenn sich beide Nachsteiger deutlich unterhalb ihrer Leistungsgrenze bewegen. Die beiden Nachsteiger sind im Abstand von mindestens 4 m am Seilende angeseilt, der eine mit einer etwa armlangen Weiche (Sackstich, besser Achterknoten). Sicherung zweckmäßig mit Sicherungsplatte (Magic Plate), da bei Sturz eines Nachsteigers der andere in der Regel mit aus dem Gleichgewicht gerissen und so die Kameradensicherung am Stand stärker belastet wird (die Magic Plate blockiert bei Sturzbelastung selbsttätig).
- Sicherung am Doppelseil, Vorteile: Die beiden Nachsteiger können auch über längere Strecken unterschiedlich schnell klettern, bei Sturz eines

Sicherung der Dreierseilschaft am Einfachseil.

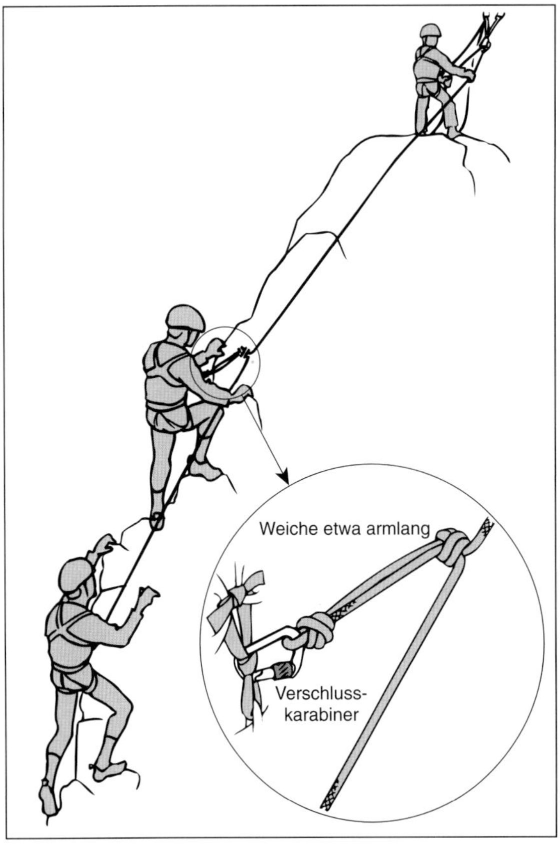

Sicherung der Dreierseilschaft am Doppelseil (zwei Halbseile).

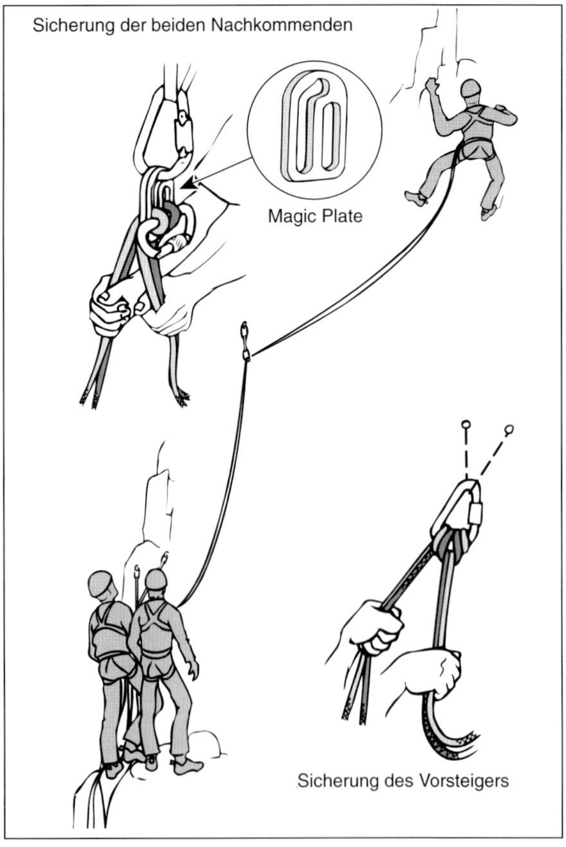

Nachsteigers wird der andere weniger tangiert und Abseilen (Rückzug) ist über die volle Seillänge möglich. Der Seilerste wird an beiden Seilen von nur einem Nachsteiger gesichert (würde jeder der beiden Nachsteiger an einem Seil sichern, ergibt sich im Sturzfall die doppelte Bremskraft und damit eine um 100 % höhere Belastung der Sicherungskette). Sicherung der beiden Nachsteiger ebenfalls zweckmäßig mit Sicherungsplatte (Magic Plate).

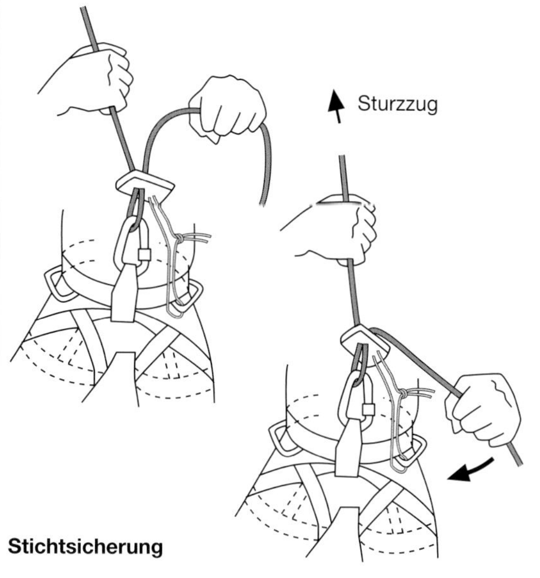

Stichtsicherung

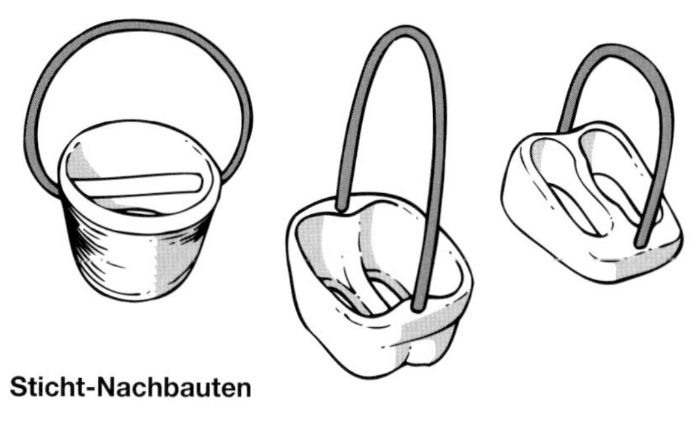
Sticht-Nachbauten

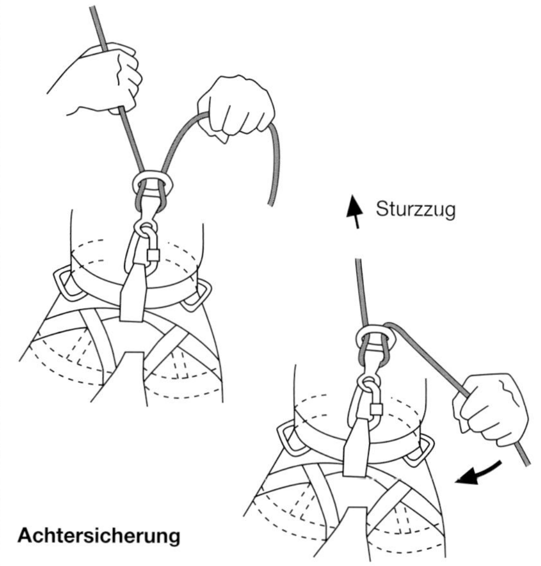

Achtersicherung

Weitere Methoden der Kameradensicherung

Neben der HMS gibt es weitere Sicherungsmethoden und -geräte, die sich jedoch nicht für alle Sicherungssituationen eignen. Auf den Geräten ist abgebildet, wie das Seil einzulegen ist und wie die Hände das Seil bedienen sollen. Gebrauchsanleitung beachten, die immer ausführlicher ist und wichtige Details enthält.

Stichtsicherung

Da das Stichtpatent auslief, gibt es inzwischen eine ganze Reihe von Nachbauten, so z. B. den ATC (Air Traffic Controller), VC (Variable Controller), den Tuber und weitere Fabrikate (mit den gleichen Vor- und Nachteilen).
Die Sicherung lässt sich nur am Körper handhaben. Nur für Sturzzugrichtung nach oben geeignet; bei Sturzzugrichtung nach unten (Vorstieg ohne Zwischensicherung) versagt die Sicherung (zu geringe Bremskraft, Sturzstreckenverlängerung, Handverbrennungen); bei Sicherung im Nachstieg Seil im Standhaken umlenken. Da die Bremskraft etwas niedriger ist als die der HMS, besonders empfehlenswert bei häufigen Stürzen im Vorstieg (Sportklettern an der Sturzgrenze, niedrigerer Fangstoß).

Achtersicherung (Abseilachter)

Auch sie lässt sich nur am Körper handhaben. Nur für Sturzzugrichtung nach oben geeignet; bei Sturzzugrichtung nach unten (Vorstieg ohne Zwischensicherung) versagt die Sicherung (zu geringe Bremskraft, Sturzverlängerung, Handverbrennungen); bei Sicherung im Nachstieg Seil im Stand umlenken.

Sonderformen

Zu diesen zählt das Grigri. Es wirkt durch einen im Gerät integrierten Blockiermechanismus (ähnlich den Sicherheitsgurten in Autos) statisch und lässt sich nur am Körper handhaben. Achtung: Nur geeignet für reines Sportklettergelände (sichere Bohrhaken in ausreichender Anzahl, geringe Sturzhöhe), weil die Fallenergie allein durch Seildehnung aufgenommen werden muss (bei größeren Sturzhöhen hohe Fangstoßkräfte). Nur für Sturzzugrichtung nach oben (Sicherung vom Boden).

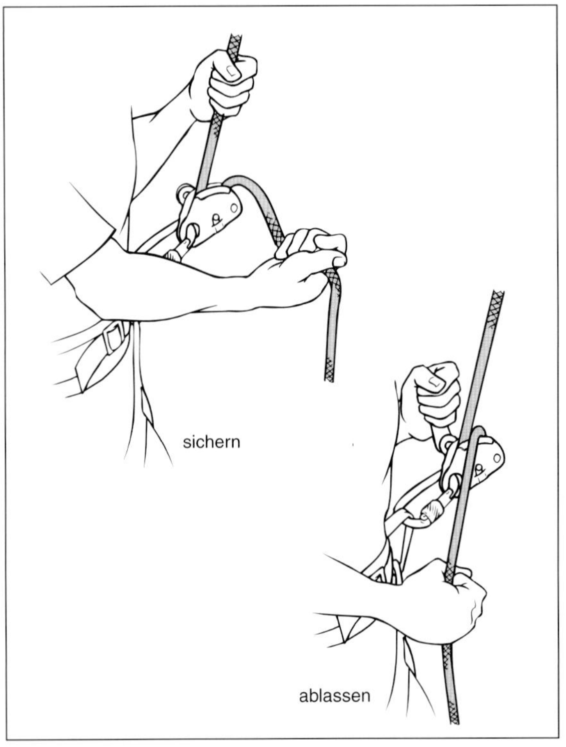

Sicherung und Ablassen mit Grigri.

Durch einen herausklappbaren Hebel lässt sich der Blockiermechanismus nach Sturzbelastung wieder lösen. Achtung: Der Hebel besitzt keinerlei Bremsfunktion, damit kann nur die Seilblockierung gelöst werden.
Obwohl das Gerät den Eindruck eines automatisch wirkenden Sicherungsgerätes macht, ist es ein solches – laut Gebrauchsanleitung – nicht. Die Bremshand muss das Bremsseil immer fest umschließen, ganz besonders beim Ablassen (die Bremswirkung muss allein mit der Bremshand erfolgen). Gebrauchsanleitung unbedingt beachten, mehrmaliges Üben der Anwendung dringend empfohlen.
Die Sicherungsplatte (Magic Plate, siehe Grafik rechts S. 122) und artverwandte Sicherungsgeräte blockieren bei Sturzbelastung, wirken also statisch und sind nur zum Nachsichern geeignet.
Weitere Sicherungsgeräte sind vereinzelt auf dem Markt, die alle Nachbauten bereits vorhandener Geräte mit geringen Abweichungen sind. Gebrauchsanleitung beachten. Ihre Funktion, insbesondere bei Sturzbelastung, zunächst nur knapp über dem sicheren Boden erproben und mit Toperope beginnen, danach mit etwas Schlappseil und erst, wenn sich das Gefühl sicherer Handhabung eingestellt hat, kann das Halten von Stürzen im Vorstieg gewagt werden. Anfangs das lose Seil sicherheitshalber mit etwas Schlappseil durch eine zweite sichernde Person absichern (die eine von ihr beherrschte Kameradensicherung verwendet). Achtung: Sturzstreckenverlängerung einkalkulieren für den Fall, dass die zu erprobende Sicherung versagen sollte.

Seilführung

Da von der Seilführung die Seilreibung und der Sturzverlauf abhängig sind, außerdem bei einer Belastung über Felskanten die Gefahr eines Seilrisses auftritt, kommt der Seilführung eine besonders wichtige Bedeutung zu.

Seilführung im Vorstieg

An Zwischensicherungen entsteht Seilreibung. Sie nimmt mit der Anzahl der Zwischensicherungen zu und wird umso größer, je öfter und je stärker die Seilführung innerhalb einer Seillänge von der Geraden abweicht. Gleiches gilt für die Seilführung um Fels- (und Eis-)kanten. Dies kann die Fortbewegung stark beeinträchtigen und am Fels ein Freiklettern unmöglich machen.
Durch Verlängerung der Sicherungspunkte mittels Reepschnur-, Band- oder Expressschlingen kann die Seilumlenkung und damit die Seilreibung verringert werden. Jede Verlängerung einer Zwischensicherung hat aber im Sturzfall auch eine Sturzstreckenverlängerung zur Folge. Sie beträgt das Zweifache der Verlängerungsschlinge (siehe S. 55).

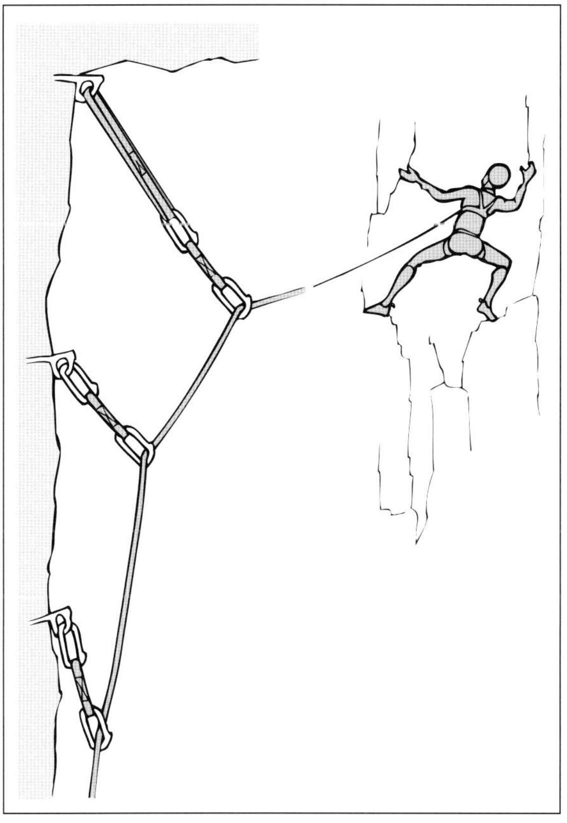

Größere Verlängerungsschlingen sollten nur an Sicherungspunkten mit stärker abgewinkeltem Seilverlauf zur Anwendung kommen.

Deshalb sollen die Schlingen nicht zu lang, aber auch nicht zu kurz sein, ihre Länge muss optimiert* werden:

- geradliniger Seilverlauf – keine Verlängerung notwendig, möglichst kurze Expressschlingen
- wenig abgewinkelter Seilverlauf – längere Expressschlingen (15 bis 20 cm)
- nur an Stellen stark abgewinkelten Seilverlaufs mit zusätzlicher Schlingenverlängerung

Seilführung an Felskanten

Seile können bei Sturzbelastung über scharfe Felskanten reißen, d. h. abgeschert werden; einem Seilriss kann durch verschiedene Maßnahmen vorgebeugt werden:

- Sturzgrenze meiden, indem man immer etwas unterhalb der Leistungsgrenze klettert.
- Zuverlässige Zwischensicherungen anbringen, um die mögliche Sturzhöhe und damit die auftretende Fallenergie und den daraus resultierenden Fangstoß zu reduzieren.
- Den Gang an der Sturzgrenze nur in Nähe einer zuverlässigen Zwischensicherung wagen. Zwischensicherung zuvor gründlich prüfen (Erfahrung, Abschätzung, Augenmaß).
- Seilführung so wählen, unter anderem durch entsprechend platzierte Zwischensicherungen, dass das Seil bei einer möglichen Sturzbelastung nicht auf einer scharfen Felskante zu liegen kommt oder über eine solche umgelenkt werden kann.
- »Kantenfeste« Seile, Multisturzseile oder am besten Zwillingsseile (2 × 8 mm oder 2 × 9 mm) verwenden. Sie können mehr Fallenergie über scharfe Felskanten aufnehmen und bieten Redundanz*.

Führung fixierter Seile

Auch geringe Seilbelastung über Felskanten kann zum Abscheren führen, wenn die Belastung vielfach und immer an der gleichen Stelle wiederholt wird. Beim mehrfachen Aufstieg mit Seilklemmen am oben fixierten Seil oder beim mit Seilklemme(n) gesicherten Klettern und häufiger Sturzbelastung kann das Seil an Felskanten (sie müssen nicht einmal besonders scharfkantig sein) durchgescheuert werden.

Einem solchen Seilriss kann vorgebeugt werden:

- Seilfixierung so wählen, dass das Seil unter Belastung möglichst nicht über Felskanten führt.
- Lässt sich Felskantenbelastung nicht vermeiden, dann die Felskanten mit dem Hammer großflächig runden (eine Seilschädigung ist unumgänglich).

Führung fixierter Seile.

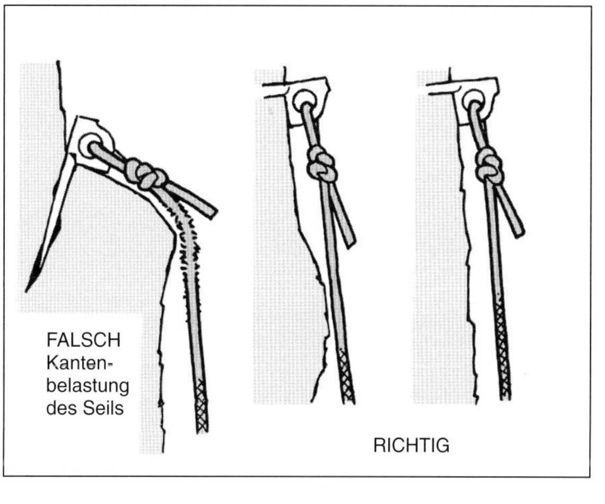

Richtige Seilführung: vom Anseilpunkt seitlich hinab zur letzten Zwischensicherung. So entsteht bei Fangstoßeinwirkung keine physiologisch ungünstige Belastung.

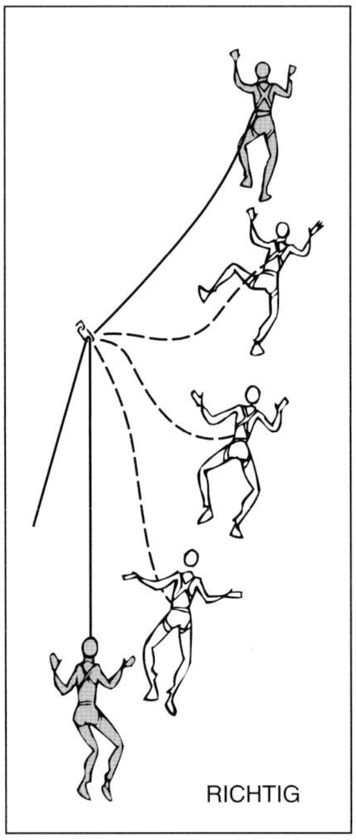

Falsche Seilführung: zwischen den Beinen (im Schritt). Bei Fangstoßeinwirkung entsteht eine physiologisch gefährliche Belastung mit erheblicher Verletzungsgefahr.

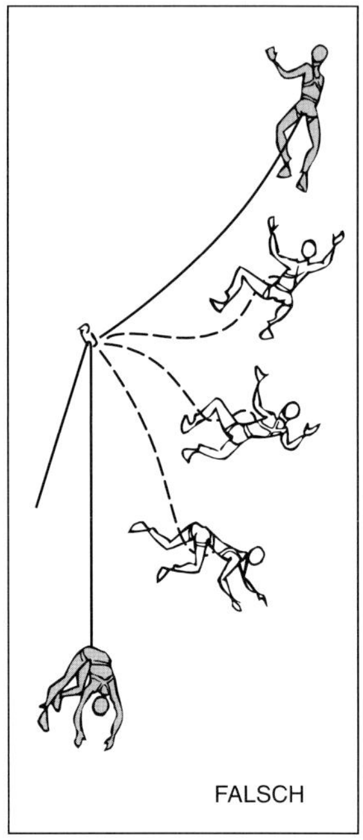

Seilführung am Körper

Im Vorstieg soll das Seil so geführt werden, dass sich der Seilerste bei einem Sturz nicht mit den Beinen im Seil verfangen kann:

- Seil vom Anseilpunkt vor dem Körper seitlich nach rechts oder links hinabführen, je nachdem, wo sich der letzte Sicherungspunkt befindet.
- Seilführung vom Anseilpunkt nur dann senkrecht hinab, wenn sich der letzte Sicherungspunkt auch wirklich senkrecht unter dem Kletterer befindet.
- Seil nicht zwischen den Beinen (im Schritt) führen.

Hat der Seilerste das Seil beim Sturz im Schritt oder verfängt er sich während des Sturzes mit den Beinen im Seil, wird der Oberkörper bei Fangstoßeinwirkung nach unten gerissen. Dies endet immer mit unangenehmen Verletzungen. Durch den Schleudersturz kann es bei Felsberührung zu noch ernsteren Verletzungen kommen.

In vielen Kletterrouten sind die vorgefundenen Sicherungspunkte (Haken), insbesondere in Querungen mit anschließendem Aufstieg, oft ungünstig platziert, sodass sich die richtige Seilführung nicht immer realisieren lässt. Es ist dann nicht verkehrt, die Sicherungspunkte durch mobile Zwischensicherungen (Klemmkeil, Klemmgerät, Schlinge) an besserer Stelle (falls möglich) zu ersetzen. Bei einem bewussten Gang an der Sturzgrenze (Sportklettern) empfiehlt es sich, den voraussichtlichen Sturzablauf gedanklich durchzuspielen.

Belastung der Sicherungskette in Fels und Steileis

Bei Fortbewegung mittels Seilhilfe und bei Sturz ins Seil wird die Sicherungskette belastet – alle Glieder mehr oder weniger stark, je nach Art der Belastung und je nach Platzierung innerhalb der Sicherungskette. Da die Sicherungskette nur so stark ist wie ihr schwächstes Glied und nicht alle Glieder der Sicherungskette jeder in der Praxis möglichen Belastung standhalten können, ist die Abschätzung der Belastung für die Entscheidung, mehr oder weniger Sicherungspunkte zu verwenden, näher oder weniger nah an die Sturzgrenze zu gehen, von besonderer Bedeutung.

Die Abschätzung kann nur sehr grob erfolgen. Eine genaue Berechnung ist zu komplex und wäre im Gelände auch gar nicht durchführbar. Die folgenden Angaben reichen für eine Abschätzung in Form einer überschlägigen Größenordnung aus. Für weiter gehende Berechnungen werden kurze Hinweise gegeben.

Zentralpunkt der Sicherungskette

Der zentrale Punkt der gesamten Sicherungskette ist die Kameradensicherung am Standplatz. Der Sicherungspunkt wird mit dem einfachen Fangstoß belastet, weil nur eine Seilkraft angreift (im Gegensatz zur Zwischensicherung, die immer mit einem Mehrfachen des Fangstoßes belastet wird, weil zwei Seilkräfte angreifen, siehe S. 128, 129). Jede Sicherungsmethode besitzt eine ihr eigene Bremskraft; wird diese bei Sturzbelastung überschritten, wirkt die Sicherung dynamisch, wird sie unterschritten, wirkt sie statisch (so kann bei kleineren Stürzen jede als dynamisch wirkend bekannte Sicherungsmethode statisch wirken).

Demzufolge wird die gesamte Sicherungskette vonseiten der Kameradensicherung aus in zwei Größenordnungen belastet:

- bei dynamischer Wirkung der Kameradensicherung mit einer Fangstoßkraft in der Größe der Bremskraft der verwendeten Sicherungsmethode
- bei statischer Wirkung der Kameradensicherung mit einer Fangstoßkraft in der Größe unterhalb der Bremskraft der verwendeten Sicherungsmethode

Die dynamische Wirkung der Kameradensicherung begrenzt die Belastung der gesamten Sicherungskette und führt zu einer vertretbaren Belastung derselben.

Sturzfaktor

Für die Belastung der Sicherungskette hat der Sturzfaktor nur insofern eine Aussagekraft, als der höhere Sturzfaktor in 1. Näherung* auf eine höhere Belastung der Sichrungskette schließen lässt (genauere Berechnungen anhand des Sturzfaktors sind so lange nicht möglich, wie nicht die Seilkenndaten und deren Abhängigkeit vom Sturzfaktor bekannt sind). Da der Begriff des Sturzfaktors jedoch vielfach verwendet wird, soll er nachfolgend erläutert werden.
Das Verhältnis zwischen Fallhöhe (h) und ausgegebener Seillänge (l) nennt man Sturzfaktor (f):

$$\text{Sturzfaktor (f)} = \frac{\text{Fallhöhe (h)}}{\text{ausgegebene Seillänge (l)}} \quad \text{(dimensionslos)}$$

Beispielsweise ist der Begriff »Faktor-2-Sturz« gebräuchlich (= Sturz ohne Zwischensicherung, »direkt in den Stand«).

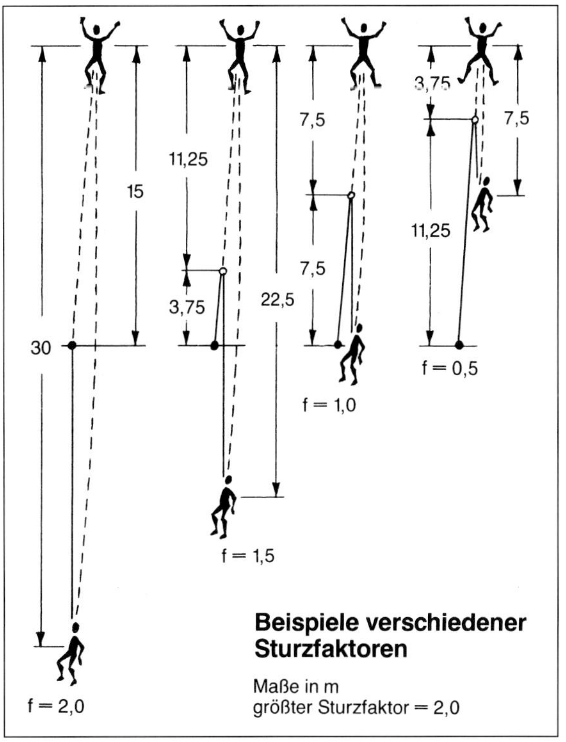

Beispiele verschiedener Sturzfaktoren

Maße in m
größter Sturzfaktor = 2,0

Belastung des Kräftedreiecks (Ausgleichsverankerung*)

Die Gesamtbelastung (Gesamtkraft, Hauptkraft) wird in zwei Teilkräfte mit unterschiedlicher Richtung aufgeteilt. Um die Belastung jedes der beiden Sicherungspunkte zu ermitteln, muss die Gesamtkraft vektoriell* in die beiden Teilkräfte aufgeteilt werden. Dies geschieht (einfachheitshalber) zeichnerisch mithilfe des Kräfteparallelogramms (siehe Grafik S. 128; Hinweis für Berechnung: Sinusfunktion*).

Die beiden Teilkräfte sind theoretisch gleich groß; ihre Größe hängt vom Belastungswinkel α ab:

- Je kleiner der Belastungswinkel α, desto näher rückt jede der beiden Teilkräfte dem halben Wert der Gesamtkraft. Bei einem Belastungswinkel von 0° (Sicherungspunkte übereinander) wird die Gesamtkraft halbiert. Dies ist die günstigste Form des »Kräftedreiecks«.

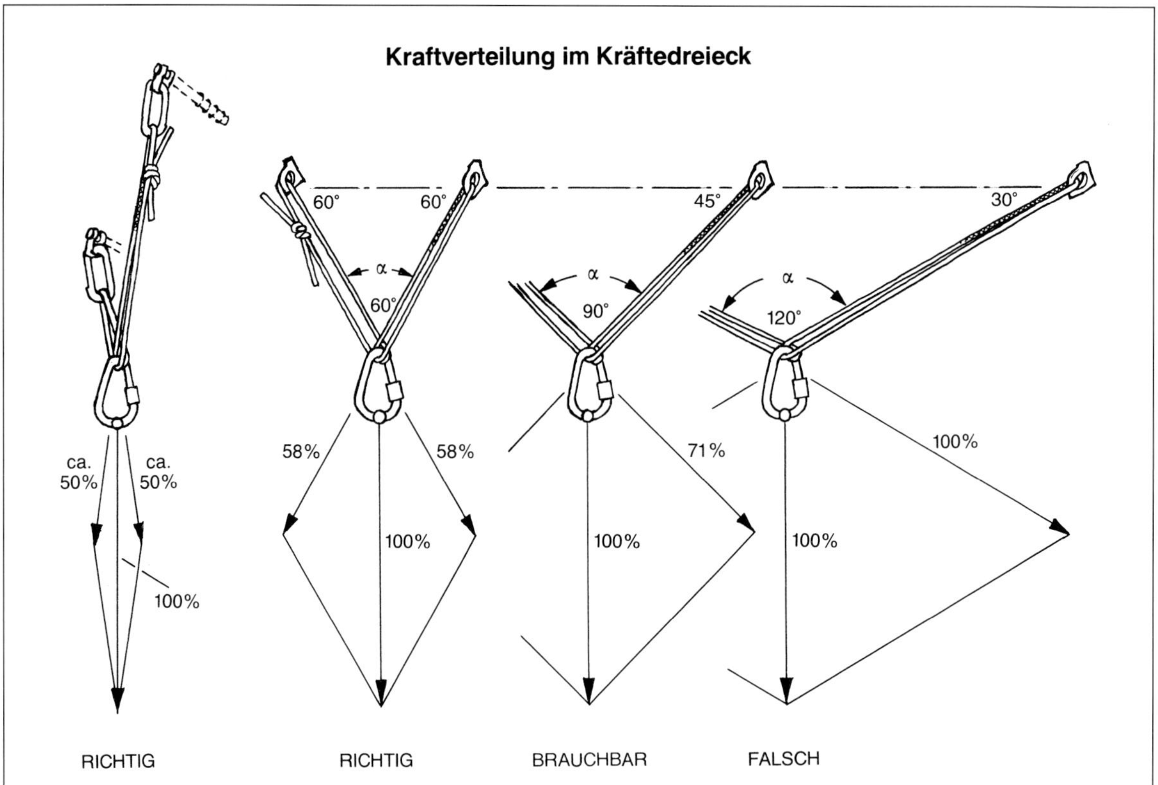

- Je größer der Belastungswinkel α, desto größer die beiden Teilkräfte. Dies kann so weit führen, dass jede der beiden Teilkräfte so groß ist wie die Gesamtkraft oder gar noch größer. Dann hat das Kräftedreieck (Aufteilung der Gesamtkraft in zwei kleinere Teilkräfte) seinen Sinn verloren.

Der Anwendung des Kräftedreiecks sind deshalb Grenzen gesetzt. Ab einem Belastungswinkel von 120° ist jede der beiden Teilkräfte so groß wie die Gesamtkraft. Der Belastungswinkel α soll deshalb den Wert von 60° nicht wesentlich überschreiten (60° = gleichseitiges Dreieck). Bei dieser Form des Kräftedreiecks erreichen die beiden Teilkräfte je einen Wert von etwa 58 % der Gesamtkraft, bei einem Belastungswinkel von 90° bereits je einen Wert von etwa 71 % der Gesamtkraft.
Da bei Belastung im Kräftedreieck Reibung zwischen Karabinern und Schlinge entsteht, weil die Belastung selten in der in der Grafik oben angegebenen Richtung erfolgt, sind die beiden Kräfte in der Praxis immer nur annähernd gleich groß.

Belastung der Selbstsicherung

Da die Selbstsicherung nur den Sturz des Sichernden vom Standplatz, ausgelöst durch ungeschicktes Stehen, Stolpern oder sonstiges Zu-Fall-Kommen, verhindert, liegt die Belastung nur in der Größenordnung bis zum zweifachen Körpergewicht*, also im Bereich bis etwa 1,6 kN (ca. 160 kp).

Belastung der Zwischensicherung

An Zwischensicherungen greifen bei Sturzbelastung zwei Einzelkräfte an. Auf der einen Seite zieht die Fangstoßkraft des Stürzenden, auf der anderen Seite die des Sichernden (andernfalls kein Gleichgewicht). Zwischensicherungen werden also immer mit einem Mehrfachen der Fangstoßkraft belastet (also höher als bei der Kameradensicherung).
Die beiden Fangstoßkräfte sind nicht gleich groß. Zwischen Karabiner und Seil entsteht während der Fangstoßeinwirkung (Seildehnung, Seildurchlauf) Reibung. Die Fangstoßkraft auf der Seite des Sichern-

den ist deshalb immer kleiner als die Fangstoßkraft auf der Seite des Stürzenden – und zwar um den Betrag der Seilreibung. Da die mathematischen Zusammenhänge sehr komplex sind (e-Funktion*, natürlicher Logarithmus), sind in der Grafik unten nur anschauliche Erfahrungswerte für drei Standardsituationen dargestellt.

Um Anhaltswerte für die Belastung von Zwischensicherungen ganz allgemein zu geben, seien die Grenzwerte (niedrigste und höchste Belastung in der Praxis) genannt: 3 bis 12 kN (ca. 300 bis 1200 kp). Diese Erkenntnisse sind neu und beruhen auf Messungen und Forschungsarbeit[1]; man hatte bisher einerseits niedrigere Belastungswerte (weit unter 3 kN, ca. 300 kp) erwartet und andererseits wesentlich höhere (bis 20 kN, ca. 2000 kp).

Die folgenden Angaben gelten für ein Körpergewicht von 80 kg:

- Der kleinste Sturz (wenn das Seil gerade in die Zwischensicherung eingehängt ist) belastet diese mit 3 kN (ca. 300 kp).
- Der übliche Sportklettersturz (Sturzhöhe etwa 5 m) belastet die Zwischensicherung in der Größenordnung von 6 bis 7 kN (ca. 600 bis 700 kp).
- Der größte freie Sturz, der in der Praxis denkbar ist, belastet die Zwischensicherung nur mit etwa 12 kN (ca. 1200 kp).

1) DAV-Sicherheitskreis

Belastung bei Sturz des Seilzweiten

Bei leicht straffem Seil und senkrechter Seilführung tritt keine freie Fallhöhe auf. Es ist ein von Anfang an durch Seildehnung gebremster Sturz mit Sturzfaktor null. Die Seildehnung (etwa 12 %) begrenzt die Fallhöhe. Sie hängt von der Seildistanz zwischen Sicherndem und Seilzweitem ab. Bei frei hängendem Seil und einer Distanz von 50 m beträgt die Seildehnung 6 m; wer also als Seilzweiter bei voll ausgegangener Seillänge nur ins Seil rutscht, findet sich 6 m tiefer wieder. Bei einer Seildistanz von 5 m sind es noch 0,6 m. In der Praxis sind die Werte einerseits geringer, da die Dehnung sich durch Seilreibung an Fels- und Karabinerkanten verringert; da beim Nachsichern aber meist Schlappseil vorhanden ist, nimmt die Sturzhöhe andererseits wieder zu, sodass die angegebenen Werte in der richtigen Größenordnung liegen.

Belastung der Zwischensicherung bei unterschiedlicher Seilumlenkung.

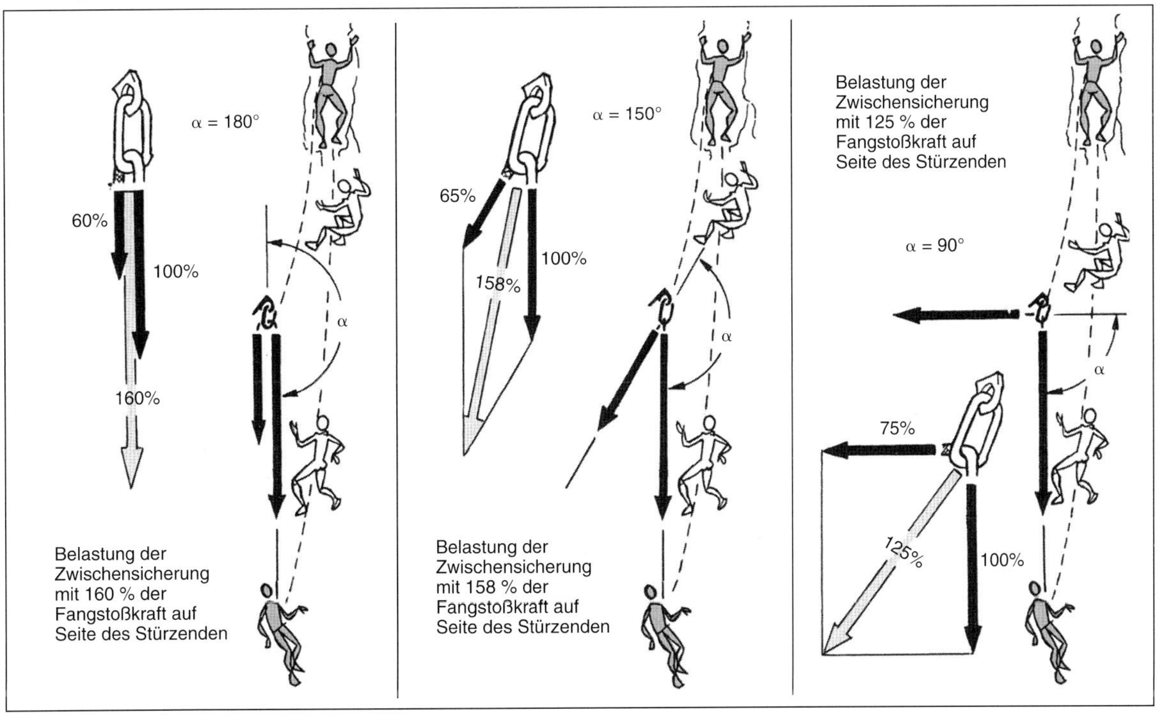

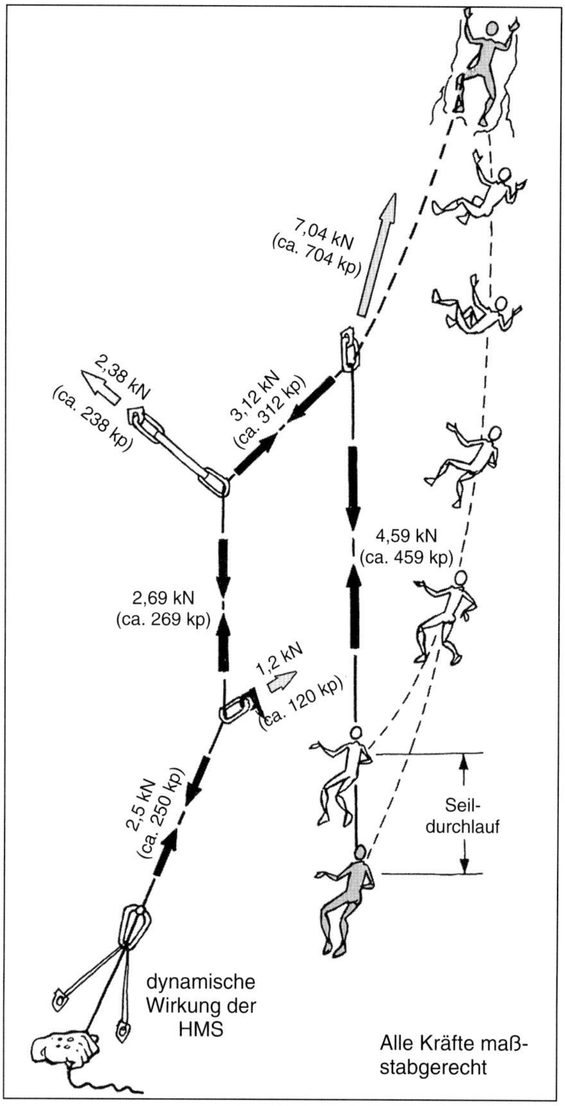

Beispiel unterschiedlich hoher Fangstoßkräfte und die durch sie hervorgerufene Belastung der Sicherungskette.

Die Belastung der Kameradensicherung am Standplatz erfolgt in der Größenordnung des zweifachen Körpergewichts*, also im Bereich von etwa 1,6 kN (ca. 160 kp). Dies gilt nur für leicht straffes Seil und statische Sicherung (Sicherungsplatte Magic Plate, siehe Grafik rechts S. 122, und statische Wirkung der HMS). Hängt das Seil durch (Schlappseil) oder wird die HMS unachtsam gehandhabt (anfänglicher Durchlauf ohne nennenswerte Bremswirkung), kommt es zu freier Fallhöhe und damit zu größerer Belastung sowie zu Sturzstreckenverlängerung. Seilreibung in Zwischensicherungen und an Fels- (und Eis-)kanten verringert die Belastung am Standplatz.

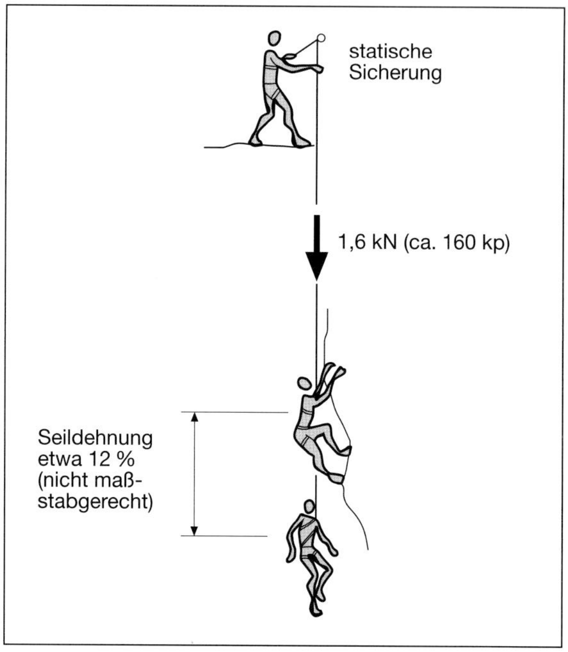

Belastung durch Sturz des Seilzweiten.

Belastung bei Sturz mit Toprope-Sicherung

Bei leicht straffem Seil tritt kein freier Fall auf. Der Sturz wird durch das Seil von Anfang an gebremst (Sturzfaktor null). Die Seildehnung beträgt etwa 12 %. Auf den Sichernden trifft eine Kraft in der Größenordnung des 0,8fachen Körpergewichts* des Stürzenden, also von etwa 0,6 kN (ca. 60 kp). Der Sichernde sollte deshalb kein wesentlich geringeres Gewicht haben als der Kletternde (andernfalls kann er aus dem Stand gerissen werden).
Je kleiner der Winkel α (siehe Grafik S. 131 oben), desto besser (geringere Belastung und besseres

Links: Seilumlenkung bei Toprope-Sicherung mittels Karabiner (richtig); rechts: Seilumlenkung mittels Reepschnur (falsch), beim Ablassen eines Kletterers durch Schmelzverbrennung gerissen.

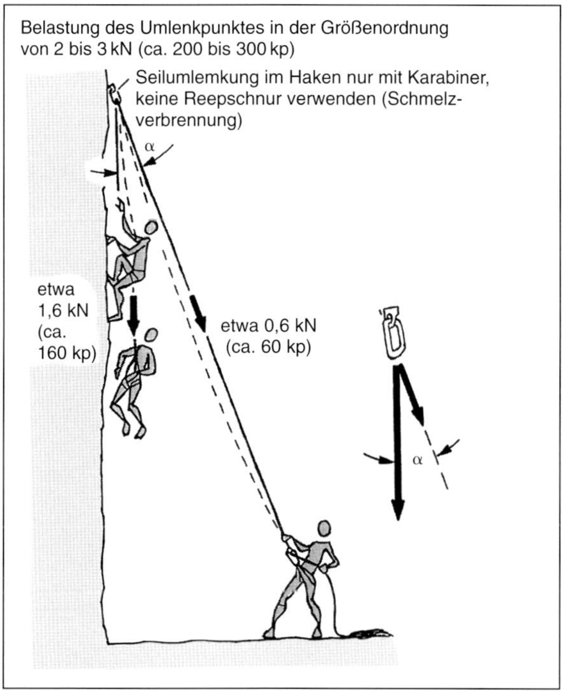

Belastung bei Sturz mit Toprope-Sicherung.

Standvermögen des Sichernden). Der Seilumlenkpunkt wird am stärksten belastet, bis zum 2,5fachen Körpergewicht des Stürzenden, also bis etwa 2,0 kN (ca. 200 kp). Diese Angaben gelten für leicht straffes Seil. Sie gelten nicht für Schlappseil und nicht für Pendelstürze (Kräfte am Seilumlenkpunkt bis in die Größenordnung von 3 kN, ca. 300 kp; der Sichernde kann aus dem Stand gerissen werden).

Belastung bei Sturz mit Sicherung durch Seilklemme am fixierten Seil

Bei ständig mitgeführter Seilklemme tritt keine freie Fallhöhe auf. Der Sturz wird von Anfang an durch Seildehnung gebremst (Sturzfaktor null). Die Seildehnung beträgt etwa 12 %.

Auf den Sicherungspunkt trifft eine Kraft in der Größenordnung bis zum 2fachen Körpergewicht, also bis etwa 1,6 kN (ca. 160 kp). Bei Pendelsturz und bei freiem Fall (wenn die Seilklemme nicht ständig mitgeführt wird oder wenn sie mit Schlingen am Anseilgurt befestigt ist, sodass freie Fallhöhe auftritt) ist die Belastung höher. Sie kann dann schon bei kleineren Stürzen das 4fache Körpergewicht, also Werte um 3,2 kN (ca. 320 kp), erreichen.

Belastung beim Aufstieg am fixierten Seil

Beim Aufstieg mit Prusikschlingen oder Seilklemmen wird das Körpergewicht bei jedem Höhersteigen angehoben und so mehr oder weniger schnell nach oben beschleunigt. Dadurch ist die Belastung des Fixpunktes größer als beim reinen (statischen) Hängen. Je ruckartiger das Aufsteigen erfolgt, desto größer ist die Belastung.

Bei frei hängendem Seil belastet normales Aufsteigen den Fixpunkt bis zum 1,5fachen Körpergewicht, also bis etwa 1,2 kN (ca. 120 kp), besonders ruckartiges Aufsteigen bis zum 2fachen Körpergewicht, also bis etwa 1,6 kN (ca. 160 kp).

Bei Aufstieg in geneigten Flanken ist die Belastung geringer.

Belastung beim Abseilen

Abseilen ist ein von Anfang an durch Seildehnung und Seilreibung gebremster Sturz ins Doppelseil mit Sturzfaktor null. Je schneller abgeseilt und je stärker

Belastungen beim Abseilen.

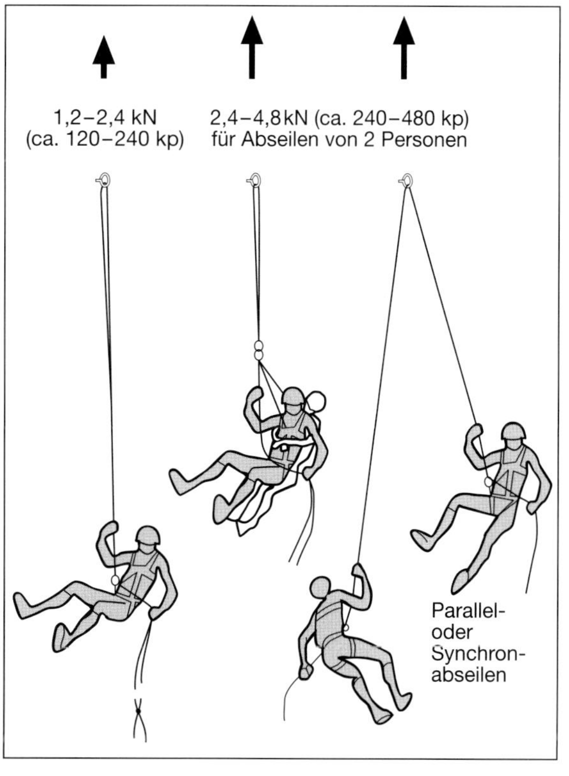

zwischendurch gebremst wird (ruckartiges Abseilen), desto eher wird aus dem Abseilvorgang ein seilgebremster Sturzvorgang.
Die Belastung des Abseilpunktes liegt in der Größenordnung des 1,5- bis 3fachen Körpergewichts, also im Bereich von etwa 1,2 bis 2,4 kN (ca. 120 bis 240 kp). Vorsichtiges und langsames Abseilen belastet den Abseilpunkt weniger als ruckartiges Abseilen und Pendeln.
Beim gemeinsamen Abseilen von zwei Personen (Retter und zu Rettender) ist die Belastung doppelt so hoch, in der Größenordnung der 1,5- bis 3fachen Summe beider Körpergewichte, liegt also im Bereich von etwa 2,4 bis 4,8 kN (ca. 240 bis 480 kp). Gleiches gilt für das Synchronabseilen: Zwei Personen seilen gleichzeitig, jeder an einem Seilstrang, ab (sehr risikoreich). Beide Seilpartner müssen exakt gleichzeitig die Seile be- und wieder entlasten; andernfalls besteht kein Gleichgewicht, und ein Seilpartner stürzt ab. Die Gefahr falscher Handhabung ist geringer, wenn mit Selbstsicherung abgeseilt wird (Kurzprusik, siehe S. 151).

Sicherung auf Klettersteigen

Auf Klettersteigen wird an ausgesetzten Passagen eine Selbstsicherung in Verbindung mit den Drahtseil- und sonstigen Sicherungsanlagen angewendet.
Bei waagerechtem oder annähernd waagerechtem Drahtseilverlauf kann es zu keinem Sturz im üblichen Sinn kommen. Bei senkrechtem und bei diagonalem Seilverlauf endet ein Sturz an der nächsten Drahtseilverankerung.

Je nach verwendeter Sicherungsart kann die Belastung sehr unterschiedlich sein:

- Bei Verwendung einer Klettersteigbremse (siehe S. 87 ff.) wird die Belastung auf maximal 6 kN (ca. 600 kp) begrenzt.
- Bei Verwendung zweier kurzer Seilstücke (überholt, nicht zu empfehlen!) kann die Belastung Werte von 20 kN (ca. 2000 kp, 2 t) erreichen, da die Fallhöhe ein Vielfaches des kurzen Seilstücks betragen kann, das den Sturz aufnehmen muss. Sturzfaktor > 2[1], es sind Werte bis in die Größenordnung von 6 möglich.

[1] = höchster Wert bei Sturz innerhalb einer Seilschaft

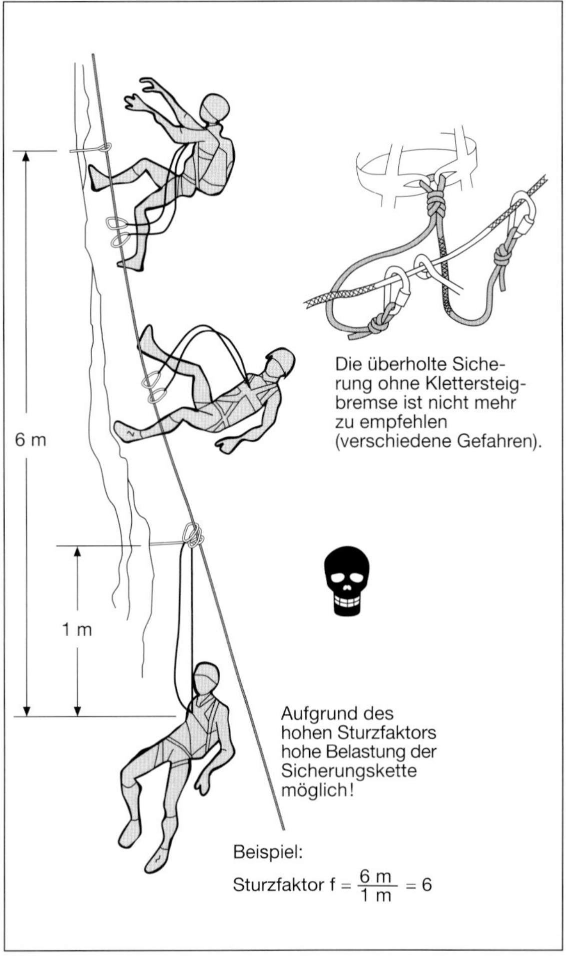

Beispiel für einen auf Klettersteigen möglicherweise auftretenden hohen Sturzfaktor.

Belastungen dieser Art können zum Bruch eines Gliedes der Sicherungskette führen (Seilriss im Knoten, Karabinerbruch) sowie dazu, dass die körperverträgliche Fangstoßkraft überschritten wird. Wenn keine Klettersteigbremse zur Verfügung steht und auf diese überholte Sicherungsweise mit zwei Seilstücken zurückgegriffen werden soll, dann wenigstens die beiden Seilstücke unterschiedlich lang knüpfen (siehe Grafik oben).

Sicherung auf Gletschern

Auf firnbedeckten Gletschern wird gleichzeitig am Seil gegangen. Das Seil dient zur Sicherung bei Spaltensturz. Es besteht Mitreißgefahr aufgrund der geringen Standfestigkeit des Menschen.

Standfestigkeit

Sie hängt ab vom Verhältnis zwischen der Standflächengröße (b) und der Höhe (h) des Körperschwerpunktes (KSP) über der Standfläche:

$$\text{Standfestigkeit} = \frac{\text{Standflächengröße (b)}}{\text{Höhe des KSP (h)}} \text{ (dimensionslos)}$$

Beim Gehen ändert sich die Standfestigkeit innerhalb eines jeden Schrittes von einem Maximalwert über den Nullwert wieder zum Maximalwert (siehe Grafik unten). Hat der Eisgeher gerade mit dem zweiten Bein Tritt gefasst, ist seine Standfestigkeit am größten. Sie nimmt im Laufe des nächsten Schrittes ab und erreicht praktisch den Wert Null, wenn er für Bruchteile von Sekunden auf einem Bein steht und sich sein Körperschwerpunkt über den Zehenspitzen befindet. Im weiteren Verlauf des Schrittes nimmt die Standfestigkeit wieder zu bis zum Maximalwert, wenn er mit dem anderen Bein wieder Tritt gefasst hat. Dies wiederholt sich mit jedem Schritt.
In seitlicher Richtung ändert sich die Standfestigkeit des Menschen innerhalb eines Schrittes in ähnlicher Weise. Sie ist aufgrund der erheblich kleineren Standflächengröße aber wesentlich kleiner.
Mit einer von außen einwirkenden Kraft kann die Standfestigkeit eines Menschen überwunden werden. Die Kraft muss umso größer sein, je größer seine Standfestigkeit ist.

Messungen bei einem Körpergewicht von 80 kg und annähernd horizontaler Kraftrichtung bei einem Kraftangriffspunkt in Höhe des Anseilpunktes haben folgende Werte erbracht:

- Gehen mit frontalem Zug: 0,05 bis 0,5 kN (ca. 5 bis 50 kp), abhängig von der augenblicklichen Standfestigkeit
- Gehen mit seitlichem Zug: 0,05 bis 0,2 kN (ca. 5 bis 20 kp), ebenso abhängig von der augenblicklichen Standfestigkeit

Die gemessenen Kräfte erreichen bei null Standfestigkeit nicht den theoretischen Wert Null (sondern einen geringfügig darüber liegenden), weil der Körper der Sturzzugbelastung die eigene Massenträgheit entgegensetzt.
Die geringen Kräfte erklären in Verbindung mit der geringen Standfestigkeit des Menschen die Mitreißunfälle am Berg.

Anseilen

Angeseilt wird mit Karabiner mit Verschlusssicherung (Schraub- oder Twistlock-Verschluss, nicht Schiebeverschluss); dies, um sich bei einer notwendig werdenden Spaltenbergung schnell vom Seil lösen zu können. Bei Schraubkarabinern darauf achten, dass der Schraubverschluss auch wirklich zugeschraubt ist; zwischendurch immer wieder einmal kontrollieren oder einen zweiten Karabiner parallel dazu hängen (= Redunanz*).

Standfestigkeit des Menschen beim Gehen.

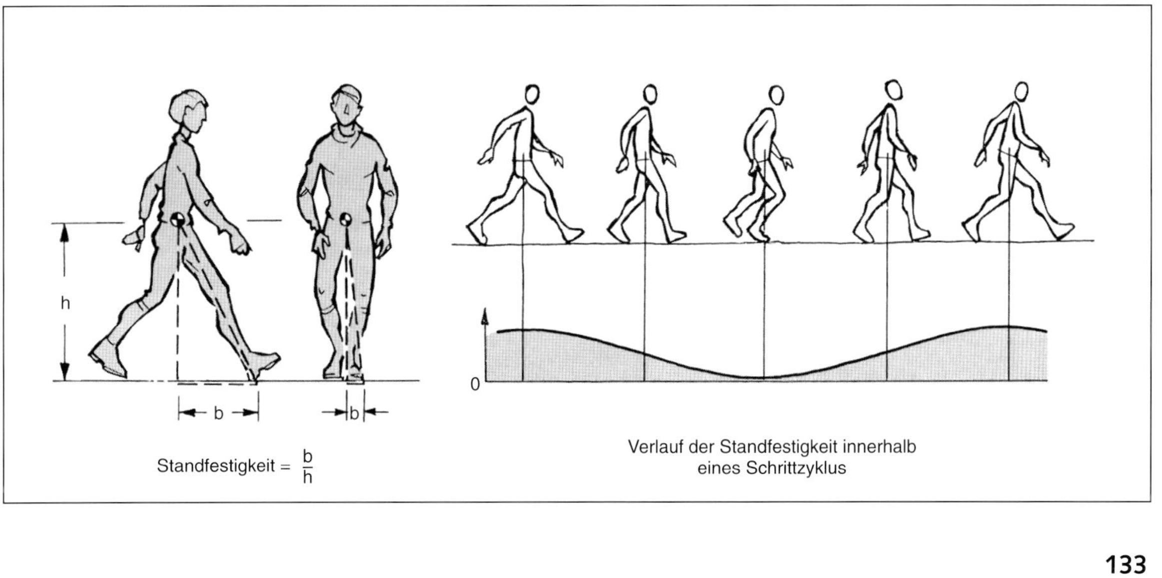

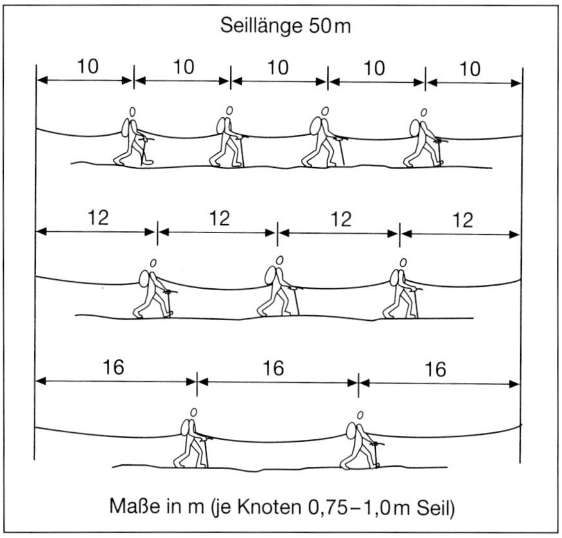

Seilabstände auf Gletschern.

Da Mitreißgefahr besteht, darf der Abstand zwischen den Seilpartnern nicht zu gering sein, je nach Seilschaftsgröße zwischen 10 und 16 m. Je kleiner die Seilschaft, desto größer der Abstand. Die größere Seilschaft ist der kleineren vorzuziehen, da sie eher zu Hilfs- und Rettungsmaßnahmen fähig ist (größeres Gegengewicht bei Spaltensturz, schnellere Bergung durch Anwendung des Mannschaftszugs).

Belastung bei Spaltensturz

Auch bei richtigem Gehen am Seil (ohne wesentliches Schlappseil) bewegt sich ein Spaltensturz, sofern er nicht durch die Spaltenform gebremst wird (Spaltenabsatz, Spaltenenge, Spaltengrund), immer noch aufgrund von Schlappseil, Seildehnung und anderen Faktoren in der Größenordnung von etwa 3 bis 5 m. Durch diese Fallhöhe wird Fallenergie frei, die in Form der Fangstoßkraft in der Größenordnung von 1,5 bis 2 kN (ca. 150 bis 200 kp) auf den Seilnächsten trifft. Eine solche Fangstoßkraft kann der Mensch aufgrund seiner geringen Standfestigkeit weder im Stehen noch im Gehen auffangen oder halten. Der Fangstoß reißt den Seilnächsten nieder und so lange in Richtung Spaltenrand, bis die Fallenergie des in die Spalte Gestürzten durch Seilreibung am Spaltenrand und durch Reibung zwischen dem Niedergerissenen und der Gletscheroberfläche in Form von Reibungs- und Verformungsarbeit (Firnverformung) aufgenommen worden ist. Auch der menschliche Körper kann Verformungsarbeit aufnehmen. Luxationen und Knochenbrüche beim Aufschlag auf Eis oder harten Firn sind zwar schmerzhaft, wirken aber Energie aufnehmend und dadurch etwas bremsend.

Bei ungleichem Körpergewicht der Seilpartner sind die Kraftverhältnisse etwas günstiger oder noch wesentlich ungünstiger:

- Etwas günstiger ist es, wenn der leichtere Seilpartner in die Spalte stürzt. Die etwas geringere Fallenergie (geringeres Fallgewicht) kann vom schwereren Seilpartner leichter gehalten werden.

Halten eines Spaltensturzes. Der in die Spalte gestürzte Seilerste wog 85 kg, der den Sturz haltende Seilzweite nur 65 kg. Der Seilzweite wurde bis knapp an den Spaltenrand mitgerissen. Das straffe Seil zum nicht sichtbaren Seildritten zeigt, dass der Seilzweite ohne das Gegengewicht des Seildritten wahrscheinlich mit in die Gletscherspalte gerissen worden wäre.

- Wesentlich ungünstiger ist es, wenn der Schwerere in die Spalte stürzt. Die größere Fallenergie (mehr Fallgewicht) kann von einem leichteren Seilpartner nur wesentlich schwieriger aufgefangen und anschließend gehalten werden. Dies führt unter anderem bei Ehepaaren in Zweierseilschaft, vor allem bei zu geringem Seilabstand, häufig zum Spaltensturz der ganzen Seilschaft.

Sofern ausreichend erfahren, sollte deshalb der weniger gewichtige Seilpartner zumindest im Abstieg die Seilschaft führen.
Wird der Spaltensturz rechtzeitig wahrgenommen und kann sich der Seilnächste noch rückwärts fallen lassen, kann der Bremsweg etwas kürzer und damit auch der Spaltensturz etwas weniger tief sein. Das rückwärtige Fallenlassen ist eine Reflexreaktion (Gefahr von vorn, folglich nach hinten fallen lassen), die durch Übung noch etwas verstärkt werden kann.
Bei der Dreier- und Viererseilschaft sind die Bremswege und damit die Spaltenstürze kleiner, da die weiteren Seilpartner mehr Gegengewicht und, sollten auch sie niedergerissen werden, mehr Reibung auf der Gletscheroberfläche und damit mehr Widerstand bieten.
Ist der Spaltensturz gehalten, wirkt auf den Seilnächsten, auch wenn er niedergerissen ist, eine permanente* Seilkraft in der Größenordnung von bis zu zwei Dritteln des Körpergewichts* des in die Spalte Gestürzten, also von etwa 0,5 kN (ca. 50 kp), in Richtung Spaltenrand.
Unter diesem permanenten* Seilzug muss die Verankerung (T-Anker, Eisschraube) angebracht werden. Die Seilzugkraft kann nachlassen, wenn das Seil am Spaltenrand festfriert. Achtung: Dieses Festfrieren ist trügerisch; ohne Gegenzug auf der Gletscheroberfläche tritt Druckschmelzung auf, die das festgefrorene Seil schnell wieder löst!

Mit zunehmender Steilheit des Gletschers nimmt die Mitreißgefahr zu oder ab, je nachdem, welcher Seilpartner betroffen ist:

- Wird das Seil am Spaltenrand mehr als 90° (rechter Winkel) umgelenkt (Aufstieg[1)]), nimmt die Mitreißgefahr ab, da die größere Seilumlenkung mehr Reibung erzeugt und das Körpergewicht der Seilpartner besser als Gegengewicht wirken kann.
- Wird das Seil am Spaltenrand dagegen weniger als 90° (rechter Winkel) umgelenkt (Abstieg[2)]), nimmt die Mitreißgefahr beträchtlich zu, da die geringere

Ein Spaltensturz des Seilersten ist im Aufstieg leichter zu halten als im Abstieg.

Während des Abstiegs besteht eine ungleich höhere Mitreißgefahr bei Spaltensturz des Seilersten.

1) oder Abstieg, wenn nicht der Seilerste, sondern der ihm Folgende in die Spalte stürzt.

2) oder Aufstieg, wenn nicht der Seilerste, sondern der ihm Folgende in die Spalte stürzt.

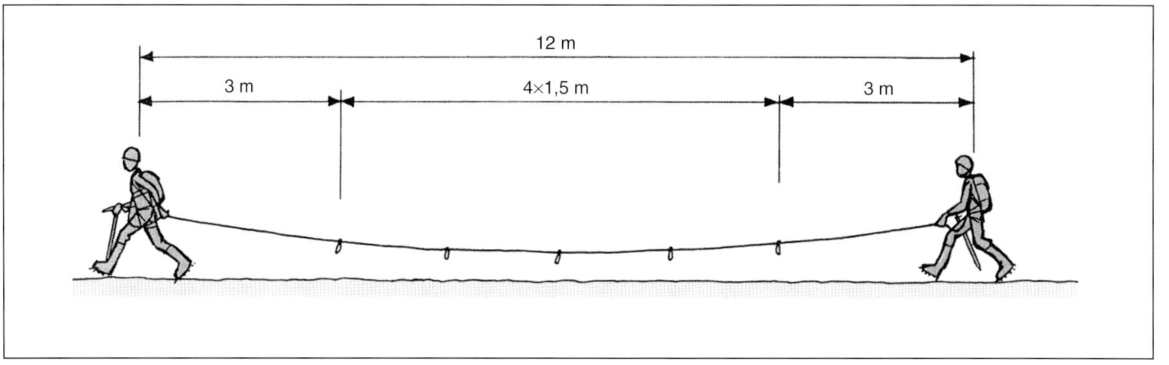

Seilknoten zur Erhöhung der Bremswirkung am Spaltenrand machen die Begehung eines Gletschers sicherer.

Seilumlenkung weniger Reibung erzeugt und auch die Seilpartner weniger Reibung auf der Gletscheroberfläche erfahren.

Im Allgemeinen ist eine Seilschaft im Abstieg stärker gefährdet als im Aufstieg. Beim Überschreiten steiler, gefährlicher Spaltenbrücken im Abstieg empfieht es sich deshalb, an einem Sicherungspunkt (T-Anker, Eisschraube) zu sichern.

Erhöhung der Bremswirkung durch Seilknoten

Beim Spaltensturz schneidet das Seil in den Spaltenrand ein. Die Bremswirkung des Seiles am Spaltenrand kann durch Knoten im Seil beträchtlich erhöht werden. Anzuraten vor allem für Zweierseilschaften und beim Abstieg.
Durch die Knoten verkürzt sich die Seillänge, beim Sackstich um wenigstens 0,5 m pro Knoten, beim Achterknoten um wenigstens 0,7 m pro Knoten. Deshalb die Knotenschlingen möglichst kurz ausführen. Mit den Knoten in der Mitte beginnen, maximal fünf Knoten.
In sommerlichem (feuchtem) Firn haben die Knoten eine gute Bremswirkung, bei winterlichem (trockenem) Pulverschnee ist die Bremswirkung weit geringer, möglicherweise nicht ausreichend.

Mit Knoten im Seil gehaltener Spaltensturz: Der in die Spalte Gestürzte hängt nur am dritten Knoten, der sich mit dem Seil in den Spaltenrand eingeschnitten hat; die beiden ersten Knoten wurden durchgerissen, bis sich das Seil tief genug eingeschnitten hatte.

Die Spaltenbergung kann auf zweierlei Weise erfolgen (wie bei der Bergung ohne Knoten):

- Mannschaftszug: Mit fünf Mann lässt sich der zu Bergende ohne Probleme aus der Spalte befreien (siehe rechte Seite, links oben), was angesichts der Knoten im Seil ein Widerspruch zu sein scheint, aber nicht ist.
- Lose Rolle: Dafür wird das restliche Seil verwendet (nicht der Seilstrang mit den Knoten); dabei können die Knoten durchaus hilfreich sein, wenn der zu Bergende mithilft, d. h. versucht, sich während des Bergehubs am fixierten Seilstrang mit den Knoten hochzuziehen.

Spaltenbergung mit Knoten im Seil: Trotz der Knoten ist die Zugkraft von vier bis fünf Personen im Mannschaftszug ausreichend.

Spaltenbergung mittels Loser Rolle: Beim Ausstieg über den Spaltenrand kann der zu Bergende durch Arm- und Beinarbeit mithelfen.

Kraftverteilung bei Spaltenbergung

Durch die Seilreibung am Spaltenrand muss die Zugkraft oberhalb des Spaltenrands je nach Seilumlenkung am Spaltenrand zwischen 50 und 100 % größer sein als unterhalb.

Kräfteverteilung bei der Spaltenbergung: Durch Seilreibung geht Zugkraft verloren.

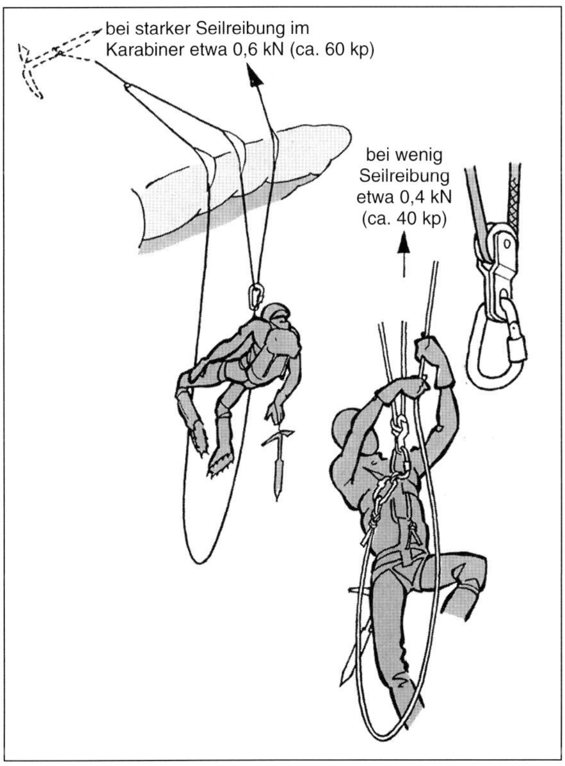

Ein in die Spalte Gestürzter von 80 kg Körpergewicht lässt sich mit folgenden Zugkräften bergen:

- Mannschaftszug: vier Mann mit je einer Zugkraft von etwa dem halben Körpergewicht* des in der Spalte Hängenden, also je etwa 0,4 kN (ca. 40 kp) = 1,6 kN (ca. 160 kp) Zugkraft insgesamt. Bei kräftigeren Rettern und leichterem zu Bergenden kann die Anzahl der Retter kleiner sein. Bei Knoten im Seil lässt sich der Mannschaftszug mit etwas mehr Zugkraft ebenso mit Erfolg anwenden.
- Lose Rolle: ein Mann (nahe dem Spaltenrand) mit einer Handkraft von etwa Dreiviertel des Körpergewichts des in der Spalte Hängenden, also von etwa 0,6 kN (ca. 60 kp). Die Verwendung einer Seilrolle und die Mithilfe des zu Bergenden am fixierten Sturzseil verringern die notwendige Zugkraft. Knoten im Seil (siehe S. 136) können dabei dienlich sein.

Halten eines Spaltensturzes.

Sicherung auf Firn- und Gletscherhängen

Ab einer Steilheit von etwa 25 bis 30° besteht auf hartem Firn und auf Blankeis Mitreißgefahr[1)], obwohl keine freie Fallhöhe auftreten kann. Das Stolpern oder wie auch immer geartete Zu-Fall-Kommen eines Seilpartners entwickelt aufgrund der geringen Reibung auf Firn und Blankeis so viel Fallenergie und daraus folgend eine Seilzugkraft, dass die Standfestigkeit der Seilpartner in der Regel überschritten wird und die Seilpartner mitgerissen werden. Eine Vielzahl abgestürzter Seilschaften und eine gründliche Untersuchung der Ursachen durch den DAV-Sicherheitskreis haben dies offenkundig gemacht.

Die Seilsicherung ist im genannten Gelände deshalb fragwürdig. Gleich starke Eisgeher verzichten daher heute auf Seilsicherung, sofern keine Spaltengefahr besteht. Müssen schwächere Partner geführt werden, kann der Seilschaftsführer in der Regel schon aus Gründen der »moralischen« Sicherung auf das Seil nicht verzichten.

Typisches Stolpern eines Seilpartners und Mitreißen der übrigen am Seil beim gleichzeitigen Gehen auf einem Firnhang, gemessene Steilheit 37°.
Oben: Der Stolpernde bleibt mit dem rechten Fuß am linken hängen. Dadurch gerät er in eine Kippbewegung nach rechts (Gehmechanik).
Mitte: Die Kippbewegung nach rechts bewirkt in der ersten Sturzphase ein Drehen des Stolpernden um seine Körperachse.
Unten: Der Sturzzug trifft seine beiden Seilpartner, die mitgerissen werden. Der Seilschaftssturz endete nach etwa 80 m im flacher werdenden Gelände.

Unter folgenden Voraussetzungen kann ein Sturz unter günstigen Umständen gehalten werden:

- kurzer Seilabstand von höchstens 2 m
- sehr aufmerksame Seilsicherung durch den Seilschaftsführenden (was auf längeren Touren nicht ständig möglich ist)
- zwei bis drei Seilschlingen in der Hand des Führenden, mit denen er versucht, den Sturz dynamisch, mit Handkraft mehr oder weniger stark bremsend, so abzufangen, dass er selbst nicht aus dem Stand gerissen wird

[1)] = Nicht so in tieferem, weichem Firn, wo die Fallenergie sofort durch den sich verformenden Schnee aufgenommen wird und der Gestürzte in einer Vertiefung liegen bleibt; die Unterscheidung von hartem Firn (Gefahr) und weichem Firn (keine Gefahr) ist schwierig, insbesondere im Übergangsbereich.

Wenn der Mensch während eines Schrittes nur auf einem Bein steht, beträgt seine Standfestigkeit praktisch null (der gezeigte Abstand ist erheblich zu groß; diese Aufnahme entstand während der Untersuchung der Mitreißgefahr).

Wird bei Gleichgewichtsverlust eines Seilpartners der Nächste, eventuell auch noch der Übernächste mitgerissen, ist es für den Folgenden, auch wenn er der Führende ist, meist nicht mehr möglich, einen solchen Mannschaftssturz zu halten. Dies gilt auch für den Fall, dass der zuerst Gestürzte seinen Sturz inzwischen schon wieder beenden konnte, die Übrigen aber nicht.

Ein synchrones, rechtzeitiges Beenden eines solchen Sturzes, bevor der Seilzug den/die Übrigen trifft, dürfte nur glücklichen Umständen vorbehalten bleiben.

Als Sicherung kann das gleichzeitige Gehen am Seil im strengeren Sinn nicht bezeichnet werden, da es von zu vielen Unsicherheitsfaktoren abhängig ist. Als Alternative bietet sich nur die Seilsicherung von Standplatz zu Standplatz an.

Sicherung von Standplatz zu Standplatz

Sicherungsmethode für maximal drei Geführte. Der Führende steigt die volle Seillänge voraus und bereitet einen Standplatz mit Sicherungspunkt (T-Anker, Eisschraube). Daran selbst gesichert, sichert er die übrigen Seilpartner gleichzeitig nach, die am Seilende in einem Abstand von 2 bis 3 m angeseilt sind. Der Abstieg erfolgt in umgekehrter Reihenfolge.

Weitere Sicherungsmethoden siehe Alpinlehrplan Band 3, »Hochtouren, Eisklettern«.

Gleichzeitiges Nachsichern zweier Seilpartner an einem Seil.

Zeitfaktor

Die Sicherung von Standplatz zu Standplatz kostet Zeit, mindestens doppelt so viel wie beim gleichzeitigen Gehen am Seil. Sie kostet aber weniger Zeit als eine Rettung (und die Seilschaft würde, wenn sich der Unfall im Aufstieg ereignet, nicht einmal den Gipfel erreichen).

Der Großteil aller Gletscheran- und -abstiege weist nur über kürzere Passagen von wenigen Seillängen eine Steilheit auf, die eine Sicherung von Standplatz zu Standplatz erforderlich macht; der jeweils überwiegendere Teil ist weniger steil und kann gleichzeitig am Seil auf- bzw. abgestiegen werden, sodass der Zeitverlust durch Sicherung von Stand zu Stand bei der Mehrzahl aller Auf- und Abstiege vertretbar ist.

Gehen am Gletscher in zwei Viererseilschaften.

Sicherheit

GLIEDER DER SICHERHEITSKETTE

Als sicher im Sinne des Bergsteigens, Fels- und Eiskletterns werden jene alpinistischen Methoden bezeichnet, von denen erfahrungsgemäß angenommen werden darf, dass sie keine wesentlichen, voraussehbaren Gefahren für Leib und Leben beinhalten. Diese Methoden und deren Grenzen sind subjektiv. Deshalb werden in jedem konkreten Fall die Meinungen über das Ausmaß an notwendiger Sicherheit bzw. tolerierbarem Risiko mehr oder weniger voneinander abweichen. Der Mensch ist mit seinen in der jeweiligen Situation am Berg zu treffenden Entscheidungen ein wesentliches Glied in der Sicherheitskette. Weitere Glieder sind funktionelle Ausrüstung und persönliches Können (u. a. richtige Anwendung der Ausrüstung). Der Begriff »Sicherheit am Berg« umfasst streng genommen alles, was zur Ausübung des Bergsteigens, Fels- und Eiskletterns gesagt werden kann – nämlich das Aufzeigen von überlebensnotwendig richtigem Verhalten am Berg. So dienen alle Bände des Alpin-Lehrplans letztlich der Vermittlung von Wissen über die Sicherheit am Berg.

Wenn der Begriff »Sicherheit« hier noch einmal gesondert behandelt wird, dann mit folgenden Zielen:

- Es soll jenes Hintergrundwissen vermittelt werden, das die Entscheidung für oder gegen eine Methode unter dem Gesichtspunkt der Sicherheit erleichtert.
- Es soll auf jene Gefahren hingewiesen werden, die dann auftreten, wenn in konkreten Fällen von der alpinen Lehrmeinung abgewichen wird.

Die alpine Lehrmeinung ist im Grunde nichts anderes als die innerhalb von Jahrzehnten aus einer Vielzahl von Unfällen gewonnene Erkenntnis, es anders – nämlich besser – machen zu müssen, will man auf Dauer am Berg überleben.

Gefahren der Körpersicherung

Ein Ergebnis der alpinen Unfallforschung ist die Erkenntnis, dass die Kameradensicherung, am Körper gehandhabt, Gefahren beinhaltet. Der Mensch wird aufgrund seiner geringen Standfestigkeit mit Kräften in der Größenordnung des halben Körpergewichts* horizontal und mit Kräften in der Größenordnung von etwas mehr als dem Körpergewicht nach unten und nach oben aus dem Stand gerissen. Die plötzliche, unerwartete Lageänderung des Körpers signalisiert dem Gehirn bei seitlicher Sturzzugbelastung mit

Gefahr bei Körpersicherung ohne Selbstsicherung: Bei größerer Sturzhöhe kann der Sichernde aus dem Stand und gegen die Wand gerissen werden.

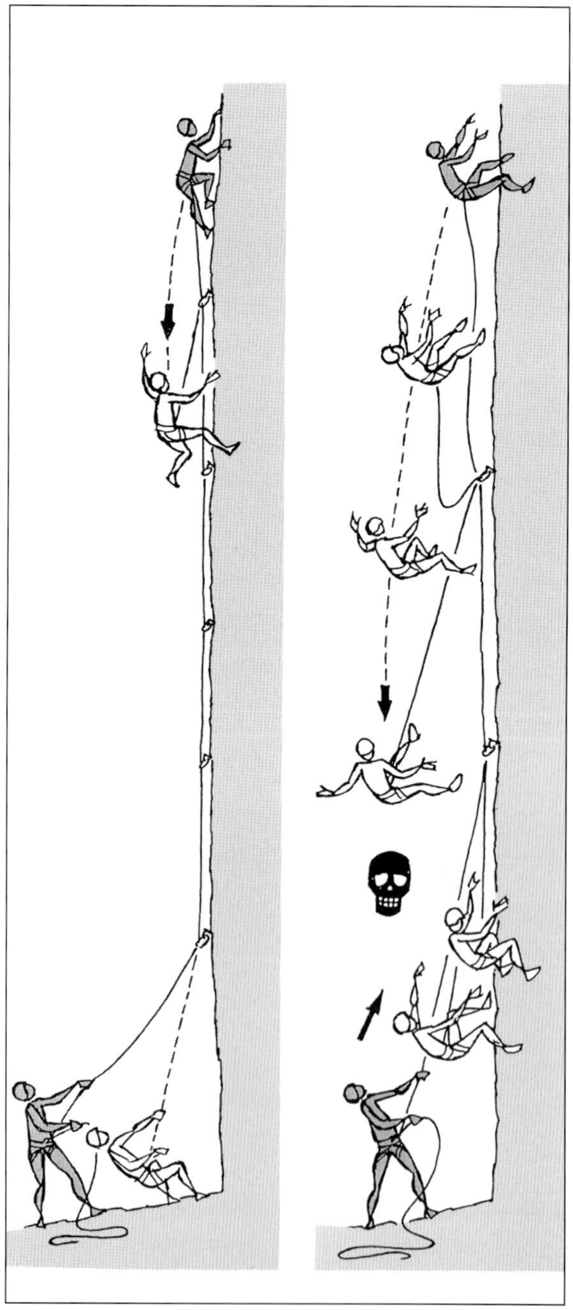

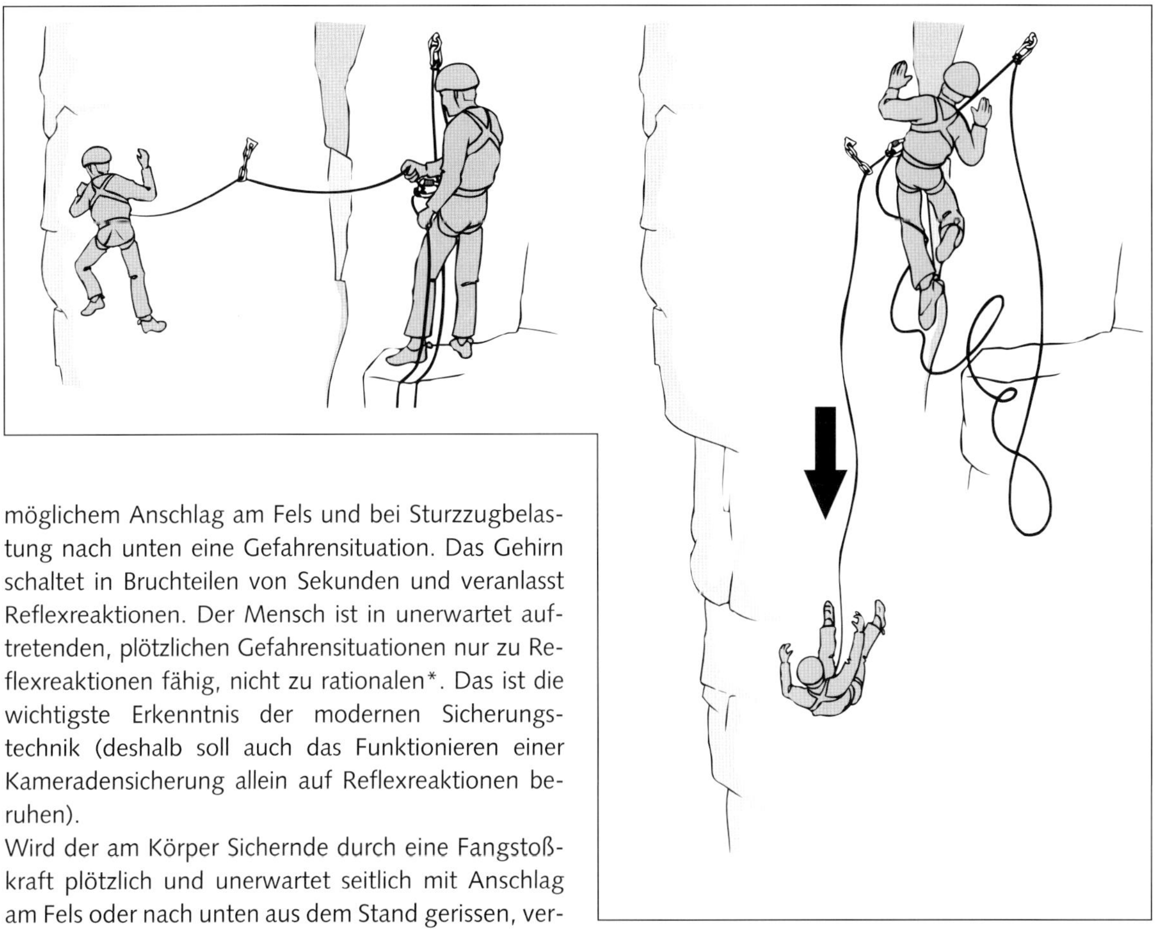

möglichem Anschlag am Fels und bei Sturzzugbelastung nach unten eine Gefahrensituation. Das Gehirn schaltet in Bruchteilen von Sekunden und veranlasst Reflexreaktionen. Der Mensch ist in unerwartet auftretenden, plötzlichen Gefahrensituationen nur zu Reflexreaktionen fähig, nicht zu rationalen*. Das ist die wichtigste Erkenntnis der modernen Sicherungstechnik (deshalb soll auch das Funktionieren einer Kameradensicherung allein auf Reflexreaktionen beruhen).

Wird der am Körper Sichernde durch eine Fangstoßkraft plötzlich und unerwartet seitlich mit Anschlag am Fels oder nach unten aus dem Stand gerissen, versucht er reflexbedingt, sich mit den Händen gegen die Sturzzugrichtung bzw. gegen den voraussichtlichen Anschlag an den Fels abzustützen. Dabei lässt er das Seil aus, und der Stürzende fällt in der Regel die volle Seillänge (siehe Grafik oben). Nur bei Sturzzugrichtung nach oben besteht keine Gefahr, sofern der aus dem Stand Gerissene nicht unsanft gegen den Fels (Dach, Überhang) gerissen wird.

Bei plötzlicher, unerwarteter Fangstoßeinwirkung kann der Sichernde auch keine Muskelarbeit leisten, sodass der Körper auch keine Fallenergie aufnehmen und somit nicht Fangstoß reduzierend wirken kann. Nur wenn sich der Sichernde beim Aus-dem-Stand-gerissen-Werden Verletzungen (Luxationen, Fleisch-

Typisches, reflexbedingtes Auslassen des Seiles bei plötzlichem An-den-Fels-gerissen-Werden.

Typische Gefahr der Körpersicherung. Bei Sturzzugbelastung – hier durch ein Fallgewicht – wird der Sichernde aus dem Stand in die Wirkungslinie der Fangstoßkraft gerissen. Dabei besteht Verletzungsgefahr und die Gefahr, dass der Sichernde das Seil reflexbedingt auslässt. Aus Sicherheitsgründen konnten die Bilder nur bei Sturzzugbelastung nach oben aufgenommen werden.

wunden, Knochenbrüche) zuzieht, wirken diese Energie aufnehmend und dadurch geringfügig Fangstoß reduzierend, doch kann dies nicht Sinn der Kameradensicherung sein.
Nur bei Sturzzugrichtung nach oben (Zwischensicherung) kann der Körper dadurch, dass er entgegen der Schwerkraft beschleunigt wird, in Verbindung mit der Seilreibung in der/den Zwischensicherung(en) Fallenergie aufnehmen, um die die Glieder der Sicherungskette weniger belastet werden. Sicherung am Körper ist folglich nur angebracht bei Sturzzugrichtung nach oben, geringer Sturzhöhe und niedrigem Sturzfaktor (< 0,3), d. h. also nur in gut abgesicherten Routen und geringer Sturzhöhe. Nur so besteht keine wesentliche Gefahr, dass der Sichernde unsanft nach oben und damit gegen den Fels gerissen werden kann, sollte seine Körpermasse (-gewicht) nicht ausreichen, den Fangstoß vollständig aufnehmen zu können.
Sicherung am Körper ist also nur in der ersten Seillänge bzw. wenn der Sichernde »auf sicherem Boden« steht, empfehlenswert (Indoor-/Outdoor-Anlagen, Einseillängenrouten).

Alternative zur Mitreißgefahr auf Firn- und Gletscherhängen

Die Mitreißgefahr beim gleichzeitigen Gehen am Seil auf Firn- und Gletscherhängen wurde bis vor zwei Jahrzehnten unterschätzt. Die Vielzahl der Mitreißunfälle spricht eine deutliche Sprache. Für erfahrene Eisgeher mit gleichem Können bietet sich die Alternative, auf Seilbenutzung zu verzichten unter der Voraussetzung, dass das Gelände spaltenfrei ist.

Diese Alternative hat mehrere Vorteile:

- Der/die Partner werden, da sie sich nicht mehr »gesichert« fühlen können, bewusst sicherer und sauberer gehen.
- Kommt trotzdem ein Partner zu Fall, kann er seinen Sturz mit der Liegestütztechnik* oder dem Pickelrettungsgriff* leichter und eher unter Kontrolle und zum Stillstand bringen, als wenn er durch das Seil immer wieder mitgerissen wird. Denn ein synchrones Sturzabbremsen aller Seilpartner ist praktisch nicht möglich (es dürfte nur sehr glücklichen Umständen vorbehalten bleiben).
- Der Sturz eines Partners bleibt auf diesen beschränkt. Andere werden nicht mitgerissen. Von der Seilschaftstreue »gemeinsam bis in den Tod« empfiehlt es sich, nüchtern Abstand zu nehmen. Es gilt, die Überlebenschancen der übrigen Partner zu optimieren*, nicht zu minimieren*.

Die Entscheidung ist immer schwierig, vor allem im Hinblick auf mögliche Spaltensturzgefahr. Am einfachsten ist sie noch auf kurzen Firnhängen mit sanftem Auslauf zu treffen.

Gefahren alternativer Anseilmethoden

Ein Sturz in Fels und Eis kann sich in vielen Varianten vollziehen. Seil und Anseilgurt sollen den Körper bei Fangstoßeinwirkung ohne Dazutun des Stürzenden (benommen, besinnungslos, reaktionslos) in eine physiologisch* günstige Hängelage (Kopf oben) bringen und in dieser halten. Die Verwendung von Brust- und Hüftgurt ist dafür ausgelegt. Anseilen nur mit einem der beiden Anseilgurte kann bei Sturz und freiem Hängen zu lebensgefährlichen Verletzungen führen.

Angeseilt nur mit Brustgurt ist das Hängen schon nach wenigen Sekunden schier unerträglich.

Anseilen nur um den Brustkorb

Bei freiem Hängen treten allein durch das Körpergewicht schon nach wenigen Sekunden nahezu unerträgliche Schmerzen unter den Achseln auf; nach einer Hängedauer von etwa 10 Minuten kommt es zu beidseitiger Armlähmung, die das Ende jeder Selbsthilfe bedeutet. Längeres Hängen führt zu einem Herz-Kreislauf-Kollaps, zweistündiges Hängen zum Tod (Kreuzigungstod). Dabei ist es unbedeutend, ob der Hängende nur mit dem Seil um den Brustkorb angeseilt ist oder mit einem Brustgurt.

Anseilen nur mit Hüftgurt

Trifft der Fangstoß den Stürzenden in Höhe des Körperschwerpunktes (Nabel), besteht labiles Gleichgewicht. Bei unkontrolliertem Sturz wird der Stürzende nicht von allein aufgerichtet, sondern kann, mit dem Kopf abwärts fliegend oder schleudernd, Beine oben, die letzte Sturzphase (Fangstoßeinwirkung) überstehen müssen. Dadurch besteht Gefahr für Schädel und Halswirbel. Hat sich der Gestürzte Verletzungen zugezogen, sinken seine Chancen, sich wieder aufrichten zu können.
Außerdem besteht die Gefahr von Lendenwirbelverletzungen, wenn bei unkontrolliertem Sturz die Fangstoßeinwirkung in einer ungünstigen (horizontalen) Körperlage erfolgt. Die starke Verzögerung, die der Körperschwerpunkt durch die Fangstoßeinwirkung erfährt, können Oberkörper und Beine nicht mitmachen, da der menschliche Körper nicht starr ist, sondern nachgibt. Oberkörper und Beine werden nach unten geschleudert. Beim Tragen eines Rucksacks vergrößert sich die Gefahr.

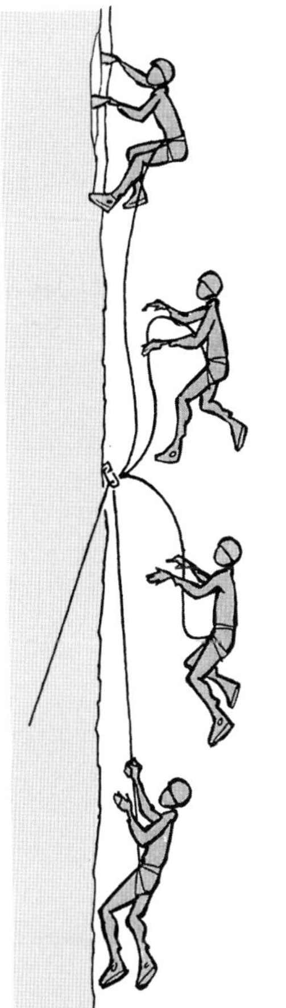

Der Kletterer stürzt in aufrechter Körperhaltung und kann das Seil bei Fangstoßeinwirkung ergreifen.

Kleiner kontrollierter Sturz.

Kontrollierter und unkontrollierter Sturz

Als kontrollierte Stürze werden solche Stürze bezeichnet, die der Stürzende frei, ohne Fels- oder Eisberührung, durchfällt und die er bei Fangstoßeinwirkung in aufrechter Körperhaltung überstehen kann.
Beim freien Fall kann der Sturzverlauf vom Augenblick der allerersten Sturzphase an (wenn man »wegfliegt«) bis zum Beginn der Fangstoßeinwirkung nicht beeinflusst (korrigiert) werden, da während des freien Falls Schwerelosigkeit besteht. Man muss also, will man die Fangstoßeinwirkung in aufrechter Körperhaltung überstehen, schon in dieser Körperhaltung »wegfliegen«.

Stürze sind bei alleiniger Verwendung eines Hüftgurts in der Regel dann kontrollierbar, wenn der Kletterer, an letzten winzigen Griffen hängend, den Sturz schon ahnt, wenn er also:

- auf den Sturz physisch und psychisch eingestellt ist,
- in aufrechter Körperhaltung frei – ohne Fels- oder Eisberührung – stürzt,
- mit angewinkelten Oberschenkeln und angespannter Oberschenkel-, Bauch- und Halsmuskulatur
- und mit den Händen am Seil

die Fangstoßeinwirkung übersteht.

Hunderttausende auf diese Weise kontrollierte Stürze sind ohne jede gesundheitliche Beeinträchtigung überstanden worden.
Die Unfallstatistik zeigt andererseits deutlich, dass unerwartete Stürze (Griff- oder Trittausbruch, unerwartetes Abrutschen usw.) in der Regel nicht kontrollierbar sind. Der Stürzende ist auf den plötzlichen Sturz physisch und psychisch nicht vorbereitet, gerät durch den unerwarteten Sturz und daraus resultierende Kraftkomponenten in der Regel in eine ungünstige Körperlage, die sich während des freien Falls (Schwerelosigkeit) nicht mehr korrigieren lässt. Angeseilt nur mit einem Hüftgurt, kann er so die Fangstoßeinwirkung bei größerer Fangstoßkraft nur unter glücklichen Umständen ohne Verletzungen überstehen. Alle bisher registrierten Unfälle waren unkontrollierte Stürze, solche mit weniger ernsten Verletzungen bei geringerer Sturzhöhe, zwei Dutzend tödliche Unfälle bei größerer Sturzhöhe.
Die Entscheidung, wo die Benutzung eines Hüftgurts ohne Brustgurt vertretbar ist, ist schwierig und kann, wie die Unfälle gezeigt haben, fehlerhaft sein.

Die genannten Voraussetzungen für eine relativ gefahrlose Benutzung sind am ehesten noch im Sportkletterbereich gegeben:
- sturzfreundliches Gelände (senkrecht, überhängend)
- einwandfreie Zwischensicherungen (sichere Bohrhaken)
- geringe Sturzhöhe
- Sturzfaktor unter 0,3
- mit der Erfahrung von ausreichendem Sturztraining (beginnend mit Toprope und zunehmendem Schlappseil bis hin zu freien Stürzen mit zunehmender Höhe)

Beim Sichern mit Toprope oder mit Seilklemme am fixierten Seil besteht keine Gefahr – unter der Voraussetzung, dass kein extremes Schlappseil und keine extremen Pendelstürze auftreten.

Die Situationen, die die alleinige Verwendung eines Hüftgurts vertretbar erscheinen lassen, sind nicht zahlreich – *nicht* dazu gehören:
- der ganze Bereich des alpinen Kletterns, da überwiegend unsichere Zwischensicherungen, meist größere Sturzhöhen, meist kein sturzfreundliches Gelände usw.
- alle Routen (auch im Klettergarten) mit wenigen Zwischensicherungen, in der Regel Routen bis zum IV. Schwierigkeitsgrad (einschließlich)
- das Begehen von Gletschern, weil ein Spaltensturz immer unerwartet und deshalb in der Regel unkontrollierbar erfolgt; meist wird ein Rucksack getragen, was die Gefahr eines Schleudertraumas weiter erhöht
- auf Klettersteigen, weil höhere Fangstoßkräfte auftreten können als beim seilgesicherten Klettern in der Seilschaft

Die in allen Sturzsituationen mit den wenigsten Risiken behaftete Anseilmethode ist die mit Hüft- und Brustgurt.

Gefahren auf Klettersteigen

Das Begehen von Klettersteigen wird gegenüber dem seilgesicherten Klettern gern als harmlos hingestellt. Dies ist es keineswegs. Die Fallgesetze sind schließlich die gleichen. Auf Folgendes achten:
- Ausreichenden Abstand zu oberhalb befindlichen Begehern halten. Zu dichtes Aufschließen (Herdentrieb) bedeutet Mitreißgefahr. Innerhalb zweier Verankerungen soll sich deshalb immer nur eine

Typisches Aufschließen, falsch (Herdentrieb).

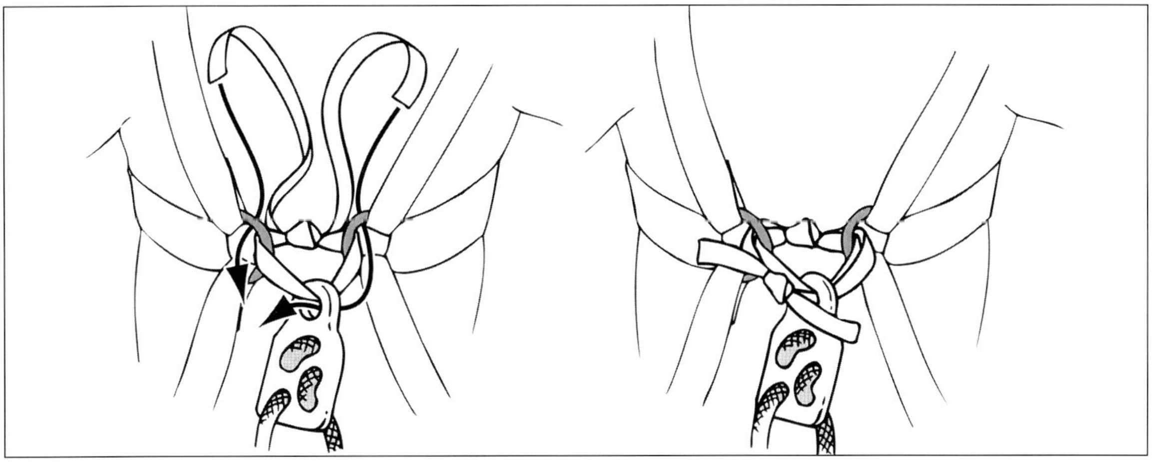

Anseilen mit Klettersteigbremse und Bandschlinge mit zwei entfernt voneinander angebrachten Bandknoten (zwecks Redundanz*).

Person befinden. Da die Mitreißgefahr bis 3 m unterhalb einer Verankerung reichen kann, soll sich die folgende Person erst dann einer Verankerung nähern, wenn sich im folgenden Abschnitt keine Person mehr befindet (siehe Grafik unten).

- Wenn die Klettersteigbremse noch mit einer Bandschlinge am Anseilgurt befestigt werden soll, dann zwei voneinander entfernt angeordnete Bandknoten verwenden; so besteht Redundanz*: Löst sich ein Knoten, kann noch nichts passieren, und die offenen langen Enden fallen auf (siehe Grafik oben).
- Nur Karabiner verwenden, die als Klettersteigkarabiner ausgewiesen sind (Beipackzettel und Kennzeichnung auf dem Karabiner); sie weisen höhere Bruchkraftwerte und eine automatische Verschlusssicherung auf. Die Handhabung ist gewöh-

Mitreißgefahr und deren Vermeidung.

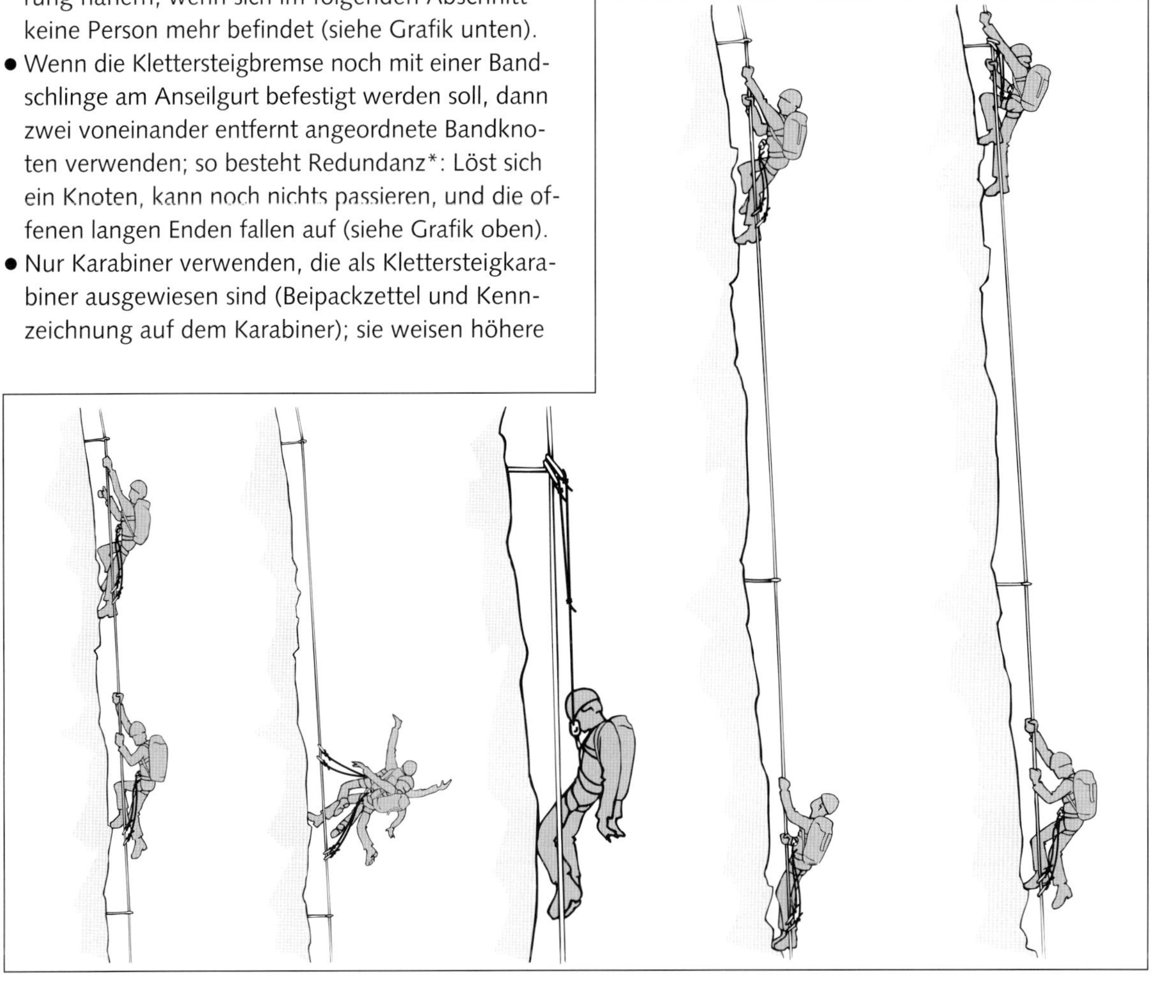

nungsbedürftig (im Sporthaus ausprobieren und sich dabei vorstellen, dass man den Handgriff einige hundert Mal ausführen muss). Bei eingenähten Karabinern (vorteilhaft, keine Knoten, die sich lösen können) muss man sich mit den vom Hersteller integrierten Karabinern zufrieden geben.

- Da Klettersteige sehr beliebt sind und deshalb häufig begangen werden, besteht meist Steinschlaggefahr. Helm notwendig!
- Bei Gewittergefahr besteht erhöhte Blitzschlaggefahr, da die Drahtseilsicherungen gute elektrische Leiter sind (Prinzip des Blitzableiters). Bei Gewitter deshalb alle metallischen Sicherungen meiden (bei Einschlag kann man mit zum Blitzableiter werden). Wetterbericht rechtzeitig einholen und bei angekündigter Gewittergefahr Klettersteige grundsätzlich meiden.

Sicherung mit Seilklemme am oben fixierten Seil

Die Funktion von Seilklemmen ist nach wie vor eine Schwachstelle. Die Unfälle, bei welchen die Klemme nicht blockiert hat, sind zahllos. Die Ursache konnte meist nicht geklärt werden. Es empfiehlt sich deshalb Redundanz* durch eine zweite Seilklemme oder (weniger aufwändig und billiger) durch einen darüber angebrachten Kurzprusik. In jedem Fall vor Benutzung beide Systeme getrennt ausprobieren, also auch die Funktion der zweiten Seilklemme bzw. des Kurzprusiks, indem die untere Seilklemme geöffnet wird, sodass sie bei Belastung nicht klemmen kann.

Redundante Absicherung der Seilklemme durch eine zweite bzw. durch einen Kurzprusik.

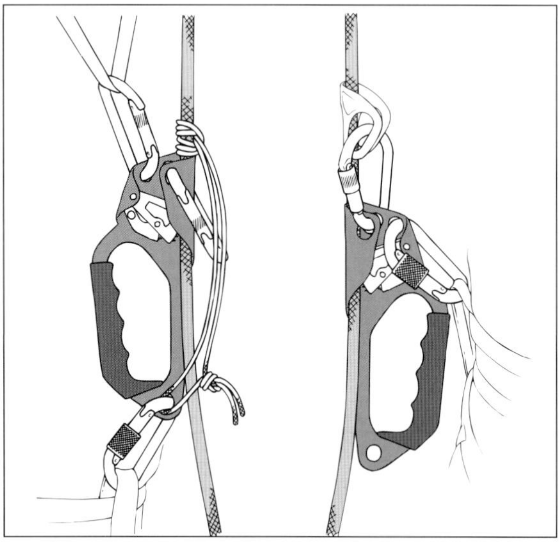

Fallgeschwindigkeiten

Durch die Erdanziehung (Erdbeschleunigung) wird jeder Körper, sofern keine anderen Kräfte auf ihn einwirken, in Richtung des Erdmittelpunktes beschleunigt. Dies kann im freien Fall oder längs einer schiefen Ebene erfolgen.

Freier Fall

Jeder Körper fällt (Luftreibung vernachlässigt) in jeder Sekunde etwa 10 m (genau: 9,81 m) mehr als in der vorherigen. Da ein Körper in der ersten Sekunde etwa

Fallgeschwindigkeit im freien Fall.

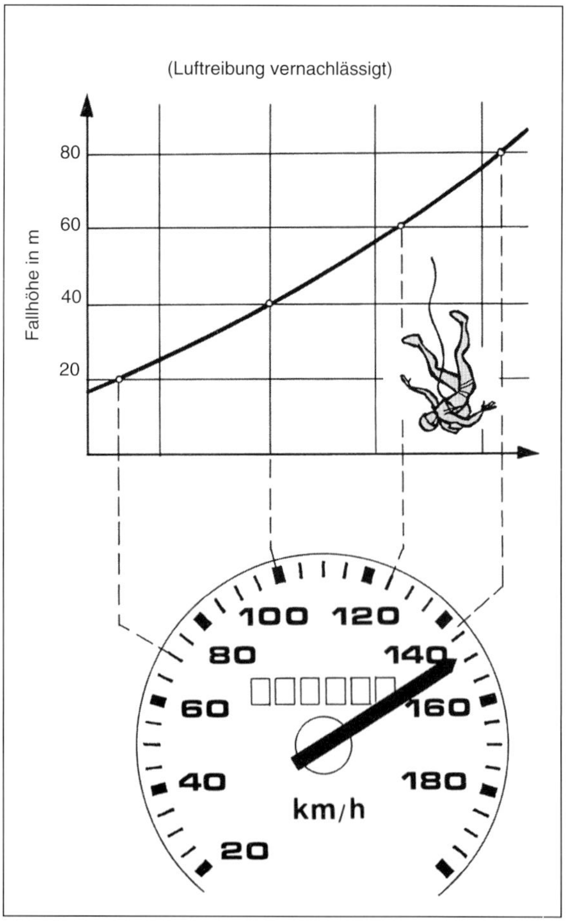

5 m fällt, fällt er in der zweiten etwa 15 m, in der dritten etwa 25 m und so fort. Die Fallgeschwindigkeit, die innerhalb einer ausgekletterten Seillänge erreicht werden kann, erscheint im Vergleich zu den Fahrgeschwindigkeiten im Straßenverkehr auffallend gering. So erreicht ein frei fallender Mensch nach einer Fallhöhe von immerhin 80 m nur eine Fallgeschwindigkeit von 39,6 m/s (= 142,6 km/h). Dies verdeutlicht auch, wie gefährlich der Mensch im Straßenverkehr lebt.

Pendelsturz

Beim Durchpendeln des tiefsten Punktes (Nulldurchgang) tritt neben der größten Kraft auch die höchste Pendelgeschwindigkeit auf. Sie ist genauso hoch wie die Fallgeschwindigkeit im freien Fall, wenn man von der gleichen Höhe frei herabfallen würde. Dies erklärt, warum größere Pendelstürze mit Anschlag am tiefsten Pendelpunkt (z. B. Verschneidung) genauso gefährlich sind wie ebenso hohe freie Stürze mit entsprechendem Aufschlag auf Fels. Bei einem Pendelsturz aus einer Höhe oberhalb des Pendelpunktes ist die Pendelgeschwindigkeit während des Durchpendelns des tiefsten Punktes entsprechend der freien Fallhöhe noch größer.

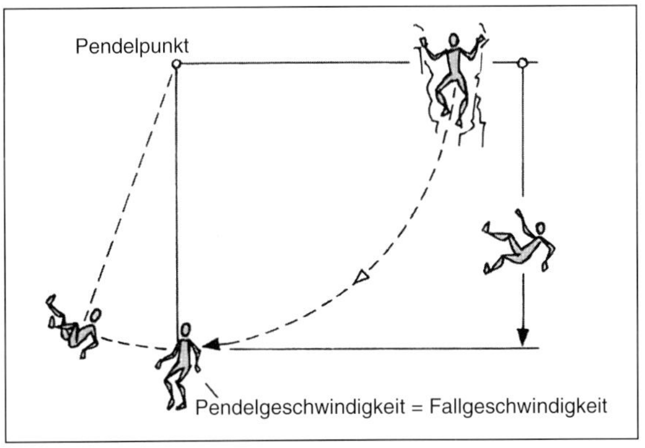

Fallgeschwindigkeit beim Pendelsturz.

Fall auf Firn- und Gletscherhängen

Der Fall wird längs des Firn- oder Gletscherhanges (schiefe Ebene) abgelenkt. Die Fallgeschwindigkeit wird durch Reibung verringert. Auf Firn- und Gletscherhängen ist diese Reibung jedoch weit geringer als gemeinhin angenommen wird. Die Reibwerte (μ) liegen je nach Firnbeschaffenheit (härterer oder wei-

Die Fallgeschwindigkeit auf geneigten Firn- und Gletscherhängen ist unerwartet hoch.

Überschlagen und Rotieren führen sehr schnell zum unkontrollierbaren Sturz.

cherer Firn) in der Größenordnung von 0,03 bis 0,3. Daraus ergibt sich, dass schon auf einem 45° steilen Firnhang eine Fallgeschwindigkeit erreicht wird, die in der Größenordnung von über 80 % der des freien Falls liegt.

Der Reibwert wird von der Bekleidung beeinflusst. Perlonbekleidung weist einen um etwa 33 % niedrigeren Reibwert auf als gewöhnliche Bekleidung. Der daraus folgende Unterschied in der Fallgeschwindigkeit macht sich jedoch nur auf weniger steilen Firnhängen bemerkbar. Ab einer Steilheit von etwa 45° ist der Unterschied, bedingt durch physikalische Gesetzmäßigkeiten, kaum mehr signifikant.

Aus dem Diagramm von S.150 lässt sich die Fallgeschwindigkeit auf Firn- und Gletscherhängen in Prozent der Geschwindigkeit des freien Falls für verschiedene Hangwinkel ablesen, ebenso für unterschiedliche Reibwerte. Die Fallgeschwindigkeit wird reduziert durch die Umwandlung eines Teils der Fallenergie in Rotationsenergie* (Rotieren, Überschlagen) und in Verformungsarbeit* (Firnverformung, Luxationen, Knochenbrüche). Die für viele unbekannt hohe Fallgeschwindigkeit auch in weniger steilen Firn- und Eishängen erklärt, warum weniger erfahrene Eisgeher auf korrekte Seilsicherung (von Standplatz zu Stand-

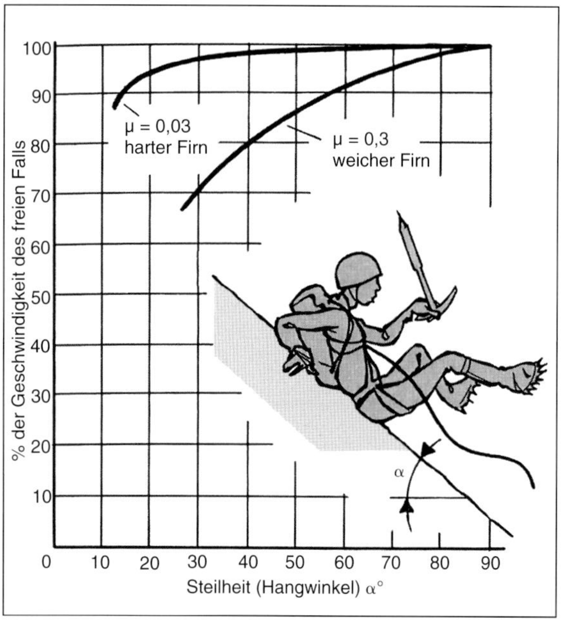

Der Zusammenhang von Fallgeschwindigkeit und Hangsteilheit.

platz) verzichten und beim Stolpern oder wie auch immer geartetem Verlieren des Gleichgewichts den Sturz nicht mehr abbremsen können und vielfach zu Tode stürzen. Die relativ geringe Steilheit täuscht eine weit größere Reibung, folglich eine weit geringere Fallgeschwindigkeit und somit ein weit geringeres Risiko vor, als in Wirklichkeit vorhanden ist.

Sicherer mit einem Helm

Größeren Gewalteinwirkungen durch Sturz, Stein- oder Eisschlag ist der menschliche Schädel nicht gewachsen. Die Natur hat Belastungen dieser Art offensichtlich nicht vorgesehen.

Das Tragen eines Schutzhelms im Fels und Steileis kann deshalb lebens- und gesundheitserhaltend sein. Nicht nur in alpinen Routen, die als besonders steinschlaggefährdet gelten, sondern auch in Routen, die als fest bekannt sind, ist Steinschlag möglich. Vielfach liegt Geröll auf Absätzen, das der Seilpartner aus Versehen oder das Seil lösen kann. Auch ein unerwarteter und deshalb unkontrollierbarer Sturz kann nie völlig ausgeschlossen werden. Bei unkontrolliertem Sturz besteht immer Verletzungsgefahr für den Schädel. Mit einem Schutzhelm wird diese Gefahr auf ein Minimum reduziert. Nachweislich konnten Helme die Gewalteinwirkung durch Sturz oder Steinschlag, die ohne Helm zum Tod geführt hätte, so weit mindern, dass der Träger nur kurz etwas benommen war.

Vielfach wird die Notwendigkeit eines Schutzhelms vom Schwierigkeitsgrad der Route abhängig gemacht. Dies ist ein Trugschluss. Sogar auf den leichtesten Klettersteigen besteht Absturzgefahr (andernfalls wären keine Drahtseilsicherungen erforderlich). Wo Absturzgefahr für den Menschen besteht, können ebenso Steine und gegebenenfalls auch Eisbrocken herabstürzen (ausgenommen an Gratpassagen). Die Notwendigkeit eines Schutzhelms hängt nur von der Steilheit des Geländes ab, nicht vom Schwierigkeitsgrad der Route.

Durch Steinschlag eingedrückter Helm: Der Träger erlitt nur harmlose Verletzungen – ohne Helm hätte er die Gewalteinwirkung mit an Sicherheit grenzender Wahrscheinlichkeit nicht überlebt.

Redundanz*

Nicht alle Glieder der Sicherungskette können als ausreichend sicher bezeichnet werden. Es kann immer noch zu Ausfällen in Form von Bruch, Ausbruch aus dem Fels oder sonstigem Versagen kommen. Deshalb ist es sinnvoll, dort, wo dies vom technischen und zeitlichen Aufwand her möglich ist, ein Glied der Sicherungskette durch ein zweites abzusichern, also Redundanz vorzusehen. Damit soll sichergestellt werden, dass es beim Versagen eines Gliedes nicht zur Katastrophe (Absturz) bzw. in weniger ernsten Situationen zur Sturzverlängerung (Anschlag, Aufschlag, Verletzungen) kommen kann: Das zweite Glied übernimmt die Funktion des ersten, sollte dieses versagen.

Bestes Beispiel ist der zweite Bohrhaken am Standplatz und an der Umlenkung.

Weitere Beispiele sind:

- Die Verwendung von Doppel- bzw. Zwilligsseil: Reißt ein Seil, ist ein zweites vorhanden, das die restliche Fallenergie aufnehmen kann.
- Das Abseilen mit Kurzprusik unterm Achter: Sollte der Abseilende aus Versehen oder welchen Gründen auch immer (Steinschlag, Blitzschlag) auslassen, blockiert der Prusikknoten.
- Die Sicherung beim Klettern am oben fixierten Seil mit zwei Seilklemmen oder mit einer Seilklemme und darüber angebrachtem Prusikknoten.
- Beim Topropeklettern das Ablassen mit Knoten am Seilende, Seilsack oder angeseilt; sollte dem Ablassenden das Seil durch die Hände gleiten, kann nichts passieren (die Anzahl der Unfälle, bei denen das Seilende unerwartet durch die Hände und die Kameradensicherung geglitten und der Abzulassende die restlichen Meter abgestürzt ist, geht allein in Deutschland in die Hunderte).
- Die Verwendung von Wechselsystemgeräten im Eis: Bricht eine Haue, wird sie gegen eine Ersatzhaue ausgewechselt.
- Der Vorteil der Dreier- und Viererseilschaft bei einem Spaltensturz: Reicht das Gegengewicht des folgenden Seilpartners nicht aus, ist noch ein zweiter, gegebenenfalls ein dritter vorhanden, der/die Bremswirkung erhöhen kann/können.
- Bei Klettersteigbremsen die Verwendung der Y-Form mit der Möglichkeit, beide Karabiner gleichzeitig einhängen zu können. So kann bei Sturzbelastung ein Karabiner zu Bruch gehen, ohne dass es zur Katastrophe kommen muss.
- Das Befestigen der Klettersteigbremse am Anseilgurt mit zwei getrennten Knoten: Sollte der erste an den Enden aufgehen, kann noch nichts passieren.
- Das Absichern eines nicht ausreichend sicher erscheinenden Normalhakens durch Klemmkeile oder Klemmgeräte oder das Absichern eines Klemmkeils durch einen zweiten, das Gleiche mit Klemmgeräten.
- In bohrhakenlosen Routen trifft man nicht selten auf drei, vier oder sogar noch mehr Normalhaken am Standplatz, weil keiner sicher genug scheint. Dies ist ein typisches Beispiel für mehrfache Redundanz: Je unsicherer die Systeme, umso mehr redundante Absicherungen müssen vorgesehen werden.

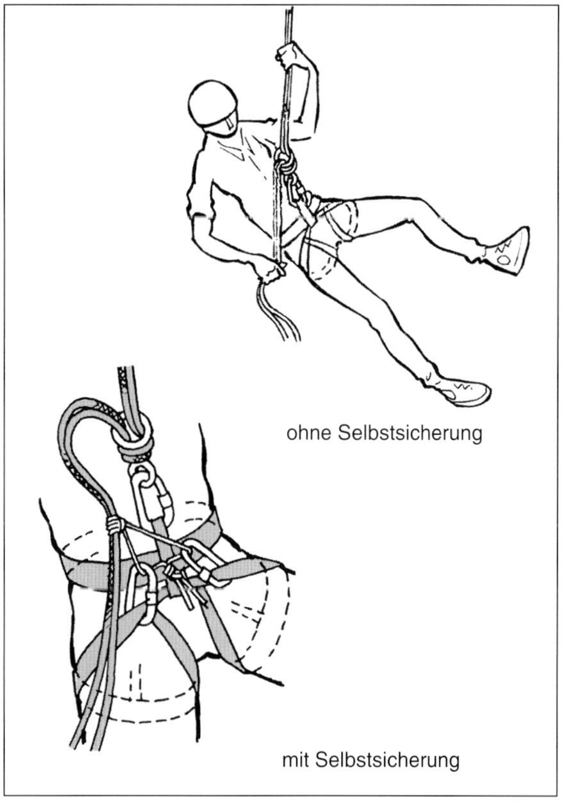

Abseilen mit Achter und Kurzprusik.

Zwei Karabiner (Klettersteigbremse, Y-Form) sind sicherer als nur einer (V-Form).

ANHANG

Glossar

Absorption
In der Optik bedeutet Absorption die Abschwächung von sichtbarem oder unsichtbarem Licht beim Durchgang durch eine Materie. Absorption ist hier also das Gegenteil der Translation. Der Grad der Absorption bzw. Translation wird in % angegeben und ist in erster Linie abhängig von den physikalischen Eigenschaften der Materie und der Wellenlänge des Lichts.

adhäsiv
anhaftend

Abziehstein
Sehr harter Naturstein oder gesintertes Aluminiumoxid (Al_2O_3), Härte nach der Mohsschen Skala 9 und härter (Diamant besitzt Härte 10), dient zum Runden von Kanten und zum Feinschleifen von harten Stählen, erhältlich in Werkzeuggeschäften.

Ankertechnik
siehe Zugpickeltechnik

Ausgleichsverankerung
in Österreich übliche Bezeichnung für Kräftedreieck

Ausziehkraft
Kraft, mit der ein Gegenstand aus einem Medium oder einer Klemmvorrichtung bei Belastung herausgerissen wird (bei Eisschrauben und -haken aus dem Eis, bei Fels- und Bohrhaken aus dem Fels, bei Klemmkeilen und Klemmgeräten aus dem Fels bzw. bei Prüfung aus einer definierten Einspannvorrichtung).

CEN
Comité Europeen de Normalisation (= Europäisches Komitee für Normung), zuständig für die Erarbeitung der EURO-Normen (EN) im Rahmen des gemeinsamen Markts. Die bisherigen DIN-Normen für Bergsteigerausrüstung sowie die entsprechenden nationalen Normen in Österreich (ÖNORM), in Frankreich (AFNOR) und in England (BS) werden gemeinsam mit den UIAA-Normen (siehe dort) abgeglichen und als EURO-Normen herausgegeben.
Die EURO-Normen sind für die EU rechtsverbindlich: Alles, was die Herstellertore innerhalb der EU für den Verkauf in der EU verlässt, und alles, was in die EU importiert wird, muss diesen Normen entsprechen.

CE-Zeichen
Es ist (mit unterschiedlichen Nummern) das Konformitätszeichen dafür, dass das Produkt einer europäischen Richtlinie entspricht, bei Bergsteiger- und Kletterausrüstung der so genannten PSA-Richtlinie und damit den EURO-Normen (EN).

Dichte, Eisdichte
Die Dichte eines Stoffes ist das Verhältnis seiner Masse zu seinem Volumen; angegeben in g/cm^3 z. B. bei Metallen, in kg/dm^3 bei Eis oder in kg/m^3 bei Gasen. Je größer die Eisdichte, desto größer die Härte und die Festigkeit des Eises. Die Haltekraft von Eissicherungsmitteln im Eis nimmt mit der Härte und Festigkeit des Eises, also mit der Eisdichte, zu.

e-Funktion
Mathematische Funktion mit der Basis des natürlichen Logarithmus, hier: $S_2 = S_1 \, e^{\mu\hat{\alpha}}$.
S_1 = Fangstoßkraft auf der Seite des Sichernden
S_2 = Fangstoßkraft auf der Seite des Stürzenden
e = 2,72 (Basis des natürlichen Logarithmus)
μ = Reibwert zwischen Seil und Karabiner, ca. 0,17 (siehe auch unter Reibwert)
$\hat{\alpha}$ = Seilumlenkwinkel im Bogenmaß

Einheitensystem
Das seit Januar 1976 gültige Internationale Einheitensystem (abgekürzt: SI) geht von sieben Basiseinheiten aus, von denen folgende vier für den Bergsteiger interessant sind:

m	Meter	für Länge
kg	Kilogramm	für Masse
s	Sekunde	für Zeit
K	Kelvin	für Temperatur

Die ersten drei sind bekannt. Die letztgenannte Basiseinheit, das Kelvin, konnte sich im allgemeinen Sprachgebrauch noch nicht durchsetzen; deshalb wurde auch im vorliegenden Band noch die bisher gebräuchliche Basiseinheit Grad Celsius (°C) verwendet.
Von den Basiseinheiten abgeleitete Einheiten sind:

m^2	Quadratmeter	für Fläche
m^3	Kubikmeter	für Volumen
N	Newton	für Kraft
J	Joule	für Arbeit

Zur besseren Anschaulichkeit werden bei sehr großen oder sehr kleinen Werten vielfache oder dezimale Teile der Einheit gewählt. Für technische Zusammenhänge beim Bergsteigen sind gebräuchlich:

mm, cm, dm, m, km	für Länge
mm^2, cm^2, dm^2, m^2, km^2	für Fläche
mm^3, cm^3, dm^3, m^3, km^3	für Volumen
s, min, h	für Zeit
kN (Kilonewton)	für Kraft
kJ (Kilojoule)	für Arbeit

Neben den im vorliegenden Band verwendeten Einheiten sind zum leichteren Verständnis jeweils dahinter in Klammern die früher gebräuchlichen Maßeinheiten kp und kpm aufgeführt. Den Zusammenhang zwischen den heute üblichen und den alten Maßeinheiten zeigt folgende Tabelle:

Kraft						
1 N		=	0,102 kp	= ca.	0,1	kp
10 N		=	1,02 kp	= ca.	1	kp
100 N		=	10,2 kp	= ca.	10	kp
1000 N	= 1 kN	=	102 kp	= ca.	100	kp
Arbeit						
1 J		= 1 Nm =	0,102 kpm	= ca.	0,1	kpm
10 J		= 10 Nm =	1,02 kpm	= ca.	1	kpm
100 J		= 100 Nm =	10,2 kpm	= ca.	10	kpm
1000 J	= 1 KJ	= 1000 Nm =	102 kpm	= ca.	100	kpm

Bei den meisten Messungen von Kraft und Arbeit bzw. Energie ist die Fehlertoleranz so groß, dass die angegebenen ca.-Werte bei Umrechnung ausreichen, z. B. maximal zulässige Fangstoßkraft eines Seiles nach Norm 12 kN, ca. 1200 kp.

Das Gesetz über das Einheitensystem lässt die Verwendung der Bezeichnung »Gewicht« für die richtige Bezeichnung »Masse« zu, sodass unter »Gewicht« die »Masse« (Warenmenge) zu verstehen ist, nicht die Gewichtskraft (Kraft, mit der ein Körper auf seine waagerechte Unterlage drückt).

Eisdichte
siehe Dichte

Eissanduhr
Reichen die Sicherungsmittel im Eis nicht aus, z. B. beim Abseilen (Rückzug), lässt sich eine der Felssanduhr ähnliche Eissanduhr anbringen. Unter einem Winkel von etwa 60° werden mit einer Rohreisschraube zwei Löcher ins Eis gebohrt, die sich am Grund treffen. Das

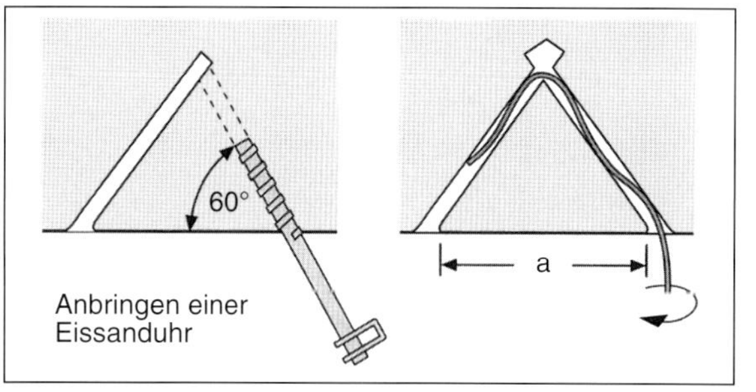

Durchfädeln der Reepschnurschlinge erfordert etwas Geschick oder einen Draht mit kleinem Widerhaken. Die Ausreißkräfte sind abhängig von der Eisfestigkeit, vom Schlingendurchmesser und vom Maß a. Belastungsversuche im Gletschereis brachten folgende Werte: Reepschnur 5 mm, Maß a = 10 cm: über 6 kN (über 600 kp); Halbseilschlinge 9 mm, Maß a = 20 cm: über 10 kN (über 100 kp).

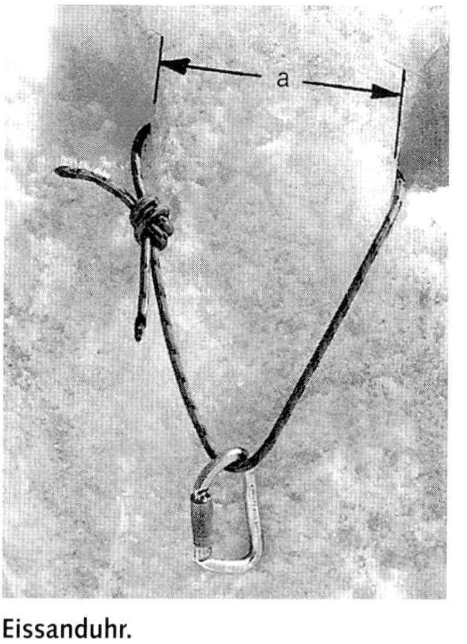

Eissanduhr.

Elektrolyt, elektrolytisch
flüssiger Stromleiter, der sich bei Stromdurchgang chemisch verändert, siehe auch Korrosion

empirisch
wissenschaftliche Erfahrung, hier: nach Messung einer Vielzahl von Stürzen in der Praxis

EN
EURO-Norm (Europäische Norm), siehe CEN

Ermüdungsbruch
Bruch aufgrund von häufiger, immer wiederkehrender Belastung; bestes Beispiel ist der Draht, den man

durchbrechen will: Man muss ihn nur mehrfach hin- und herbiegen. Ermüdungsbrüchen kann werkstoff-, formen- und dimensionsbedingt vorgebeugt werden (siehe auch unter »überdimensioniert«, »unterdimensioniert«).

Erosion
Abtragung der Boden- und Felsoberfläche durch Wind- und Wettereinfluss

exponential
hier: einer Exponentialfunktion (Funktion mit einer Hochzahl, z. B. $y = a^x$) folgend

Fallenergie
Energie, die ein fallender Körper beinhaltet. Fallenergie wird auch als kinetische* Energie bezeichnet. Sie nimmt mit dem Quadrat der Geschwindigkeit nach folgender Formel zu:

$$E_{kin} = m \cdot \frac{v^2}{2}$$

E_{kin} = Fallenergie (kin = kinetisch)
m = Masse des fallenden Körpers
v = Geschwindigkeit des fallenden Körpers

Fangstoßdehnung
Seildehnung, die bei Fangstoßeinwirkung auftritt. Im Augenblick der größten Fangstoßkraft (Kraftspitze) kommt es auch zur größten Seildehnung. Hierzu siehe auch unter Fangstoßkraft.

Fangstoßkraft
Die Kraft im Seil, die beim Abfangen eines Sturzes auftritt. Während des Sturzes durchfällt ein fallender Körper zunächst eine freie Fallhöhe, bis sich das Seil zu dehnen beginnt. Während des folgenden Belastungsvorgangs nimmt die Dehnung des Seils ständig zu und übt eine permanent wachsende, den Sturz verzögernde Kraft auf den fallenden Körper aus. Im Augenblick der größten Dehnung tritt die größte Fangstoßkraft auf (Kraftspitze, maximale Fangstoßkraft). Damit ist der Sturz abgefangen. Den zeitlichen Verlauf zweier Fangstoßkräfte zeigt die Grafik links unten.
Als Fangstoßkraft wird in der Regel die Kraftspitze (maximale Fangstoßkraft) bezeichnet, da sie für die Belastung der Sicherungskette ausschlaggebend ist.

Kraft-Zeit-Diagramm zweier unterschiedlich gehaltener Stürze: einmal mit statischer Sicherung (Knoten), einmal mit dynamischer.

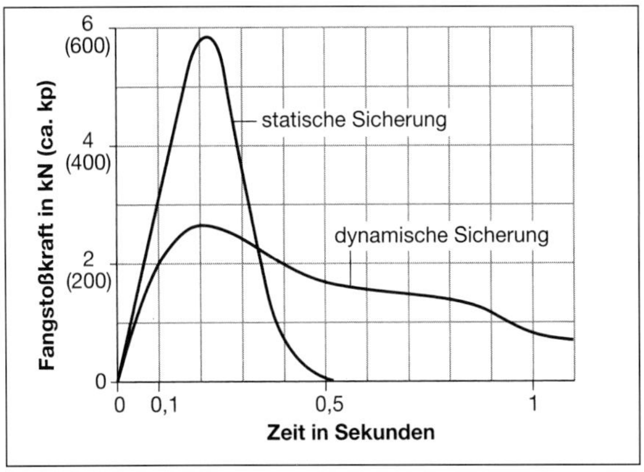

GS-Zeichen
GS = »Geprüfte Sicherheit«, Gütezeichen, das autorisierte Prüfinstitute wie TÜV und andere Prüfanstalten nach positivem Prüfergebnis einem Produkt zuerkennen können. Ist bisher überwiegend auf dem Haushalts-, Werkzeug-, Elektro- und Spielgerätesektor eingeführt, auf dem Bergsportgerätesektor dagegen nur vereinzelt, z. B. bei Steigeisen, weil die Normforderungen (EURO-Norm, EN) zu niedrig sind und das Prüfinstitut (TÜV-München) deshalb weitere (vom DAV-Sicherheitskreis erarbeitete) Qualitätsanforderungen als Prüfgrundlage heranzieht und deren Erfüllung mit dem GS-Zeichen dokumentiert.

GSG
Gerätesicherheitsgesetz (früher Maschinenschutzgesetz), vom Bundestag 1968 verabschiedet; besagt, dass alles, was auf den deutschen Markt gebracht wird, dem »Stand der Technik« entsprechen muss. »Stand der Technik« sind technische Regelwerke wie EURO-Normen (früher DIN-Normen) und andere technische Richtlinien.

Hakenleiter
In steilen Felspassagen in kurzen Abständen angebrachte Felshaken zum künstlichen Klettern. Die Haken dienen neben der Sicherung vor allem zur Fortbewegung, im Gegensatz zum Freiklettern/Sportklettern, wo die Haken und andere Sicherungsmittel nur zur Sicherung dienen.

HMS
Abkürzung für Halbmastwurfsicherung (zur HMS siehe S.118 ff.)

Joule
abgekürzt J, Maßeinheit für Arbeit, hierzu siehe unter Einheitensystem

Kantenfestigkeit
Festigkeit eines Textils, z. B. eines Seiles, Bandes oder einer Reepschnur, bei Belastung über eine Kante; sie ist immer geringer als die Festigkeit ohne Kanteneinfluss, da zur reinen Zugbelastung noch Biege-, Druck- und Scherbelastung hinzukommen, die sich besonders beanspruchend auswirken.

Kerbwirkung
Wirkung einer Kerbe auf die Festigkeit eines Gegenstands. Jede noch so winzige Kerbe reduziert die Festigkeit. Je tiefer und scharfkantiger die Kerbe, desto größer die Kerbwirkung. Einfachstes Beispiel: Ein gekerbter Stock lässt sich leichter brechen als ein gleich dicker ungekerbter.

Kilojoule
abgekürzt kJ, Maßeinheit für Arbeit, hierzu siehe unter Einheitensystem

Kilonewton
abgekürzt kN, Maßeinheit für Kraft, hierzu siehe unter Einheitensystem

kinetisch
in Bewegung befindlich, kinetische Energie = Bewegungsenergie, hier Fallenergie*

Körpergewicht
Gewicht des menschlichen Körpers, im vorliegenden Band zur Vereinfachung einschließlich Bekleidung und mitgeführter Ausrüstung. Bei allen Zahlenbeispielen, die auf das Körpergewicht Bezug nehmen, wird ein Gewicht einschließlich Bekleidung und Ausrüstung von 80 kg zugrunde gelegt.

Körperkerntemperatur
Zum Kern des menschlichen Körpers werden die inneren Organe und das Gehirn gezählt, zur Körperschale Extremitäten und Haut. Die Körperkerntemperatur muss für die Lebensvorgänge in engen Grenzen um 37 °C liegen. Dies wird von einem komplizierten biologischen Regelkreis gesteuert, wobei die Temperatur der Körperschale des öfteren eine Überwärmung oder Unterkühlung in Kauf nehmen muss.

Körperschale
siehe Körperkerntemperatur

Komponente
Bestandteil eines Ganzen, in der Festigkeitslehre eine einzelne Teilkraft einer Gesamtkraft

Korrosion
Schädigung von Werkstoffen durch chemische Reaktionen mit Bestandteilen ihrer Umgebung, hier Schädigung von Stahl durch atmosphärischen Einfluss wie Feuchtigkeit usw. Elektrolytische Korrosion entsteht, wenn nach der Spannungsreihe (Elektrodenpotenzial) unterschiedliche Metalle durch Flüssigkeiten in engem Kontakt stehen.

Laminat
zwei oder mehrere unterschiedliche Stoffe, durch Kleben, Schweißen oder eine andere Technik flächig verbunden

lasergeschnitten
Material sparende, scharfkantige Trennung mittels Laserstrahl, der saubere, gratfreie Schnittkanten und feinste Schnittoberflächen bei hoher Maßgenauigkeit bewirkt

Liegestütztechnik
bei Sturz auf Firn-/Gletscherhängen angewendete Technik durch Stützen auf Hände und Füße, um so den spezifischen Flächendruck auf den Firn zu erhöhen und die Bremswirkung zu vergrößern

Anwendung der Liegestütztechnik bei Sturz in einer Firnflanke, Bremswirkung durch Hände und Füße.

linear
geradlinig, gleichmäßig, hier: bei Zunahme der Fallhöhe gleich große Zunahme der Fallenergie (z. B. doppelte Fallhöhe, folglich doppelte Fallenergie)

minimieren
verringern, verkleinern, hier: so gering wie möglich gestalten

Näherung
hier: mathematische Näherung. Rechnung zur Ermittlung eines Ergebnisses in mehreren gleichartigen Rechenschritten. Man spricht bei der ersten Rechnung von der 1. Näherung (an das tatsächliche Ergebnis), bei der zweiten Rechnung von der 2. Näherung usw. Im allgemeinen Sprachgebrauch versteht man unter 1. Näherung den Hinweis auf das wichtigste Kriterium, um ein Ergebnis zu erreichen.

Nanometer
abgekürzt nm, siehe Wellenlänge

Newton
abgekürzt N, Maßeinheit für Kraft, hierzu siehe Einheitensystem

Normkonformität
Konformität = Übereinstimmung; Normkonformität = Übereinstimmung mit einer Norm, hier: EURO-Norm (EN)

optimieren
optimal gestalten, bestmögliche Lösung für eine betimmte Zielsetzung erarbeiten

orthostatisch
hier: orthostatischer Schock = Versacken des Blutes in die unteren Extremitäten, bei längerem Anhalten tritt Niereninsuffizienz (Nierenversagen) auf, die zum Tod führt. Das früher übliche Hängen im Seil, angeseilt nur um den Brustkorb, führt sehr schnell zum orthostatischen Schock und nach einer Hängedauer von längstens 2 Stunden zum Tod (Kreuzigungstod).

Parameter
veränderliche Größe in mathematischer Gleichung

permanent
dauernd, anhaltend, ständig, ununterbrochen

physiologisch
die Physiologie betreffend, d. h. die Lebensvorgänge im Organismus, hier: im menschlichen Organismus

Pickelrettungsgriff
Bei Sturz auf Firn- und Gletscherhängen mittels eines Pickels (Eisgerät) angewendete Technik durch Bremsen mit der Pickelhaue, wobei mit der einen Hand der Pickelschaft gehalten, mit der anderen die Pickelhaue möglichst tief in den Firn gedrückt wird. Bei Eis wird mit der Pickelschaufel gebremst.

Anwendung des Pickelrettungsgriffes bei Sturz in einer Firnflanke, Bremswirkung durch Pickelhaue und Füße. Werden Steigeisen getragen, darf nicht mit den Füßen gebremst werden; andernfalls Verletzungsgefahr und Gefahr des Überschlagens (unkontrollierbarer Sturz).

potenziell
hier: potenzielle Energie = Lageenergie, Energie, die bei Sturz in kinetische Energie (Bewegungsenergie) ungewandelt wird. Nach dem Energieerhaltungssatz kann Energie nicht verloren gehen, sondern nur von einer Energieform in eine andere umgewandelt werden.
Die potenzielle Energie nimmt linear mit der Fallhöhe zu nach der Formel:

$$E_{pot} = m \cdot g \cdot h$$

E_{pot} = potenzielle Energie
m = Masse des fallenden Körpers
g = 9,81 m/s^2 (Erdbeschleunigung)
h = Fallhöhe

proportional
im gleichen Verhältnis stehend, verhältnisgleich; nimmt der eine Wert um das X-fache zu, vergrößert sich auch der andere Wert um das X-fache.

quantitativ
der Quantität nach, mengenmäßig

radial
in Richtung des Radius, bei länglichen Gegenständen quer zur gedachten Mittellinie, z. B. bei Felshaken quer zur Hakenlängsachse bzw. Einschlagrichtung

rational
die Ratio (Vernunft) betreffend, von der Vernunft bestimmt, vernünftig

Redundanz, Seilredundanz
Redundanz = laut Duden Überreichlichkeit, Überfluss. In der Technik Absicherung eines Systems durch ein zweites für den Fall, dass das erste ausfällt. In allen Technikbereichen, wo Menschenleben durch den möglichen Ausfall eines Systems gefährdet sind, z. B. in der Luft- und Raumfahrt, Reaktortechnik usw., wird ein zweites System installiert, das bei Ausfall des ersten dessen Funktion nahtlos übernimmt. Seilredundanz = Verwendung von zwei Seilen (Zwillingsseil); bei Riss, Steinschlag oder sonstiger Beschädigung eines Seils ist ein zweites vorhanden; weitere Beispiele S. 150, 151.

Reibwert
Verhältnis der Andruckkraft eines Körpers auf seine Unterlage und der Kraft, diesen Körper auf der Unterlage zu verschieben; bei der Seilreibung im Karabiner: Seildruck gegen den Karabiner, dividiert durch die Kraft, die notwendig ist, das Seil unter dem Seildruck zu verschieben, bekannte (dimensionslose) Größe: 0,15 bis 0,19, im Mittel 0,17 (siehe auch unter e-Funktion).

Reißfestigkeit
Bei textilen Materialien wie Seilen, Reepschnur, Bändern, Expressschlingen und Anseilgurten ist die technisch richtige Bezeichnung Bruchfestigkeit. Im vorliegenden Band wird zum leichteren Verständnis bei textilen Materialien jedoch der Begriff »Reißfestigkeit« verwendet, da textile Materialien im landläufigen Sinn reißen und nicht brechen (wie ein Stab).

Rotationsenergie
Die in der Drehung (Rotation) eines Körpers gespeicherte Bewegungsenergie; ein Kreisel bewegt sich, weil geradlinige (translatorische) Bewegungsenergie in Drehbewegung (Rotationsenergie) umgewandelt wird.

Seilredundanz
siehe Redundanz

semipermeabel
Semipermeable Membranen oder Folien sind halb durchlässig, d. h., der Wasserdampf kann – bei entsprechendem Temperaturgefälle – hindurchdringen, Wassertropfen jedoch nicht.

Sinusfunktion
Abgekürzt sin, mathematische Winkelfunktion des rechtwinkligen Dreiecks, die das Verhältnis der dem Winkel gegenüberliegenden Dreieckseite (Gegenkathete) zur größten Dreieckseite (Hypotenuse) angibt.
Einige Zahlenbeispiele:
$\sin 0° = 0$
$\sin 30° = 0{,}5$
$\sin 45° = 0{,}71$
$\sin 90° = 1$

Sturzfaktor
Verhältnis der Fallhöhe zur ausgegebenen Seillänge, mit der ein Sturz aufgefangen wird; siehe S. 127

Typprüfung
Normprüfung von unabhängiger Prüfstelle, bei der nur der Typ, also nur eine begrenzte, meist sehr geringe Anzahl an Exemplaren geprüft wird, so genannten Prüfmuster.

überdimensioniert, Überdimensionierung
Höhere Festigkeit als bei bestimmungsgemäßem Gebrauch notwendig wäre. Um dem Bruch eines Gerätes vorzubeugen, wird dieses in der Technik gewöhnlich so ausgelegt (berechnet, konstruiert), dass es die dreifache Belastung aushalten kann (= dreifache Sicherheit). Ist die Auslegung ein Mehrfaches davon, dann spricht man von Überdimensionierung; z. B. bei Abseilachtern, weil diese aufgrund der Seilumlenkung im Querschnitt so dick sein müssen (große Radien), führt dies zwangsläufg zur (festigkeitsmäßigen) Überdimensionierung.

UIAA
Abkürzung für UNION INTERNATIONALE DES ASSOCIATIONS d'ALPINISME = internationale Vereinigung der Bergsteigerverbände, weltweit, Sitz in der Schweiz; DAV und ÖAV sind Mitgliedsverbände der UIAA.

UIAA-Normen
Normen der UIAA; da diese weltweit die ersten Normen für Bergsteigerausrüstung waren, wurden die späteren nationalen Normen wie DIN (Deutschland), ÖNORM (Österreich), AFNOR (Frankreich) und BS (England) den UIAA-Normen weit gehend angeglichen. Auch die heutigen EURO-Normen basieren auf den UIAA-Normen.

unterdimensioniert, Unterdimensionierung
Niedrigere Festigkeit als bei bestimmungsgemäßem Gebrauch notwendig wäre. Verschiedene Teile der Bergsteiger- und Kletterausrüstung können immer noch zu Bruch gehen oder sonst wie versagen, weil sich aus Größen- und Gewichtsgründen eine angemessene Dimensionierung nicht verwirklichen lässt. Bestes Beispiel sind die Seile: Man könnte natürlich Seile herstellen, die jeder Scharfkantenbelastung gewachsen sind, nur die wären so dick und so schwer, dass an ein Klettern nicht mehr zu denken ist. So muss man im Bergsport leider noch mit der Gefahr von Materialbrüchen leben.

vektoriell
Auf Vektorrechnung bezogen. Vektorrechnung = Rechnung mit gerichteten Größen, z. B. mit Kräften, die naturbedingt eine bestimmte Größe und eine bestimmte Richtung aufweisen. Kennzeichnung durch einen Pfeil. Lösungsmöglichkeit rechnerisch oder zeichnerisch.

vergütet
verbessert, bei Stahl: durch Wärmebehandlung und Abschrecken Veränderung des Gefüges zum Zwecke des Härtens. Vergüteter Stahl besitzt größere Härte und Festigkeit als nicht vergüteter bzw. nicht gehärteter Stahl bei gleichzeitg hoher Zähigkeit.

Verformungsarbeit
Arbeit, die notwendig ist, um einen Körper zu verformen, z. B. zu verbiegen oder zu zerbrechen

Wellenlänge
Eine Welle ist die zeitliche und räumliche Ausbreitung einer Störung in einem Medium. Lichtwellen sind elektromagnetische Wellen und breiten sich auch ohne Medium, also im Vakuum aus. Als Maß für die Lichtfarbe (auch für das nicht sichtbare Licht) wird die Wellenlänge verwendet. Die Wellenlänge ist der Abstand zwischen zwei benachbarten gleichen Phasen. Die gebräuchliche Einheit ist Nanometer (1 nm = 10^{-9} m = ein Millionstel Millimeter).

Zugpickeltechnik
Moderne Sportbegriffe basieren auf der Tätigkeit, die sie bezeichnen. Im gesamten Alpin-Lehrplan wurde deshalb von den bisherigen Begriffen »Ankerpickel«, »Ankertechnik« Abstand genommen und nur mehr die Begriffe »Zugpickel«, »Zugpickeltechnik« verwendet. Wenn eine Haue sicher im Eis platziert ist, kann sie (bei ausreichender Hauenfestigkeit, kein Werkstoff- oder Fertigungsfehler) in Schaftrichtung Kräften von 2 bis 5 kN (ca. 200 bis 500 kp) widerstehen.

Adressen und Telefonnummern der alpinen Vereine

Deutscher Alpenverein (DAV)
Hauptgeschäftsstelle:
Von-Kahr-Straße 2–4
80997 München
Tel. 089/140030
Fax 089/14003 11
E-Mail: info@alpenverein.de

Alpine Auskunft DAV:
Tel. 089/294940
www.alpenverein.de

Bibliothek des Deutschen Alpenvereins im Haus des Alpinismus:
Praterinsel 5
80538 München
Tel. 089/2112240
Fax 089/21122440
E-Mail: alpines_museum@alpenverein.de

Verband Deutscher Berg- und Skiführer (VDBS)
Geschäftsstelle:
Untersbergstraße 34
83451 Piding
Tel. 08651/71221
Fax 08651/717678
www.bergfuehrer-verband.de

Österreichischer Alpenverein (ÖAV)
Wilhelm-Greil-Straße 15
A-6010 Innsbruck
Tel. 0043/512/59547
Fax 0043/512/575528
www.alpenverein.at
E-Mail: office@alpenverein.at

Alpine Auskunft ÖAV:
Tel. 0043/512/532 0175

Alpenverein Südtirol (AVS)
Vintler Durchgang 16
I-39100 Bozen
Tel. 0039/0471/978141
Fax 0039/0471/980011
www.alpenverein.it
E-Mail: office@alpenverein.it

Alpine Auskunft AVS:
Tel. 0039/0471/999955
Fax 0039/0471/999900
E-Mail: info@suedtirol.info

Schweizer Alpen-Club (SAC)
Monbijoustraße 61
CH-3000 Bern 23
Tel. 0041/31/3701818
Fax 0041/31/3701800
www.sac-cas.ch
E-Mail: info@sac-cas.ch

Die jeweils aktuellen Telefonnummern der alpinen Rettungsstellen und der Bergwetterberichte erfahren Sie bei den Auskunftsstellen der alpinen Vereine.

Der Alpin-Lehrplan in Neukonzeption

Karl Schrag
Alpin-Lehrplan Band 1: Bergwandern – Trekking
Bewegungs- und Sicherungstechniken beim Bergwandern, Orientierung, Ausrüstung, alpine Taktik, Bergwandern in Gruppen, Erste Hilfe, Wetterkunde, Trekking, Umwelt- und Naturschutz.

Michael Hoffmann / Wolfgang Pohl
Alpin-Lehrplan Band 2: Felsklettern – Sportklettern
Klettertechniken, Stürzen und Taktik beim Sportklettern, Sicherungsmethoden, Ausrüstung, Wetter, alpine Gefahren, Orientierung, Erste Hilfe, Training, Umwelt- und Naturschutz.

Peter Geyer / Andreas Dick
Alpin-Lehrplan Band 3: Hochtouren – Eisklettern
Gletscherwanderungen, Hochtouren, kombinierte Touren in Eis und Fels, Eisklettern in Eiswänden oder gefrorenen Wasserfällen, Expeditionen: Bewegungstechnik und Taktik, Sicherungstechnik, Theorie, Umwelt- und Naturschutz.

Stefan Winter
Sportklettern mit Kindern und Jugendlichen
Kletter- und Sicherungsformen, didaktisch aufgebaute Übungsvorschläge, Tipps für verschiedene Altersstufen, Vorbeugen von Überlastungsschäden und vieles mehr.

BLV Sportpraxis Top
Stefan Winter
Richtig Sportklettern
Sportklettern – erstmals ausführlich mit Bouldern (Klettern in Absprunghöhe); Ausrüstung, Beweungstechnik und Taktik, Sicherungstechnik, Gesundheit, Training.

Peter Geyer / Wolfgang Pohl
Alpin-Lehrplan Band 4: Skibergsteigen – Variantenfahren
Grundlagen und Techniken des Skibergsteigens und ihre praktische Umsetzung auf Skitouren, Skihochtouren, beim Variantenfahren und bei Skitouren mit dem Snowboard.